财经类专业"十四五"规划新形态教材

校企合作开发教材

1+X职业技能等级证书配套系列教材

会计信息系统应用——供应链
（用友U8V10.1版）

潘中建　张必妹　陆柯静◎主　编

李亚微　冯　韵　季雨禾　张文婧　汪　群◎副主编

立信会计出版社

图书在版编目(CIP)数据

会计信息系统应用：供应链：用友 U8V10.1 版 / 潘中建，张必妹，陆柯静主编. —上海：立信会计出版社，2024.5

ISBN 978-7-5429-7642-0

Ⅰ. ①会… Ⅱ. ①潘… ②张… ③陆… Ⅲ. ①会计信息-财务管理系统 Ⅳ. ①F232

中国国家版本馆 CIP 数据核字(2024)第 105110 号

策划编辑　　王斯龙
责任编辑　　王斯龙
助理编辑　　汤　晏
美术编辑　　吴博闻

会计信息系统应用——供应链(用友 U8V10.1 版)
KUAIJI XINXI XITONG YINGYONG

出版发行	立信会计出版社		
地　　址	上海市中山西路 2230 号	邮政编码	200235
电　　话	(021)64411389	传　真	(021)64411325
网　　址	www.lixinaph.com	电子邮箱	lixinaph2019@126.com
网上书店	http://lixin.jd.com		http://lxkjcbs.tmall.com
经　　销	各地新华书店		
印　　刷	上海华业装潢印刷有限公司		
开　　本	787 毫米×1092 毫米　　1/16		
印　　张	15.75		
字　　数	383 千字		
版　　次	2024 年 5 月第 1 版		
印　　次	2024 年 5 月第 1 次		
书　　号	ISBN 978-7-5429-7642-0/F		
定　　价	49.00 元		

如有印订差错，请与本社联系调换

前　　言

根据《财政部关于全面推进我国会计信息化工作的指导意见》《企业会计信息化工作规范》《关于在院校实施"学历证书＋若干职业技能等级证书"制度试点方案》及《会计信息化发展规划(2021—2025年)》的要求,我们结合高等职业教育会计及相关专业标准中"会计信息系统应用"课程的教学要求编写了这本教材。

本教材以用友U8V10.1版平台(以下简称用友U8系统)为基础,以南通力宝美运动服饰有限公司2024年1月份的经济业务为背景,按照业务描述、操作指导等环节设计教学内容,全面系统地介绍了采购管理、销售管理、库存管理、存货核算等子系统的处理方法和操作过程,以提高学生的业务分析及软件操作能力。

与同类教材相比,本教材具有以下特点。

1. 课证融通

本教材将业财一体信息化职业技能等级证书标准融入课程标准,以职业技能等级标准为依据设计教材框架和内容,将新知识、新流程、新业务以案例形式引入教学,将证书知识点和技能点融入课程教学内容,实施"课证融通"。

2. 业财融合

本教材以财务岗位为主导、紧贴财务岗位需求重构课程体系,以工作过程为导向,选取实际企业典型财务岗位工作任务系统化设计教学项目。本教材以南通力宝美运动服饰有限公司2024年1月份经济活动贯通全书,以企业真实的业务单据形式呈现工作任务,详细地介绍了该公司系统实施、会计信息化及期末处理等信息化工作内容,实现了财务系统与业务系统的一体化应用。

3. 资源丰富

本教材配有校企合作共同开发的电子资源,主要包括教案、电子课件、备份账套等教学文件,并将业务的操作视频以二维码的形式嵌入书中,学生可以通过扫描教材中的二维码进行观看学习。

4. 践行课程思政

本教材强化"德技兼修,知行合一"的育人理念,以塑造高素质技术技能型会计信息化人才为目标,每个项目均融入典型思政案例,培养学生的专业精神、职业精神和工匠精神。

本教材由潘中建负责总体设计及业务编写,由潘中建、张必妹、陆柯静担任主编,由李亚微、冯韵、季雨禾、张文婧、汪群担任副主编。本教材具体编写分工如下:张必妹、李亚微负责项目一至项目三的撰写,潘中建、冯韵负责项目四和项目五的撰写,陆柯静、季雨禾负责项目六至项目八的撰写。另外,张文婧、汪群也参与了案例资料的准备工作。

  本教材可作为高等职业院校财经类相关专业的会计信息化教学用书,也可作为社会从业人员的辅导用书。

  由于编者的水平和经验有限,本教材可能存在疏漏与不妥之处,敬请广大读者批评指正,以期本教材日臻完善。

编 者

2024 年 6 月

目　　录

项目一　企业建账 ·· 1
　　任务一　供应链管理系统概述 ··· 1
　　任务二　系统管理 ··· 2
　　任务三　创建账套 ··· 6
　　任务四　权限设置 ··· 12
　　任务五　账套输出与引入 ·· 15
　　考证导航 ·· 16

项目二　基础信息设置 ·· 17
　　任务一　机构人员设置 ·· 17
　　任务二　客商信息设置 ·· 21
　　任务三　存货信息设置 ·· 23
　　任务四　财务信息设置 ·· 27
　　任务五　收付结算信息设置 ··· 31
　　任务六　业务信息设置 ·· 33
　　任务七　单据设置 ··· 38
　　考证导航 ·· 41

项目三　业务子系统初始设置 ··· 42
　　任务一　采购管理系统初始化 ·· 42
　　任务二　销售管理系统初始化 ·· 44
　　任务三　应收款管理系统初始化 ·· 45
　　任务四　应付款管理系统初始化 ·· 50
　　任务五　库存管理系统初始化 ·· 55
　　任务六　存货核算系统初始化 ·· 57
　　任务七　总账系统初始化 ·· 62
　　考证导航 ·· 66

项目四　采购管理系统业务处理 ·· 67
　　任务一　采购管理系统概述 ··· 67

任务二　普通采购业务处理 ………………………………………………… 70
　　任务三　采购暂估业务处理 ………………………………………………… 140
　　任务四　采购退货业务处理 ………………………………………………… 149
　　考证导航 ……………………………………………………………………… 162

项目五　销售管理系统业务处理 …………………………………………………… 163
　　任务一　销售管理系统概述 ………………………………………………… 163
　　任务二　普通销售业务处理 ………………………………………………… 166
　　任务三　销售退货业务处理 ………………………………………………… 208
　　任务四　销售账表统计分析 ………………………………………………… 215
　　考证导航 ……………………………………………………………………… 220

项目六　库存管理系统业务处理 …………………………………………………… 221
　　任务一　库存管理系统概述 ………………………………………………… 221
　　任务二　盘点业务处理 ……………………………………………………… 223
　　任务三　其他业务处理 ……………………………………………………… 226
　　考证导航 ……………………………………………………………………… 231

项目七　存货核算系统业务处理 …………………………………………………… 232
　　任务一　存货核算系统概述 ………………………………………………… 232
　　任务二　存货核算系统日常业务处理 ……………………………………… 234
　　考证导航 ……………………………………………………………………… 237

项目八　供应链管理系统期末处理 ………………………………………………… 238
　　任务一　供应链管理系统期末业务处理概述 ……………………………… 238
　　任务二　供应链管理系统期末业务处理 …………………………………… 238
　　考证导航 ……………………………………………………………………… 245

参考文献 ……………………………………………………………………………… 246

项目一 企业建账

任务一 供应链管理系统概述

一、会计信息系统的内容

会计信息系统是一个复杂而庞大的系统,其目标是完成企业的会计核算和会计管理。为了开发、实施和维护的便利及提高系统运行的效率,会计信息系统通常分为若干个子系统,各子系统完成某个相对独立的工作任务。各个子系统相对独立,但又彼此联系,形成一个有机的整体,子系统也可以称为功能模块。

从功能结构来看,会计信息系统包括财务和供应链两大模块。财务模块主要包括总账、薪资管理、固定资产管理、报表管理等系统;供应链模块主要包括采购管理系统、销售管理系统、库存管理系统、存货核算系统、应收款管理系统、应付款管理系统等。

二、供应链管理系统的功能

供应链管理系统以企业购销存业务环节中的各项活动为对象,记录各项业务的发生并有效跟踪其发展过程,为财务核算、业务分析、管理决策提供依据,并实现财务业务一体化全面管理和物流、资金流、信息流管理的统一。各个模块及其主要功能如下。

(一)采购管理系统

采购管理系统帮助企业对采购业务的全过程进行管理,包括请购、订货、到货、入库、开票、结算的完整采购流程,支持普通采购、受托代销、直运等多种类型的采购业务,支持按询价比价方式选择供应商,支持以订单为核心的业务模式。企业还可以根据实际情况进行采购流程的定制,既可选择按规范的标准流程操作,又可选择按最简约的流程来处理实际业务,方便企业构建自己的采购业务管理平台。

(二)销售管理系统

销售管理系统帮助企业对销售业务的全过程进行管理,包括报价、订货、发货、开票的完整销售流程,支持普通销售、委托代销、分期收款、直运、零售、销售调拨等多种类型的销售业务,支持以订单为核心的业务模式,并可对销售价格和信用进行实时监控。企业可以根据实际情况进行销售流程的定制,构建自己的销售业务管理平台。

(三)库存管理系统

库存管理系统主要是从数量的角度管理存货的出入库业务,能够满足采购入库、销售出库、产成品入库、材料出库、其他出入库、盘点管理等业务需要,提供多计量单位使用、仓库货位管理、批次管理、保质期管理、出库跟踪入库管理等全面的管理服务。库存管理系统通过对存货的收发存业务处理，及时、动态地掌握各种库存存货信息，对库存安全性进行控制，提供各种储备分析，可以避免库存积压占用资金或材料短缺影响生产。

（四）存货核算系统

存货核算系统从资金的角度管理存货的出入库业务，掌握存货耗用情况，及时准确地把各类存货成本归集到各成本项目和成本对象上。存货核算系统主要用于核算企业的入库成本、出库成本、结余成本。它反映和监督存货的收发、领退和保管情况；反映和监督存货资金的占用情况，动态反映存货资金的增减变动、提供存货资金周转和占用分析，以降低库存，减少资金积压。

（五）应收款管理系统

应收款管理系统主要用来核算和管理客户往来款项。该系统可以记录审核企业在日常销售活动中所形成的各项应收信息，帮助企业及时收回欠款。应收款核算和管理可以明细到产品、地区、部门和业务员，可以从多个维度对应收款进行统计分析。

（六）应付款管理系统

应付款管理系统主要用来核算和管理供应商往来款项。该系统可以记录审核企业在日常采购活动中所形成的各项应付信息，帮助企业及时付清货款，维护与供应商的合作关系。应付款核算和管理可以明细到产品、地区、部门和业务员，可以从多个维度对应付款进行统计分析。

供应链模块的各业务子系统间均存在一定的数据联系。采购管理系统和应付款管理系统协同完成采购及付款业务处理；销售管理系统和应收款管理系统协同完成销售及收款业务处理；库存管理系统和存货核算系统协同完成存货的物流管理及成本核算业务。应收款、应付款和存货管理模块是财务链同供应链进行数据沟通的桥梁。供应链管理系统一方面负责收集采购、销售和库存等业务数据，另一方面将业务数据进行财务处理，并将核算结果传递给总账系统。

企业会计
信息化
工作规范

任务二　系统管理

一、企业基本情况

南通力宝美运动服饰有限公司是专门从事运动服、T恤及冲锋衣的采购及销售的商业型企业，公司法定代表人为陈力宝。

公司地址：南通市崇川区三香路668号

电话及传真：0513-85358899

邮编：226011

邮箱：CLBPC@126.com

税号：91320623400105378A

开户银行：交通银行南通南大街支行

账号：326008608018170080886

操作员及权限分工如表1-1所示。

表1-1　　　　　　　　　　　　　操作员及权限分工

操作员编号	操作员姓名	部门	职务	具体工作内容
A01	刘慧清	总经办	总经理	101账套主管权限
W01	陈丽梅	财务部	财务主管	记账凭证的审核、查询、对账、总账结账、编制UFO财务报表
W02	李晓园	财务部	会计	总账(填制凭证、查询凭证、账表、期末、记账)，应收、应付款管理系统权限，存货核算
W03	王明涛	财务部	出纳	总账(出纳签字)，应收、应付款管理系统的票据管理，收付款单据处理(卡片编辑、卡片删除、卡片查询、列表查询)
G01	戚诚	采购部	采购主管	采购管理的所有权限
X01	肖丽丽	销售部	销售主管	销售管理的所有权限
C01	李军钧	仓管部	库管主管	库存管理的所有权限 公共目录设置和公共单据权限

二、登录系统管理

系统管理是用友U8系统中一个非常重要的组成部分，类似于后台管理系统。系统管理的主要功能是对用友U8系统的各个模块进行统一的操作管理和数据维护。

系统管理模块主要能够实现如下功能。

(1) 对账套的统一管理，包括建立、修改、引入和输出(恢复备份和备份)。

(2) 对操作员及其功能权限实行统一管理，设立统一的安全机制，包括用户、角色和权限设置。

(3) 允许设置自动备份计划，系统根据这些设置定期进行自动备份处理，实现账套的自动备份。

(4) 对账套库的管理，包括建立、引入、输出、备份账套库，重新初始化，清空账套库数据。

(5) 对系统任务的管理，包括查看当前运行任务、清除指定任务、清退站点等。

【业务1-1】　请以admin的身份登录系统管理。

操作步骤

(1) 点击【开始】|【所有程序】，进入用友U8系统，执行【系统服务】|【系统管理】命令，打开【系统管理】窗口。

(2) 执行【系统】|【注册】命令，打开【登录】窗口，在【登录】窗口中录入服务器，此处为默认；录入操作员"admin"，密码为空；选择系统默认账套"default"，单击【登录】按钮，如图1-1所示。

(3) 以系统管理员admin身份进入系统管理，如图1-2所示。

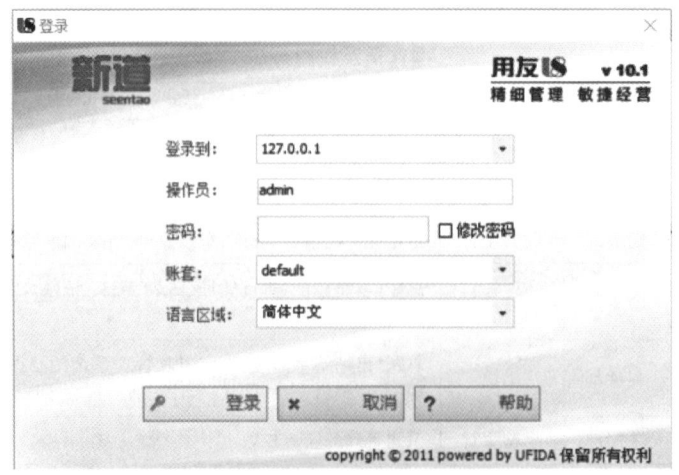

图 1-1 【系统登录】窗口

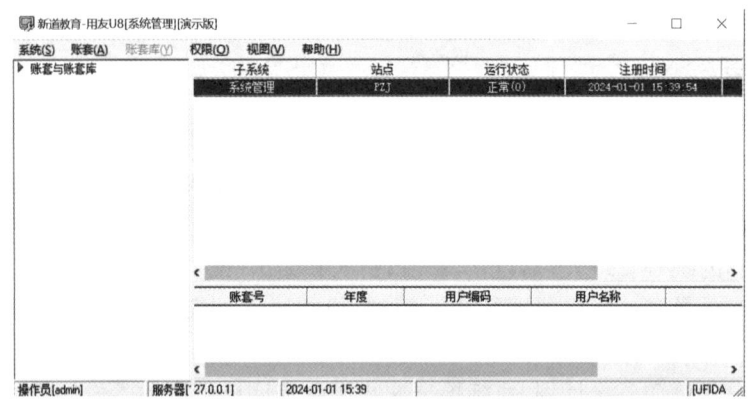

图 1-2 【系统管理】窗口

提示：

⊙用友 U8 系统默认的系统管理员为"admin"，不区分大小写字母，初始密码为空，为保证系统运行的安全性，在企业实际应用中要及时设置或更改密码。

⊙设置或更改系统管理员密码的方法是：在系统管理【登录】窗口中输入操作员密码后，选中【修改密码】复选框；单击【确定】按钮，打开【设置操作员密码】窗口；在【新密码】文本框中输入系统管理员的新密码。

⊙用友 U8 系统只允许两种角色登录系统管理，一是系统管理员，二是账套主管。如果是初次使用本系统，第一次必须以系统管理员 admin 的身份注册系统管理，建立账套和指定相应的账套主管之后，才能以账套主管的身份注册系统管理。

三、增加操作员

在用友 U8 系统中，有两个与操作员相关的概念：角色与用户。角色是指在企业管理中拥有某一类职能的组织,这个角色组织可以是实际的部门,也可以是由拥有同一类职能的人构成的虚拟组织。而用户是指有权登录系统,对应用系统进行操作的人员,即通常所说的"操作员"。每次注册登录用友 U8 系统,都要进行用户身份的合法性检查。

【业务 1-2】 请以系统管理员 admin 的身份登录系统管理,增加表 1-1 中的用户信息。

操作步骤

(1)以系统管理员 admin 的身份登录系统管理,执行【权限】|【用户】命令,打开【用户管理】窗口,如图 1-3 所示。

业务 1-2
增加用户信息

图 1-3 【用户管理】窗口

(2)点击【增加】按钮,打开【操作员详细情况】窗口,录入编号"A01"、姓名"刘慧清"、所属部门"总经办",并在所属角色列表中勾选【账套主管】,如图 1-4 所示。

图 1-4 【操作员详细情况】窗口

(3) 点击【增加】按钮,按表 1-1 的资料依次设置其他用户。设置完毕后点击【取消】按钮退出系统操作界面。设置完成后如图 1-5 所示。

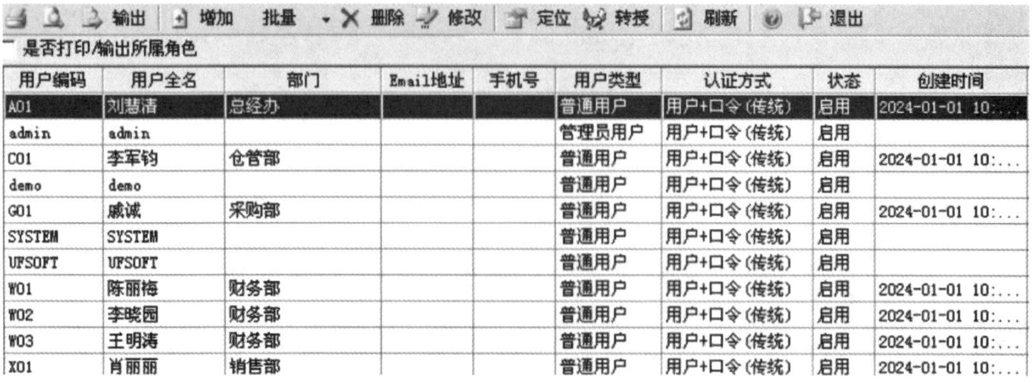

用户编码	用户全名	部门	Email地址	手机号	用户类型	认证方式	状态	创建时间
A01	刘慧清	总经办			普通用户	用户+口令(传统)	启用	2024-01-01 10:...
admin	admin				管理员用户	用户+口令(传统)	启用	
C01	李军钧	仓管部			普通用户	用户+口令(传统)	启用	2024-01-01 10:...
demo	demo				普通用户	用户+口令(传统)	启用	
G01	戚诚	采购部			普通用户	用户+口令(传统)	启用	2024-01-01 10:...
SYSTEM	SYSTEM				普通用户	用户+口令(传统)	启用	
UFSOFT	UFSOFT				普通用户	用户+口令(传统)	启用	
W01	陈丽梅	财务部			普通用户	用户+口令(传统)	启用	2024-01-01 10:...
W02	李晓园	财务部			普通用户	用户+口令(传统)	启用	2024-01-01 10:...
W03	王明涛	财务部			普通用户	用户+口令(传统)	启用	2024-01-01 10:...
X01	肖丽丽	销售部			普通用户	用户+口令(传统)	启用	2024-01-01 10:...

图 1-5　操作员设置完成

提示:

⊙在增加用户时可以直接指定用户所属角色。如果在增加用户时就指定了相应的角色,则该用户就自动拥有该角色的所有权限。

⊙所设置的用户一旦被启用,便不能删除。如果用户调离企业,企业可以通过修改用户功能注销当前用户。

任务三　创建账套

在使用系统之前,要新建本单位的账套。系统提供建立全新空白账套和参照已有账套建账两种方式,满足新用户全新使用和老用户扩展使用的要求。只有系统管理员用户才有权限创建新账套。

专家谈《"十四五"国家信息化规划》

业务 1-3 创建账套

【业务 1-3】 创建账套,南通力宝美运动服饰有限公司的建账信息如下:

账套号:101

账套名称:南通力宝美运动服饰有限公司

启用日期:2024 年 1 月 1 日

企业类型:商业企业

行业性质:2007 年新会计制度科目

基础信息:客户无分类、供应商无分类、无外币核算

编码方案:科目编码级次 4-2-2-2

数据精度:采用系统默认

启用系统:总账、应收款管理、应付款管理、采购管理、销售管理、库存管理、存货核算

操作步骤

(1) 在【系统管理】窗口,执行【账套】|【建立】命令,打开【建账方式】窗口,选择【新建空

白账套】,点击【下一步】按钮,如图1-6所示。

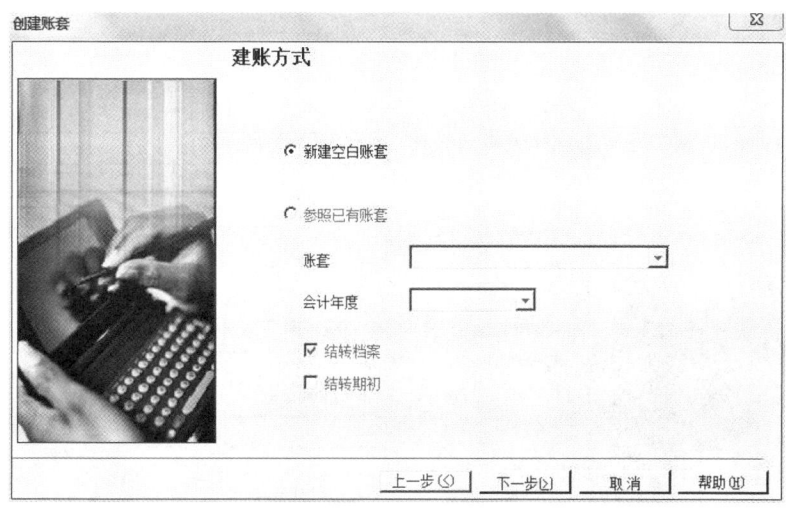

图1-6 【建账方式】窗口

(2) 在【账套信息】窗口中,录入账套号"101",账套名称"南通力宝美运动服饰有限公司",以及该账套的启用会计期"2024年1月",如图1-7所示。

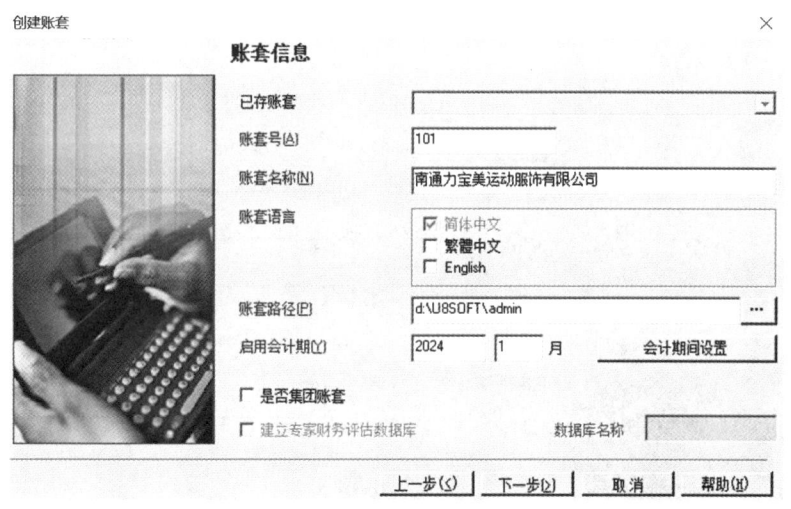

图1-7 【账套信息】窗口

> 提示:
> ⊙系统将现有的账套以下拉框的形式在此栏目中标示出来,用户只能查看,而不能输入或修改。其作用是在建立新账套时可以明晰已经存在的账套,避免重复建立账套。账套号是新建账套的编号,属于必须输入的内容,可输入3位数字,而且不能是已存账套中的账套号。
> ⊙建立账套时,启用会计期将自动默认为系统日期,应注意根据实际进行修改。

(3) 点击【下一步】按钮,打开【单位信息】窗口,依次录入单位名称、单位简称、单位地址等相关企业信息,如图1-8所示。

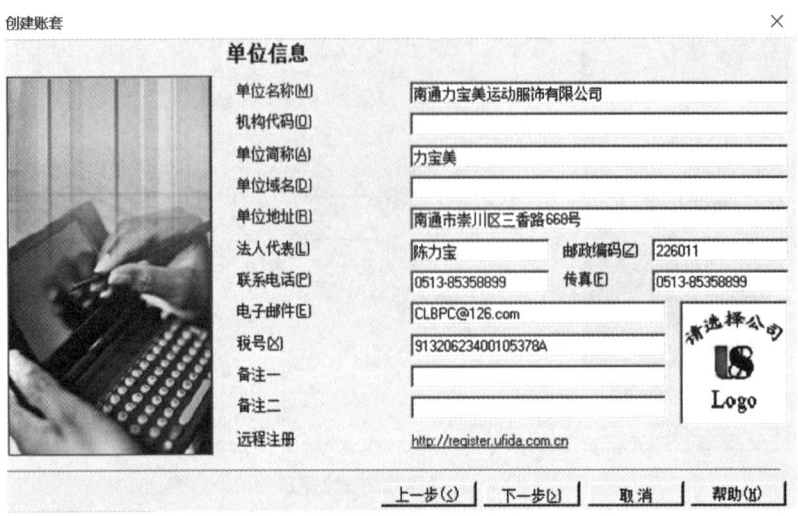

图1-8 【单位信息】窗口

(4) 点击【下一步】按钮,打开【核算类型】窗口。选择企业类型"商业",行业性质"2007年新会计制度科目",从【账套主管】下拉列表中选择"[A01]刘慧清",勾选"按行业性质预置科目",如图1-9所示。

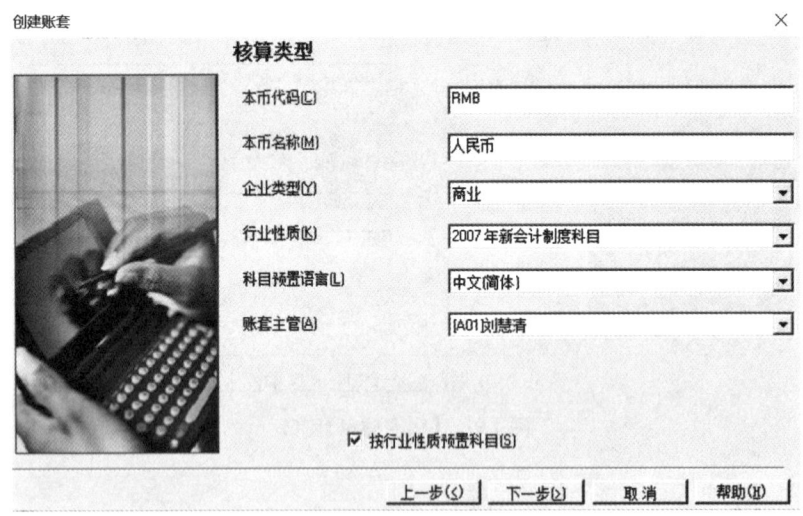

图1-9 【核算类型】窗口

> 提示:
> ⊙ 行业性质决定系统预置科目的内容,必须选择正确。
> ⊙ 系统默认按行业性质预置科目,系统根据所选择行业类型自动添加国家规定的一级科目。

(5)点击【下一步】按钮,打开【基础信息】窗口,取消【客户是否分类】【供应商是否分类】【有无外币核算】的勾选,如图 1-10 所示。

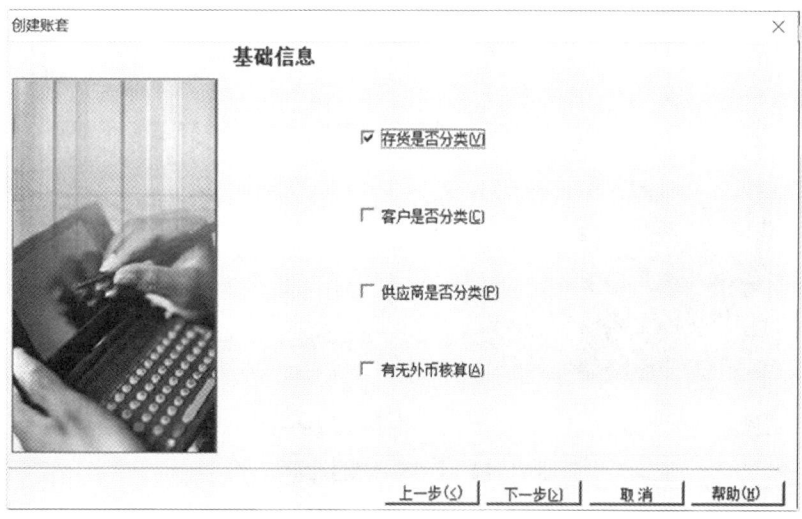

图 1-10　【基础信息】窗口

提示:
⊙如果选择了存货要分类,那么在进行基础信息设置时,必须先设置存货分类,然后才能设置存货档案。如果单位的客户较多,且希望进行分类管理,可以勾选【客户是否分类】选项,表明要对客户进行分类管理。如果单位的供应商较多,且希望进行分类管理,可以勾选【供应商是否分类】选项。如果单位有外币业务,可以勾选【有无外币核算】选项。
⊙如果基础信息设置错误,可以由账套主管在修改账套功能中进行修改。

(6)点击【下一步】按钮,打开【开始】窗口,如图 1-11 所示。

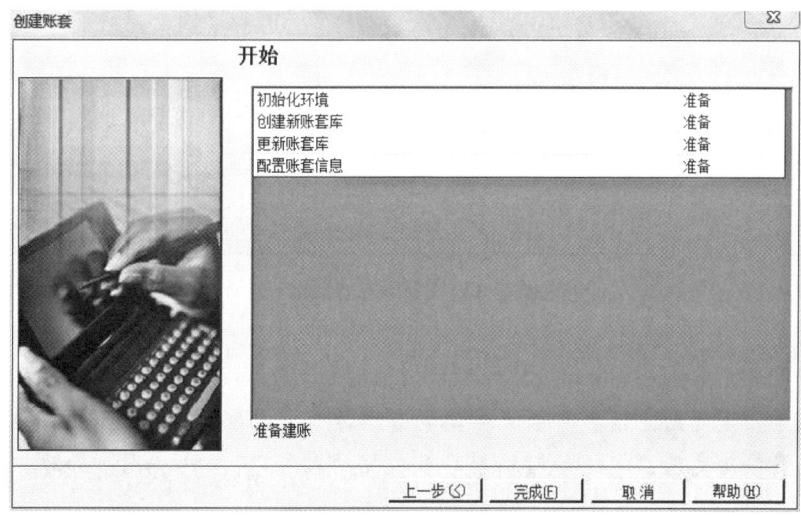

图 1-11　【开始】窗口

(7) 点击【完成】按钮,弹出系统提示"可以创建账套了么?",单击【是】按钮,如图 1-12 所示。

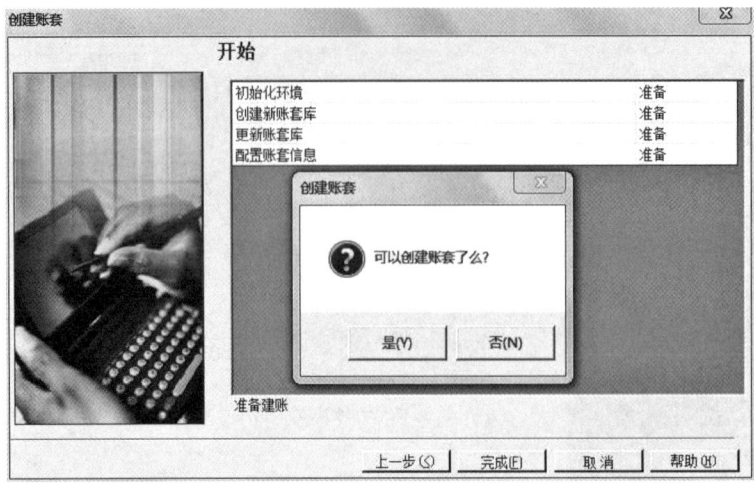

图 1-12 【创建账套】提示框

(8) 系统自动进行创建账套的工作。当账套建立完成时,会自动打开【编码方案】窗口,按账套资料对应修改分类编码方案,如图 1-13 所示。

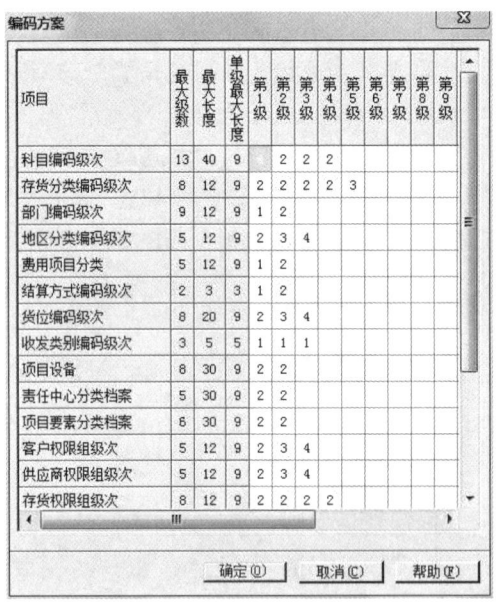

图 1-13 【编码方案】窗口

> **提示:**
>
> ⊙ 编码方案主要用于设置有级次档案的分级方式和各级编码长度。编码级次和各级编码长度设置将决定用户单位如何编制基础数据的编号,进而构成用户分级核算、统计和管理的基础。
>
> ⊙ 删除编码级次时,须从最后一级往前依次删除。

(9)点击【确定】按钮,再点击【取消】按钮,进入【数据精度】窗口,如图 1-14 所示。

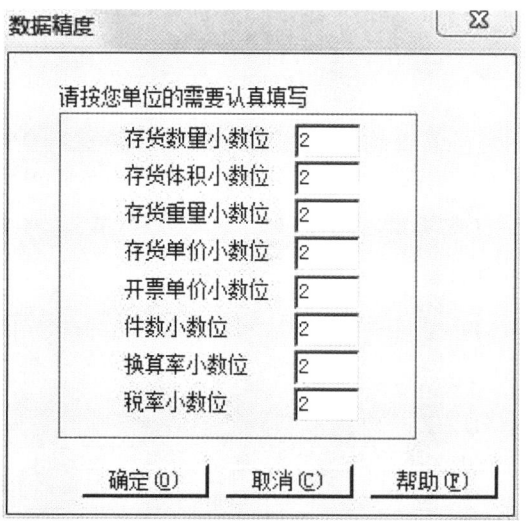

图 1-14 【数据精度】窗口

提示:

⊙由于各用户企业对数量、单价的核算精度需求不一致,为了适应各用户企业的不同需求,用户可根据企业的实际情况设置数据精度。应收款管理、应付款管理、销售管理、采购管理、库存管理、存货核算系统均需使用数据精度。

(10)默认系统预置数据精度的设置,点击【取消】按钮,系统提示"[101]建账成功"和"现在进行系统启用的设置?",如图 1-15 所示。

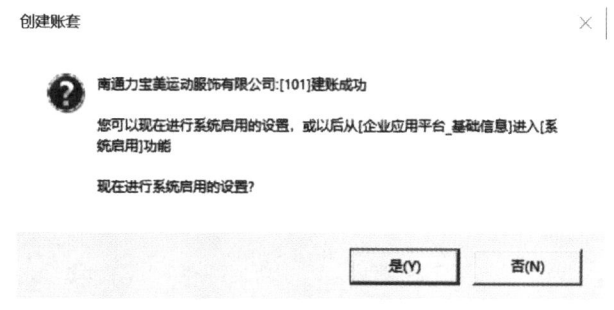

图 1-15 建账成功

提示:

⊙如果点击了【否】按钮,可以先结束建账过程,然后在企业应用平台基础信息中进行系统启用。

(11)点击【是】按钮,打开【系统启用】窗口,依次启用【总账】【应收款管理】【应付款管理】【销售管理】【采购管理】【库存管理】【存货核算】系统,启用日期为 2024 年 1 月 1 日,如

图 1-16 所示。

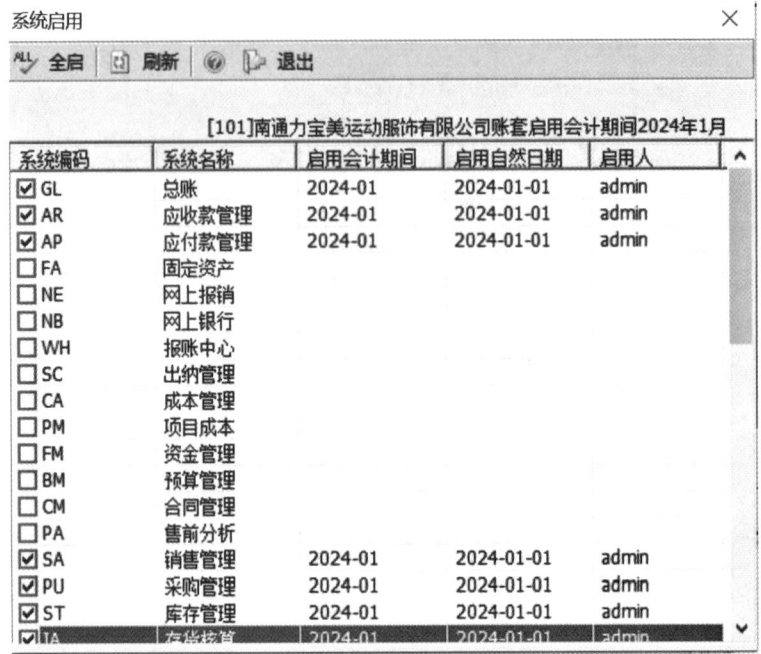

图 1-16 【系统启用】窗口

任务四 权限设置

一、操作员权限设置

用友 U8 系统提供了操作员权限的集中管理功能。用友 U8 系统提供了用户对所有模块的操作权限的管理,包括功能级权限管理、数据级权限管理和金额级权限管理(后文以数据级权限管理相关设置为例进行介绍)。设置操作员权限的工作应由系统管理员或该账套的账套主管完成。

【业务 1-4】 参照表 1-1 所示,设置操作员权限。

操作步骤

(1) 在【系统管理】窗口中,执行【权限】|【权限】命令,打开【操作员权限】窗口。

(2) 在【操作员权限】窗口中选择"[101]南通力宝美运动服饰有限公司"账套。在左侧的用户列表中,选中"A01 刘慧清"用户,显示该用户拥有本账套所有权限,如图 1-17 所示。

提示:

⊙ 只有系统管理员 admin 才能进行账套主管的权限分配。而账套主管只能对其所辖账套进行操作员的权限设置。

⊙ 一个账套可以设置多个账套主管。账套主管自动拥有该账套的所有权限。

图 1-17 【操作员权限】窗口

(3)在【操作员权限】窗口中,选中"W01 陈丽梅"用户。点击【修改】按钮。在右侧窗口中,按照表 1-1 设置 W01 操作员权限,点击【保存】按钮,如图 1-18 所示。

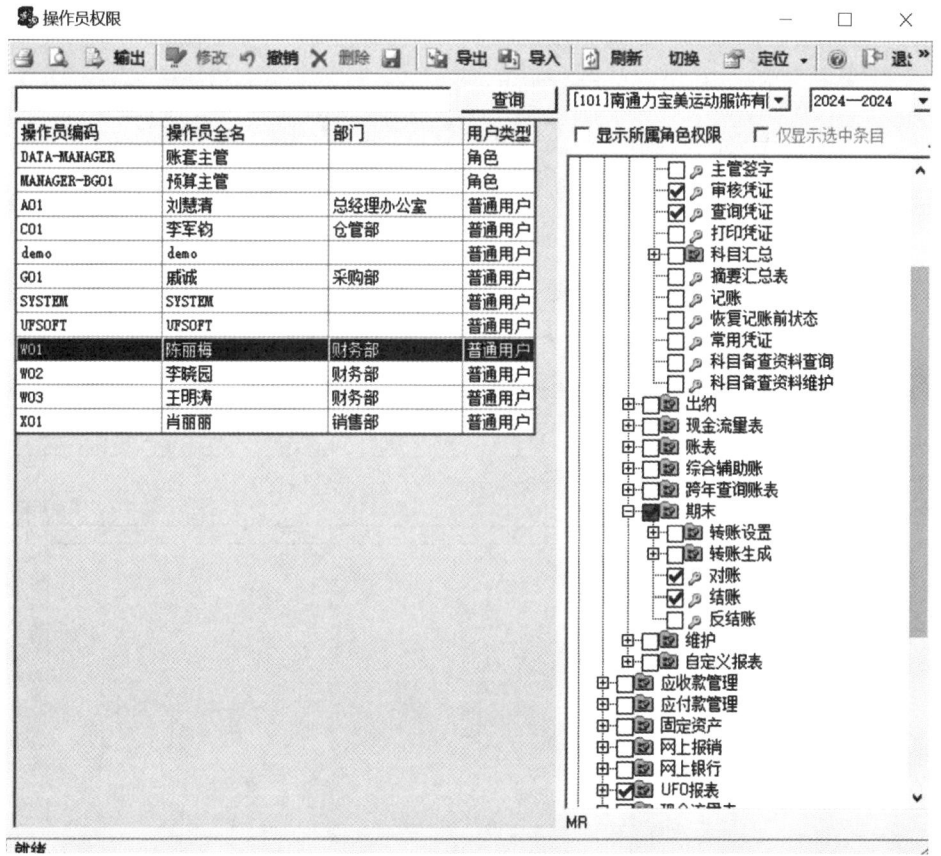

图 1-18 【操作员权限】窗口

(4)依次设置其他操作员的权限。

二、数据权限控制设置

数据权限控制是数据权限设置的前提,用户可以根据需要先在数据权限默认设置表中选择需要进行权限控制的对象,数据权限的控制分为记录级和字段级两个层次,对应系统中的两个页签"记录级"和"字段级",系统将自动根据该表中的选择在数据权限设置中显示所选对象。

【业务1-5】 以账套主管A01刘慧清的身份登录企业应用平台,取消【仓库】【科目】【工资权限】及【用户】的记录级数据权限控制。

操作步骤

(1) 以账套主管A01刘慧清身份登录企业应用平台,如图1-19所示。

业务1-5
数据权限
控制设置

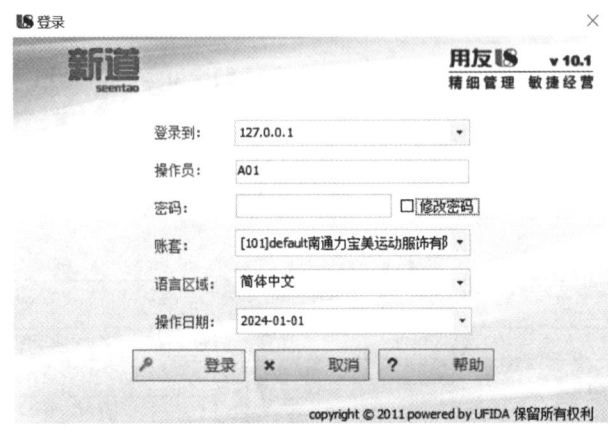

图1-19 【系统登录】窗口

(2) 执行【系统服务】|【权限】|【数据权限控制设置】命令,打开【数据权限控制设置】窗口。
(3) 取消【仓库】【科目】【工资权限】及【业务对象】前的【是否控制】选项,点击【确定】按钮,如图1-20所示。

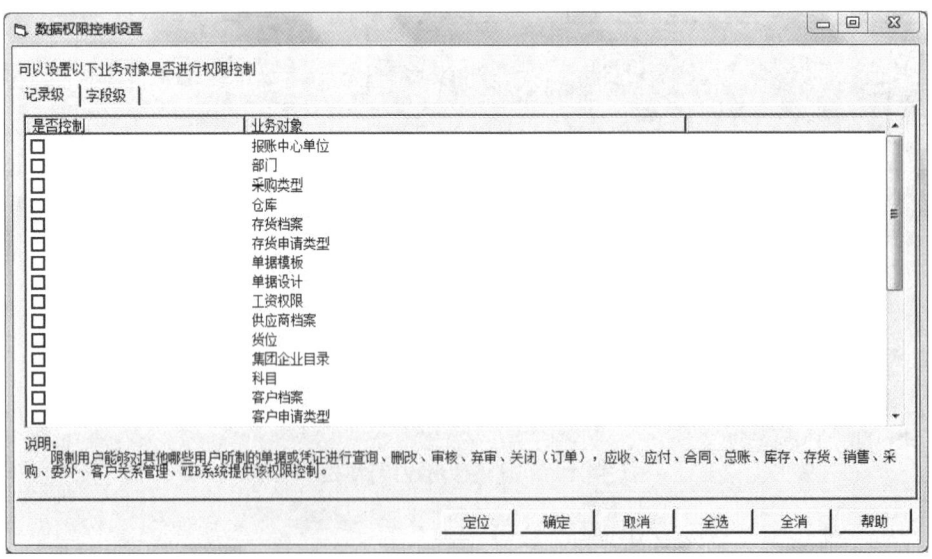

图1-20 【数据权限控制设置】窗口

任务五　账套输出与引入

一、账套输出

对于企业系统管理员来讲,定时将企业数据备份出来存储到不同的介质上,对数据的安全性是非常重要的。如果企业由于不可预知的原因(如地震、火灾、计算机病毒、人为的误操作等)需要对数据进行恢复,此时备份数据就可以将企业的损失降到最小。

【业务 1-6】　将【[101]南通力宝美运动服饰有限公司】账套输出至【E:\101账套备份\项目一】文件夹中进行保存。

操作步骤

(1) 在 E 盘中新建【101 账套备份】文件夹,再在【101 账套备份】文件夹中新建【项目一】文件夹。

(2) 以系统管理员 admin 身份登录【系统管理】。

(3) 执行【账套】|【输出】命令,打开【账套输出】对话框。点击【账套号】栏的下三角按钮,选择【[101]南通力宝美运动服饰有限公司】,在输出文件位置选择【E:\101 账套备份\项目一\】,如图 1-21 所示。

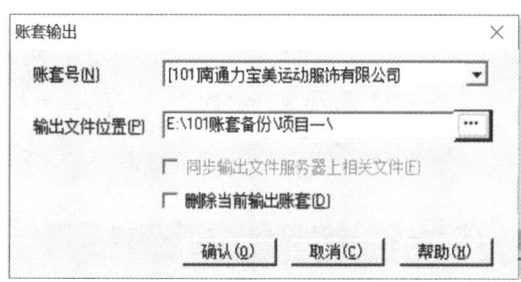

图 1-21　【账套输出】窗口

(4) 点击【确认】按钮,系统自动进行账套数据的备份输出。完成之后,系统会弹出"输出成功!"信息提示框,点击【确定】按钮,完成账套备份。

提示:

⊙ 只有系统管理员有权进行账套输出,账套输出成功后,在文件输出位置指定的文件夹中生成 UFDATA.BAK 文件和 UfErpAct.Lst 文件。

⊙ 如果将"删除当前输出账套"同时选中,则在输出完成后,进行删除确认提示,最后删除当前账套。

二、引入账套

引入账套功能是指将用友 U8 系统外某账套数据引入用友 U8 系统中。用户可使用系统管理中提供的备份功能(设置备份计划)或输出功能,将用友 U8 系统账套做备份,当需要恢复账套时,可使用引入功能将备份的账套恢复到用友 U8 系统中。当账套数据遭到破坏时,将最近复制的账套数据引入到本账套中,尽量保持业务数据完好。

【业务 1-7】 将【[101]南通力宝美运动服饰有限公司】账套引入。

操作步骤

(1) 以系统管理员 admin 身份登录【系统管理】。

(2) 执行【账套】|【引入】命令,打开【请选择账套备份文件】窗口,选择将要引入的账套数据,如图 1-22 所示,单击【确定】按钮。

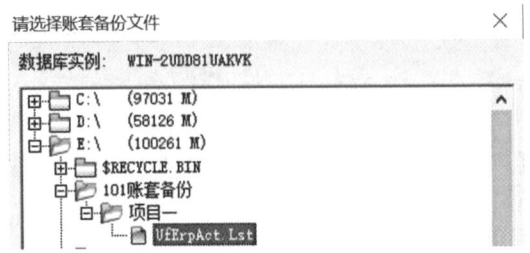

图 1-22 【请选择账套备份文件】窗口

(3) 账套的引入需要一定的时间,在这个过程中请耐心等候。完成账套引入后,系统会弹出提示对话框"账套[101]引入成功!",点击【确定】按钮,完成该过程。

业财一体信息化应用职业技能等级要求(初级)

工作领域	工作任务	职业技能要求
1. 业财一体信息化平台基础设置与维护	1.1 用户角色权限设置与维护	1.1.1 能够根据《企业财务通则》与《企业会计信息化工作规范》,在信息化平台上正确进行角色增加、修改、删除等设置
		1.1.2 能够根据《企业财务通则》与《企业会计信息化工作规范》,在信息化平台上对角色进行查询、新增、编辑、删除等权限设置
		1.1.3 能够依据企业组织分工情况,在信息化平台上对用户权限进行查询、增加、修改等维护,确保用户与其权限匹配
		1.1.4 能够依据企业组织分工情况,在信息化平台上进行角色与用户关联、匹配,进行用户批量权限设置

项目二 基础信息设置

任务一 机构人员设置

一、部门档案设置

部门档案主要用于设置企业各个职能部门的信息,设置时按照已经定义好的部门编码级次原则输入部门编号及其信息。编码级次最多可分9级,编码总长12位,部门档案包含部门编码、名称、负责人等信息。

【业务2-1】 2024年1月1日,请在企业应用平台中增加部门档案,部门档案如表2-1所示。

表 2-1 部门档案

部门编码	部门名称	部门编码	部门名称
1	总经办	4	销售部
2	财务部	5	仓管部
3	采购部		

操作步骤

(1) 以A01刘慧清的身份登录企业应用平台,在【基础设置】选项卡中,执行【基础档案】|【机构人员】|【部门档案】命令,打开【部门档案】窗口。

(2) 点击【增加】按钮,录入部门编码"1"、部门名称"总经办",如图2-1所示。

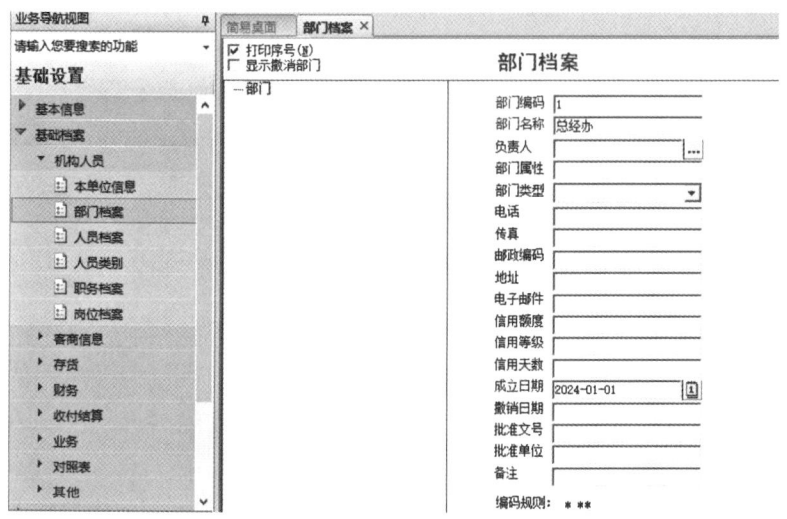

图 2-1 【部门档案】窗口

(3)点击【保存】按钮,完成第一条信息录入。以此方法依次设置其他部门档案信息,操作结果如图 2-2 所示。

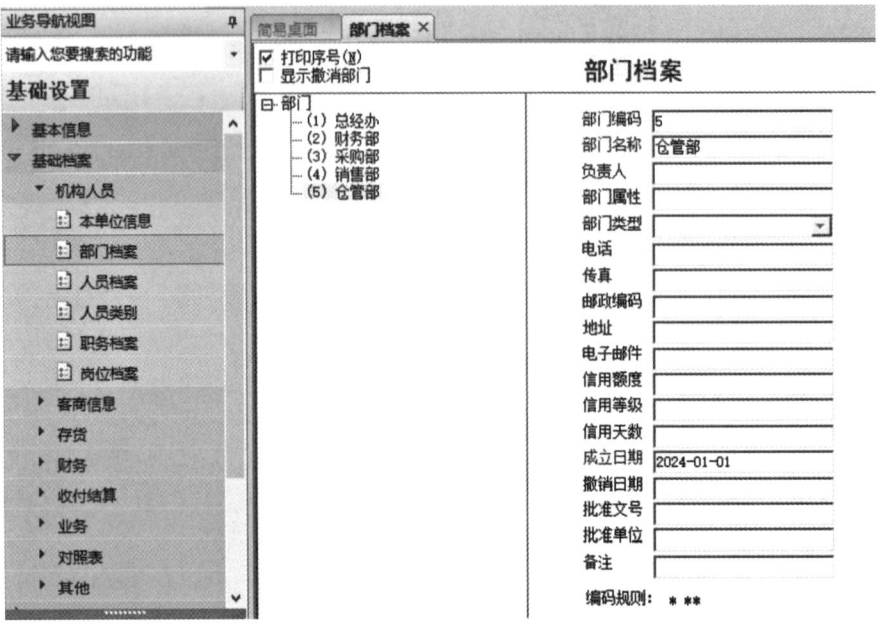

图 2-2 【部门档案】窗口

提示:

⊙ 需要修改部门档案,则选定左侧窗格中的某个部门,再单击【修改】按钮,可修改该部门信息,但部门编号不能修改,若单击【删除】按钮,则可删除该部门。

二、人员类别设置

人员类别设置是对企业的人员类别进行分类设置和管理。一般是按树形层次结构进行分类,新建账套系统预置正式工、合同工、实习生三个人员类别。

【业务 2-2】 在企业应用平台中增加人员类别,人员类别如表 2-2 所示。

表 2-2   人员类别

一级档案编码	二级档案编码	档案名称
101	01	管理人员
101	02	采购人员
101	03	销售人员

业务 2-2
增加人员
类别

操作步骤

(1)以 A01 刘慧清的身份登录企业应用平台,在【基础设置】选项卡中,执行【基础档案】|【机构人员】|【人员类别】命令,打开【人员类别】窗口。

(2)点击【增加】按钮,根据表 2-2 增加【管理人员】类别,如图 2-3 所示。

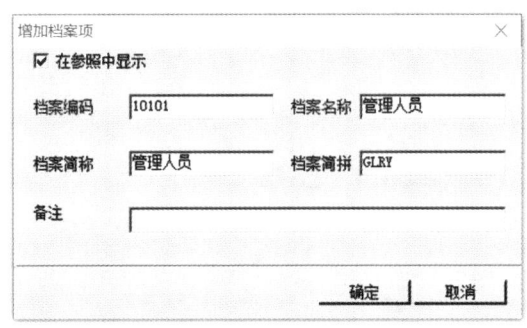

图 2-3 【增加档案项】窗口

(3) 依次增加其他人员类别,操作结果如图 2-4 所示。

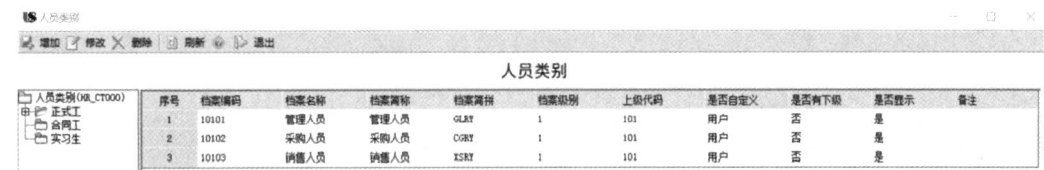

图 2-4 【人员类别】窗口

三、人员档案设置

人员档案主要用于设置企业各职能部门中需要进行核算和业务管理的职员信息,必须先设置好部门档案才能在这些部门下设置相应的人员档案。

【业务 2-3】 在企业应用平台中增加人员档案信息,人员档案信息如表 2-3 所示。

表 2-3　　　　　　　　　　　　人员档案信息

人员编码	人员姓名	性别	部门	雇佣状态	人员类别	是否业务员	业务或费用部门
101	刘慧清	女	总经办	在职	管理人员	是	总经办
201	陈丽梅	女	财务部	在职	管理人员	是	财务部
202	李晓园	女	财务部	在职	管理人员	是	财务部
203	王明涛	男	财务部	在职	管理人员	是	财务部
301	戚诚	男	采购部	在职	采购人员	是	采购部
302	杨智	男	采购部	在职	采购人员	是	采购部
401	肖丽丽	女	销售部	在职	销售人员	是	销售部
402	徐敏敏	女	销售部	在职	销售人员	是	销售部
403	梁志平	男	销售部	在职	销售人员	是	销售部
501	李军钧	男	仓管部	在职	管理人员	是	仓管部
502	张莉	女	仓管部	在职	管理人员	是	仓管部

业务 2-3
增加人员
档案信息

操作步骤

(1) 以 A01 刘慧清的身份登录企业应用平台,在【基础设置】选项卡中,执行【基础档案】|

【机构人员】|【人员档案】命令,打开【人员列表】窗口。

（2）点击左侧对话框中的【部门分类】下的【总经办】。

（3）点击【增加】按钮,按表 2-3 录入相关人员信息,如图 2-5 所示。

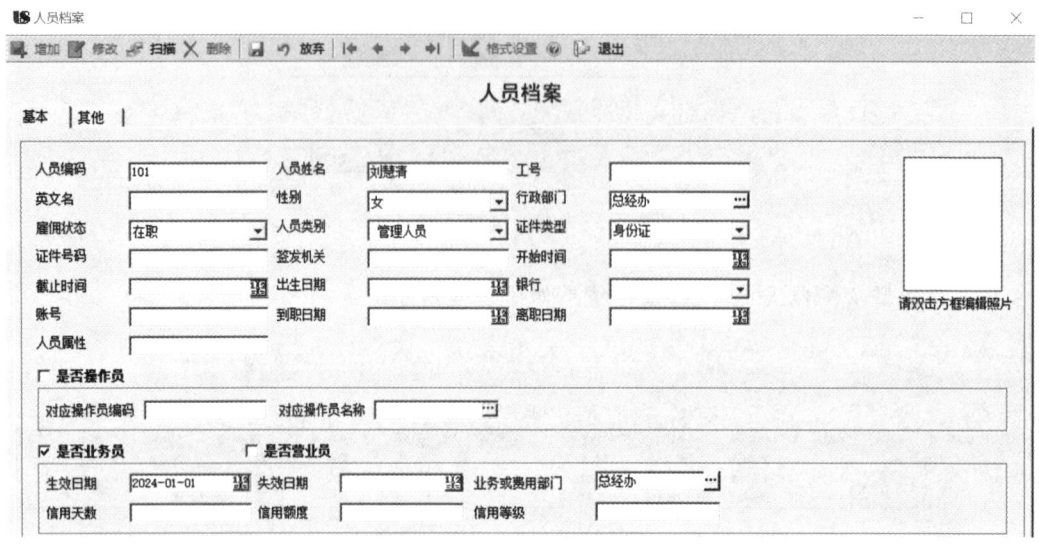

图 2-5 【人员档案】窗口

（4）点击【保存】按钮。

（5）按照以上步骤,依次录入其他部门人员档案信息,操作结果如图 2-6 所示。

图 2-6 【人员列表】窗口

提示：

- 人员编号必须录入,必须唯一。
- 如要修改,则选定要修改的职员,再单击【修改】按钮,可修改该职员的信息,但职员编号不能修改。

任务二　客商信息设置

一、客户档案设置

客户档案主要用于设置往来客户的档案信息,以便对客户资料管理和业务数据进行录入、统计、分析。如果在建立账套时选择了客户分类,则必须在设置完成客户分类档案的情况下才能编辑客户档案。

【业务 2-4】增加客户档案。客户档案如表 2-4 所示。

业务 2-4
增加客户
档案

表 2-4　　　　　　　　　客户档案

客户编码	客户名称	客户简称	税号	地址电话	开户银行	账号	分管部门	专管员
001	南通文峰电子商务有限公司	南通文峰	9132066208436295XQ	南通市青年路5号,0513-95086000	中国银行南通分行	5306364562333	销售部	肖丽丽
002	南京飞鹤国际购物中心	南京飞鹤	91320100608627765R	南京市秦淮区汉中路8889号,025-94708898	农业银行南京金鹰支行	1010510104000038255	销售部	肖丽丽
003	南京中连商场股份有限公司	南京中连	91320100134881640F	南京市秦淮区中山路886号,025-94715287	工商银行南京钟山支行	4301018419100188799	销售部	肖丽丽
004	南通四季青酒店管理有限公司	南通四季青	91320602767355499H	南通市濠西路1号,0513-95160209	农业银行南通高店支行	10716601049921551	销售部	肖丽丽

操作步骤:

(1)以 A01 刘慧清的身份登录【企业应用平台】,打开【基础设置】选项卡,执行【基础档案】|【客商信息】|【客户档案】命令,打开【客户档案】窗口。该窗口分为左右两个部分,左边部分显示已经设置的客户分类,选中某一客户分类,右边部分则显示该分类所有的客户列表。

(2)点击【增加】按钮,打开【增加客户档案】窗口。该窗口包括四个选项卡,【基本】【联系】【信用】和【其他】,用于对客户不同的属性分别归类记录。

(3)按表 2-4 资料录入【客户编码】【客户名称】【客户简称】【税号】【币种】【所属分类】等相关信息,如图 2-7 所示。

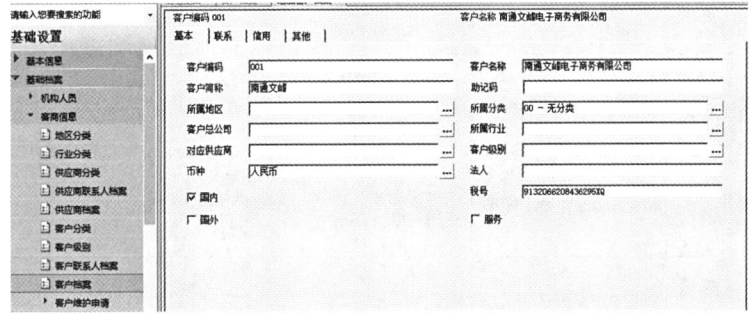

图 2-7　【客户编码 001】窗口

(4)点击窗口中的【银行】按钮,系统弹出【客户银行档案】窗口,录入开户银行及账号信息,其中【所属银行】参照表2-4录入,【默认值】选择"是",如图2-8所示。

图2-8 【客户银行档案】窗口

(5)按照以上操作步骤,依次录入其他客户档案,操作结果如图2-9所示。

客户档案

序号	选择	客户编码	客户名称	客户简称	地区名称	发展日期	联系人	电话	专营业务员名称	分管部门名称
1		001	南通文峰电子商务有	南通文峰		2024-01-01		0513-95...	肖丽丽	销售部
2		002	南京飞鹤国际购物中心	南京飞鹤		2024-01-01		025-947...	肖丽丽	销售部
3		003	南京中连商场股份有	南京中连		2024-01-01		025-947...	肖丽丽	销售部
4		004	南通四季青酒店管理	南通四季青		2024-01-01		0513-95...	肖丽丽	销售部

图2-9 【客户档案】窗口

二、供应商档案设置

企业可以根据自身管理的需要对供应商进行分类管理,建立供应商分类体系。供应商可按行业、地区等进行划分,设置供应商分类后,根据不同的分类建立供应商档案。没有对供应商进行分类管理需求的用户可以不使用本功能。

供应商的类别编码是系统识别不同供应商的唯一标志,所以编码必须唯一,不能重复或修改。建立供应商档案主要是为企业的采购管理、库存管理、应付款管理服务。在填制采购入库单、采购发票和进行采购结算、应付款结算和有关供货单位统计时都会用到供货单位档案,因此必须先设置供应商档案。在输入单据时,如果单据上的供货单位不在供应商档案中,则必须在此建立该供应商的档案。

【业务2-5】增加供应商档案信息。供应商档案如表2-5所示。

业务2-5
增加供应商
档案信息

表2-5　　　　　　　　　　供应商档案

供应商编码	供应商名称	供应商简称	税号	地址电话	开户银行	账号	分管部门	专管员
001	上海天宁体育用品有限公司	上海天宁	913101145762751583	上海市嘉定区公安路49号,021-93267366	招商银行上海分行营业部	1219096833108966	采购部	戚诚
002	上海奥悦体育用品有限公司	上海奥悦	913100007476356966P	上海市长宁区昭化路66号,021-93231314	中国银行上海蒙自路支行	43385922045645	采购部	戚诚
003	南通特伦布户外用品有限公司	南通特伦布	91320602675461219M	南通市城港八组,0513-97877689	中国银行南通金海岸支行	522528202786	采购部	戚诚
004	南通安力户外用品有限公司	南通安力	913101145762751766	南通市崇川区南宁路8号,0513-90707678	工商银行南通南大街支行	11118234091006788	采购部	戚诚

(续表)

供应商编码	供应商名称	供应商简称	税号	地址电话	开户银行	账号	分管部门	专管员
005	南通东林物流集团有限公司	东林物流	91320600138302001B	南通市港闸区北京路99号，0513-98583053	工商银行南通港闸支行	11118231128902553	采购部	戚诚

操作步骤

(1) 以 A01 刘慧清的身份登录企业应用平台，打开【基础设置】选项卡，执行【基础档案】|【客商信息】|【供应商档案】命令，打开【供应商档案】窗口。该窗口分为左右两个部分，左边部分显示已经设置的供应商分类，点击选中其中某一供应商分类，右边部分则显示该分类所有的供应商列表。

(2) 点击【增加】按钮，打开【增加供应商档案】窗口。该窗口中包括四个选项卡，【基本】【联系】【信用】【其他】，用于对供应商不同的属性分别归类记录。

(3) 按表 2-5 资料录入【供应商编码】【供应商名称】【供应商简称】【所属分类】【税号】等相关信息，操作结果如图 2-10 所示。

图 2-10 【供应商档案】窗口

任务三　存货信息设置

存货是企业的一项重要资源，涉及企业供应链的整个过程，是企业物流管理和财务核算的主要对象。

一、存货分类设置

企业可以根据对存货的管理要求对存货进行分类管理，以便对业务数据进行统计和分析。存货分类用于设置存货分类编码、名称及所属经济分类。分类编码必须唯一，必须按级次的先后次序建立。

【业务 2-6】 增加存货分类。存货分类如表 2-6 所示。

表 2-6　　　　　　　　　　　存货分类

分类编码	分类名称	分类编码	分类名称
01	商品	02	其他

操作步骤

以 A01 刘慧清身份登录企业应用平台，打开【基础设置】选项卡，执行【基础档案】|【存

业务 2-6
增加存货分类

货】|【存货分类】命令,打开【存货分类】窗口,按表2-6资料录入存货分类信息,操作结果如图2-11所示。

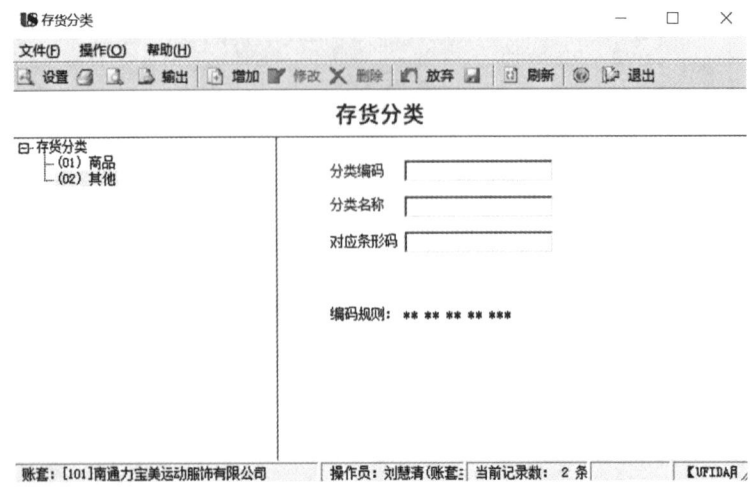

图2-11 【存货分类】窗口(已录入)

二、计量单位设置

企业中存货种类繁多,不同的存货具有不同的计量单位。计量单位组分为无换算、浮动换算、固定换算三种类别,每个计量单位组中有一个主计量单位,多个辅助计量单位,可以设置主辅计量单位之间的换算率;还可以设置采购、销售、库存和成本系统所默认的计量单位。

【业务2-7】 增加计量单位。计量单位如表2-7所示。

业务2-7
增加计量
单位

表2-7 计量单位

计量单位组编码	计量单位组名称	计量单位组类别	计量单位编码	计量单位
01	自然单位	无换算率	01	套
01	自然单位	无换算率	02	件
01	自然单位	无换算率	03	千米

操作步骤

(1) 以A01刘慧清身份登录企业应用平台,打开【基础设置】选项卡,执行【基础档案】|【存货】|【计量单位】命令,打开【计量单位】窗口。

(2) 点击【分组】按钮,打开【计量单位组】窗口。

(3) 点击【增加】按钮,录入【计量单位组编码】为"01",录入【计量单位组名称】为"自然单位",点击【计量单位组类别】栏的下三角按钮,选择"无换算率",单击【保存】按钮,如图2-12所示。

(4) 点击【单位】按钮,打开【计量单位】窗口。

(5) 点击【增加】按钮,依次录入表2-7中的计量单位,点击【保存】按钮,操作结果如图2-13所示。

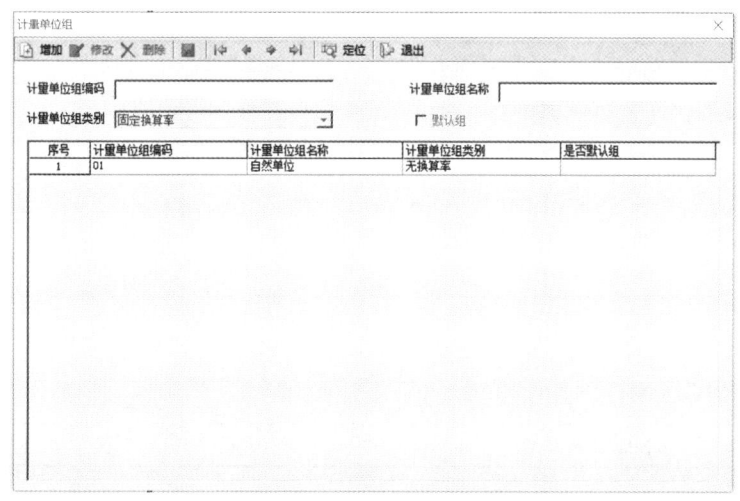

图 2-12 【计量单位组】窗口

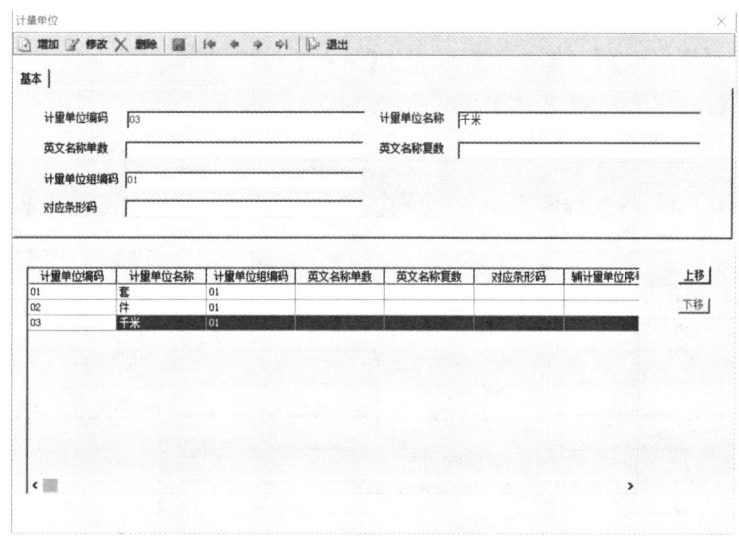

图 2-13 【计量单位】窗口(已录入)

三、存货档案设置

存货档案主要用于设置企业在经营活动中使用的各种存货信息,以便对这些存货进行资料管理、实物管理和业务数据的统计、分析。用于对存货目录的设立和管理,随同发货单或发票一起开具的应税劳务等,也应设置在存货档案中。

【业务 2-8】 增加存货档案信息。存货档案如表 2-8 所示。

表 2-8　　　　　　　　　　　存货档案

分类编码	所属类别	存货编码	存货名称	计量单位	税率	存货属性
01	商品	0101	春秋款女士运动服	套	13%	外购、内销
		0102	春秋款男士运动服	套	13%	外购、内销

业务 2-8
增加存货
档案信息

(续表)

分类编码	所属类别	存货编码	存货名称	计量单位	税率	存货属性
01	商品	0103	长袖女士T恤	件	13%	外购、内销
		0104	长袖男士T恤	件	13%	外购、内销
		0105	短袖女士T恤	件	13%	外购、内销
		0106	短袖男士T恤	件	13%	外购、内销
		0107	长袖印花T恤	件	13%	外购、内销
		0108	短袖印花T恤	件	13%	外购、内销
		0109	男士春秋户外冲锋衣	件	13%	外购、内销
		0110	女士春秋户外冲锋衣	件	13%	外购、内销
02	其他	0201	运输费	千米	9%	外购、内销、应税劳务

操作步骤

（1）以A01刘慧清身份登录企业应用平台，打开【基础设置】选项卡，执行【基础档案】|【存货】|【存货档案】命令，打开【存货档案】窗口。

（2）点击【存货分类】中的【商品】，再点击【增加】按钮，根据表2-8资料填制【0101春秋款女士运动服】的存货档案【基本】选项卡，如图2-14所示。

图2-14 【增加存货档案】窗口

（3）单击【保存】按钮，按照以上操作步骤，依次录入其他存货档案，录入完成后如图2-15所示。

项目二　基础信息设置

图 2-15　【存货档案】窗口(已录入)

提示：

⊙在录入存货档案时，如果直接列示的计量单位不符合要求，应先将不符合要求的计量单位删除，再单击【参照】按钮就可以在计量单位表中重新选择。

⊙存货档案中的存货属性必须选择正确，否则在填制相应单据时就不会在存货列表中出现。具有"内销"属性的存货，可用于销售业务。具有"外购"属性的存货可用于采购业务。

任务四　财务信息设置

财务信息中主要涉及以下几方面信息设置：会计科目、凭证类别、外币设置及项目目录。以下仅介绍会计科目设置和凭证类别设置。

一、会计科目设置

设置会计科目是会计核算方法之一，它用于分门别类地反映企业经济业务。用友 U8 系统中预置了现行会计制度规定的一级会计科目和部分二级会计科目，企业可根据本单位实际情况修改科目属性并补充明细科目。

【业务 2-9】　设置企业财务会计科目。会计科目如表 2-9 所示。

表 2-9　　　　　　　　　　会计科目

科目名称	方向	辅助核算
1122 应收账款(修改科目)	借	客户往来，应收款管理系统
1123 预付账款(修改科目)	借	供应商往来，应付款管理系统
2202 应付账款	贷	
220201 一般应付款(增加科目)	贷	供应商往来，应付款管理系统
220202 暂估应付款(增加科目)	贷	供应商往来，不受控
2204 合同负债(增加科目)	贷	客户往来，应收款管理系统
2221 应交税费	贷	
222101 应交增值税(增加科目)	贷	

业务 2-9
设置企业
财务会计
科目

(续表)

科目名称	方向	辅助核算
22210101 进项税额(增加科目)	借	
22210102 进项税额转出(增加科目)	贷	
22210103 销项税额(增加科目)	贷	
4104 利润分配	贷	
410410 未分配利润(增加科目)	贷	
6602 管理费用	借	
660206 其他(增加科目)	借	
6702 信用减值损失(增加科目)	借	

操作步骤

1. 修改会计科目

（1）执行【基础设置】|【基础档案】|【财务】|【会计科目】命令,打开【会计科目】窗口。在【会计科目】窗口中,选择"1122 应收账款",点击【修改】按钮,打开【会计科目_修改】窗口。

（2）点击【修改】按钮,选中【客户往来】前的复选框,如图2-16所示。

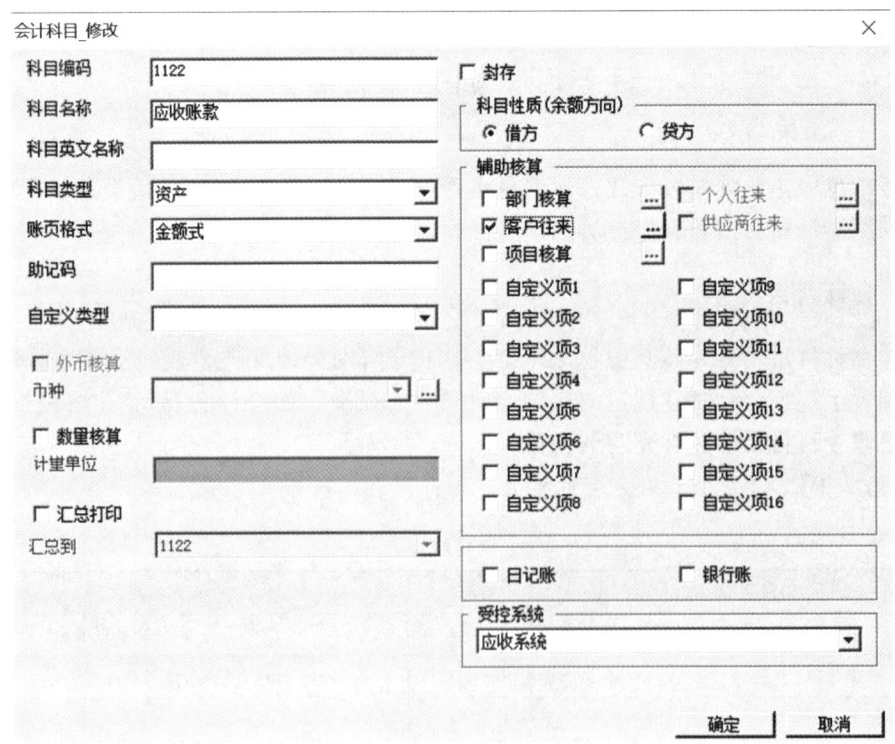

图 2-16 【会计科目_修改】窗口

（3）点击【确定】按钮。

（4）按照以上步骤,依次修改其他会计科目。

2. 增加会计科目

（1）执行【基础档案】|【财务】|【会计科目】命令，打开【会计科目】窗口，点击【增加】按钮，打开【新增会计科目】窗口。

（2）录入科目编码"220201"、科目名称"一般应付款"，选中【供应商往来】前的复选框，如图 2-17 所示。

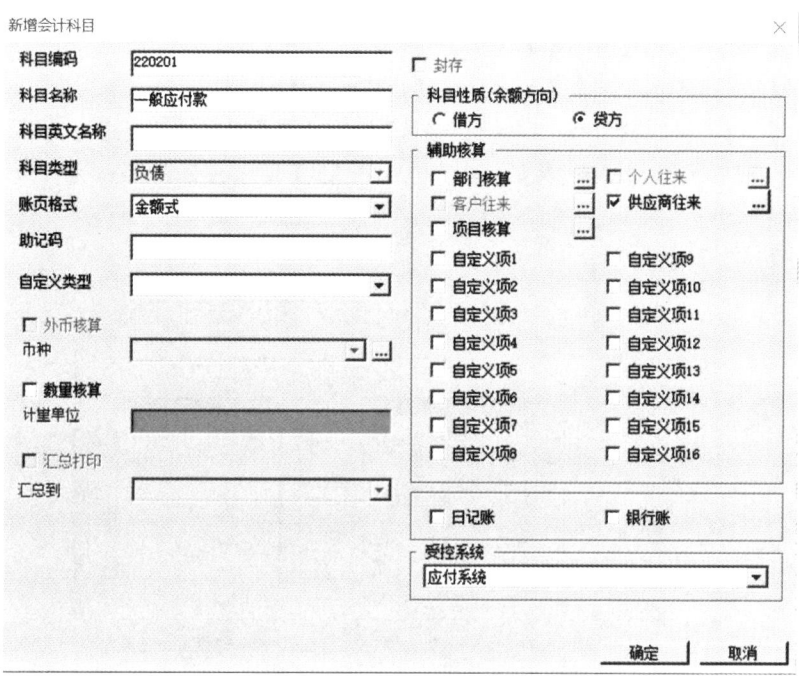

图 2-17 【新增会计科目】窗口

（3）按照以上步骤，依次增加其他会计科目，操作结果如图 2-18 所示。

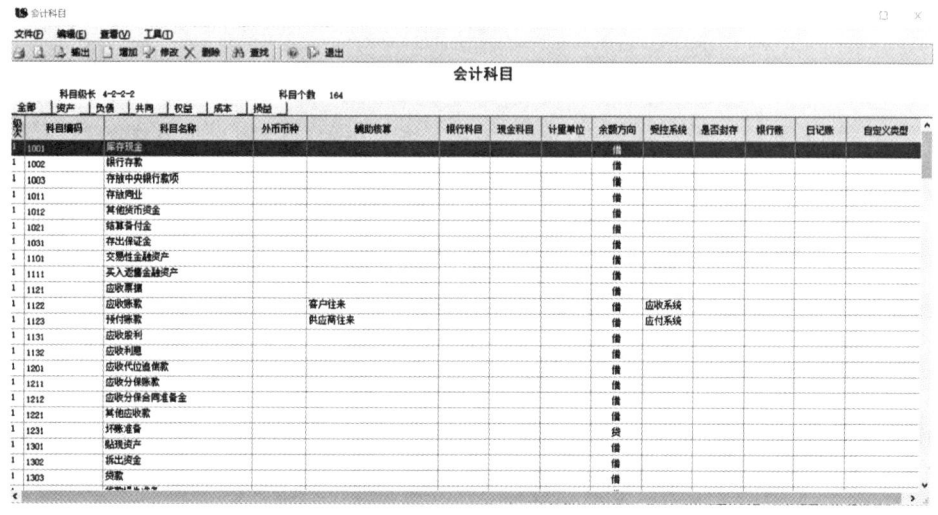

图 2-18 【会计科目】窗口

提示：

⊙ 增加会计科目时，应该先增加上级科目，再增加下级科目。
⊙ 凡是设置辅助核算内容的会计科目，在填制凭证时都需要填制具体的辅助核算内容。与受控科目相关的制单业务应到相应的"受控系统"中完成。

3. 指定会计科目

(1) 执行【基础档案】|【财务】|【会计科目】命令，进入【会计科目】窗口。

(2) 执行【编辑】|【指定科目】命令，打开【指定科目】窗口。

(3) 点击【>】按钮，将【1001 库存现金】从【待选科目】窗口中移入【已选科目】中；单击【银行科目】选项，点击【>】按钮，将【1002 银行存款】从【待选科目】中移入【已选科目】中，如图 2-19 所示。

(4) 点击【确定】按钮。

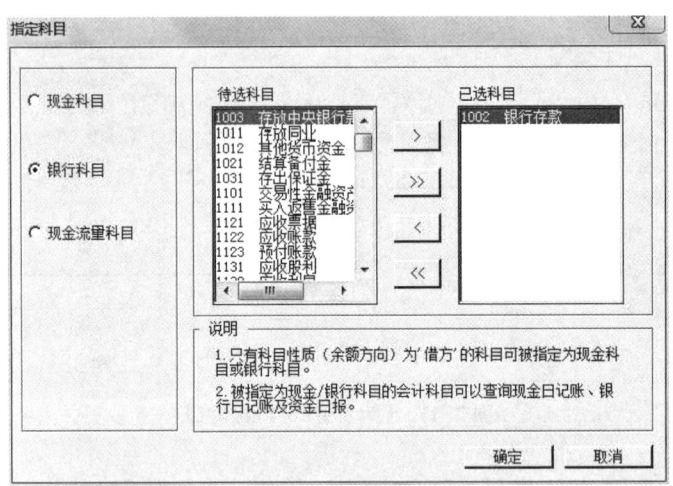

图 2-19 【指定科目】窗口

二、凭证类别设置

为了防止填制凭证时将凭证类别选错，系统一般都会提供限制类型及限制科目功能，如借方必有、贷方必有等。第一次进行凭证类别设置，可以按以下几种常用分类方式进行定义。

(1) 记账凭证。
(2) 收款凭证、付款凭证、转账凭证。
(3) 现金凭证、银行凭证、转账凭证。
(4) 现金收款凭证、现金付款凭证、银行收款凭证、银行付款凭证、转账凭证。

【业务 2-10】 将凭证类别设置为记账凭证。

操作步骤

(1) 执行【基础档案】|【财务】|【凭证类别】命令，打开【凭证类别预置】窗口。

(2) 选中【记账凭证】前的复选框，如图 2-20 所示。

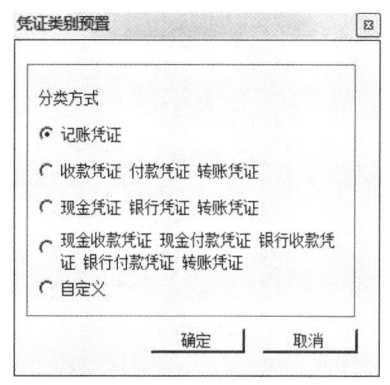

图 2-20 【凭证类别预置】窗口

（3）点击【确定】按钮，打开【凭证类别】窗口。
（4）点击【退出】按钮，完成设置。

任务五　收付结算信息设置

在供应链的业务处理过程中，会发生资金往来业务，需要进行款项结算，因此要考虑采取什么样的结算方式，是否有优惠条件，从哪一个开户银行支付或收取等问题。收付结算信息包括对结算方式、付款条件、本单位开户银行等内容的设置。

一、结算方式设置

公司采用的结算方式包括现金、支票、现金支票、转账支票、汇票、银行承兑汇票、商业承兑汇票、电汇等。收、付款业务由财务部门根据有关凭证进行处理，在系统中没有对应结算方式的，其结算方式为"其他"。

【业务 2-11】 增加结算方式。结算方式如表 2-10 所示。

表 2-10　　　　　　　　　结算方式

编号	结算方式名称	编号	结算方式名称
1	现　　金	301	银行承兑汇票
2	支　　票	302	商业承兑汇票
201	现金支票	4	电　　汇
202	转账支票	5	其　　他
3	汇　　票		

业务 2-11
增加结算方式

操作步骤

（1）执行【基础档案】|【收付结算】|【结算方式】命令，打开【结算方式】窗口。
（2）点击【增加】按钮，录入结算方式编码"1"，录入结算方式名称"现金"，点击【保存】按钮。以此方法继续录入表 2-10 中的其他结算方式，操作结果如图 2-21 所示。

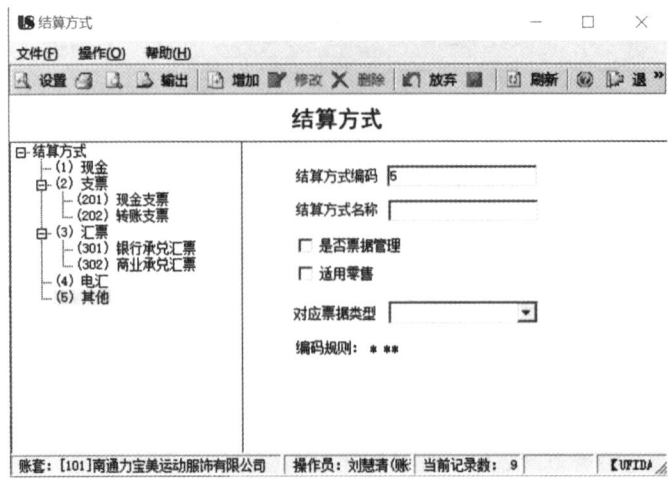

图 2-21 【结算方式】窗口(已录入)

二、付款条件设置

付款条件也称现金折扣,是指企业为了鼓励客户偿还货款而允诺在一定期限内给予的规定的折扣优待。付款条件将主要在采购订单、销售订单、采购结算、销售结算、客户目录、供应商目录中引用。这种折扣条件一般可以表示为"2/10、1/20、N/30"等,其含义是客户在10天内付款可得到2%的现金折扣,在20天内付款可得到1%的现金折扣,超过20天付款则按照全额支付货款。

【业务 2-12】 增加付款条件。付款条件如表 2-11 所示。

表 2-11 付款条件

付款条件编码	信用天数(天)	优惠天数1(天)	优惠率1	优惠天数2(天)	优惠率2
01	30	10	2%	20	1%

操作步骤

(1) 执行【基础设置】|【基础档案】|【收付结算】|【付款条件】命令,打开【付款条件】窗口,按表 2-11 资料录入付款条件,操作结果如图 2-22 所示。

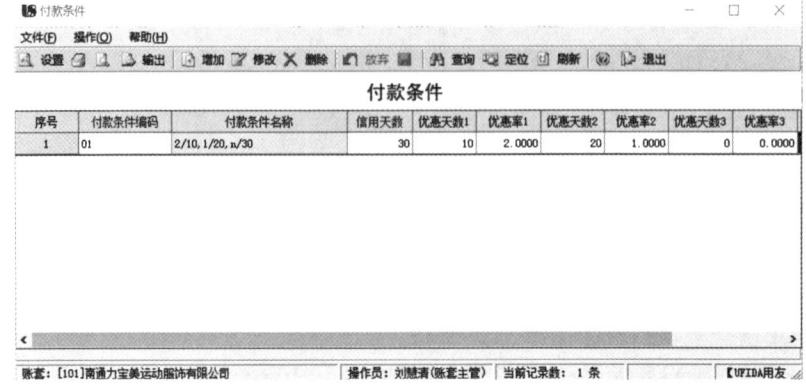

图 2-22 【付款条件】窗口

(2)点击【保存】按钮,再点击【退出】按钮。

三、本单位开户银行设置

"本单位开户银行"用于设置本企业在收付结算中对应的各个开户银行信息。系统支持多个开户银行和账号。在供应链管理系统中,如果需要开具增值税专用发票,则需要设置开户银行信息。

【业务 2-13】 增加本单位开户银行信息。本单位开户银行如表 2-12 所示。

表 2-12　　　　　　　　　　本单位开户银行

项目	内容	项目	内容
企业开户银行编码	01	账户名称	南通力宝美运动服饰有限公司
开户银行	交通银行股份有限公司南通南大街支行	币种	人民币
账号	3260086080181 70080886	所属银行	交通银行

业务 2-13
增加本单位
开户银行

操作步骤

(1)执行【基础设置】|【基础档案】|【收付结算】|【本单位开户银行】命令,打开【增加本单位开户银行】窗口,按表 2-12 资料录入开户银行信息,操作结果如图 2-23 所示。

图 2-23　【增加本单位开户银行】窗口

(2)点击【保存】按钮,再点击【退出】按钮。

任务六　业务信息设置

业务相关信息是供应链业务中的单据上必须输入的项目,如仓库、采购类型、销售类型等,预先设置好这些项目,才能顺利录入业务单据,避免基础信息不全而终止业务流程。

一、仓库档案设置

仓库是用于存放存货的场所,要对存货进行核算管理,就要先对仓库进行管理,因此进行仓库档案设置是供应链管理系统的重要基础准备工作之一。在系统中设置的仓库可以是企业实际拥有的仓库,也可以是虚拟的仓库。

【业务2-14】 增加仓库档案信息。仓库档案信息如表2-13所示。

业务2-14
增加仓库
档案信息

表 2-13　　　　　　　　　仓库档案信息

仓库编码	仓库名称	计价方式
01	运动套装库	先进先出法
02	运动T恤库	先进先出法
03	户外冲锋衣库	先进先出法

操作步骤

执行【基础设置】|【基础档案】|【业务】|【仓库档案】命令,点击【增加】按钮,在【增加仓库档案】窗口内录入仓库编码"01",仓库名称"运动套装库",选择计价方式为"先进先出法",点击【保存】按钮,根据表2-13信息依次录入其他仓库档案信息,操作结果如图2-24所示。

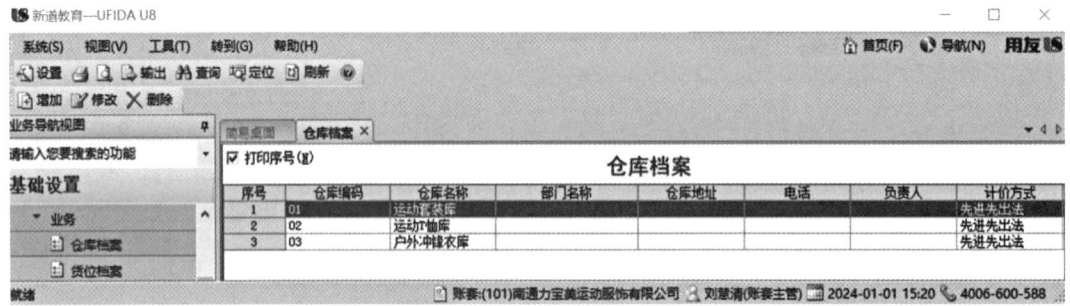

图 2-24 【仓库档案】窗口

提示:

⊙每个仓库必须选择一种计价方式。系统共提供了六种计价方式,工业企业为计划价法、全月平均法、移动平均法、先进先出法、后进先出法和个别计价法;商业企业为售价法、全月平均法、移动平均法、先进先出法、后进先出法和个别计价法。

二、收发类别设置

收发类别设置是为了用户对出入库情况进行分类汇总统计而设置的,表示货物的出入库类型,用户可根据各单位的实际需要自由灵活地进行设置。

【业务2-15】 增加收发类别信息。收发类别信息如表2-14所示。

表2-14　　　　　　　　　　　　收发类别信息

收发类别编码	收发类别名称	收发标志	收发类别编码	收发类别名称	收发标志
1	入库	收	2	出库	发
11	采购入库	收	21	销售出库	发
12	采购退货	收	22	销售退货	发
13	盘盈入库	收	23	盘亏出库	发
14	其他入库	收	24	其他出库	发

业务2-15
增加收发
类别

操作步骤

（1）执行【基础设置】|【基础档案】|【业务】|【收发类别】命令，点击【增加】按钮，在收发类别编码内输入"1"，收发类别名称输入"入库"，收发标志选择【收】，点击【保存】按钮。

（2）再点击【增加】按钮，依次录入其他收发类别信息，操作结果如图2-25所示。

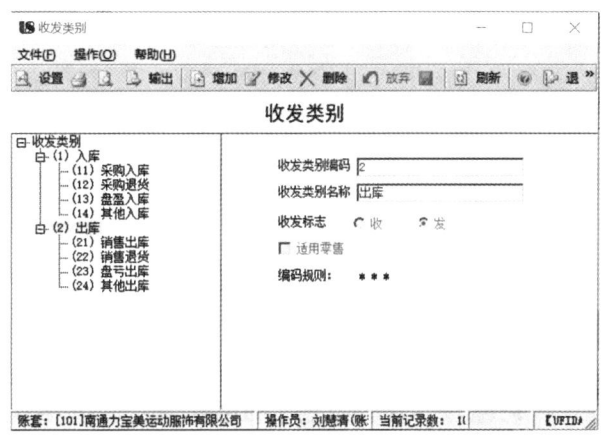

图2-25 【收发类别】窗口(已录入)

三、采购类型设置

采购类型是企业对采购业务所做的一种分类，是采购单据上的必填项目。只有设置了采购类型，企业才能按照采购类型进行采购统计。

【业务2-16】 增加采购类型信息。采购类型信息如表2-15所示。

表2-15　　　　　　　　　　　　采购类型信息

	名称	入库类别
采购类型	01 正常采购	采购入库
	02 采购退货	采购退货

业务2-16
增加采购
类型信息

操作步骤

执行【基础设置】|【基础档案】|【业务】|【采购类型】命令，点击【增加】按钮，在采购类型编码输入"01"，采购类型名称输入"正常采购"，入库类别输入"采购入库"，点击【保存】按钮。

依次录入其他采购类型信息,操作结果如图2-26所示。

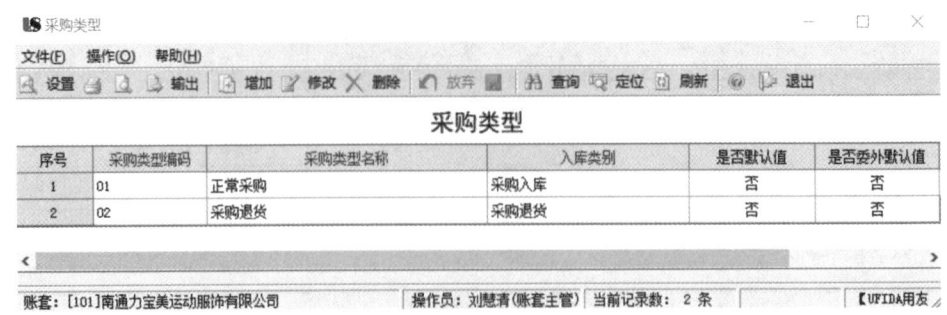

图2-26 【采购类型】窗口(已录入)

四、销售类型设置

销售类型是企业对销售业务所进行的分类,以便于企业按销售类型对销售业务数据进行统计和分析。

【业务2-17】 增加销售类型信息。销售类型信息如表2-16所示。

表2-16　　　　　　　　　　　　销售类型信息

	名称	入库类别
销售类型	01 正常销售	销售出库
	02 销售退货	销售退货

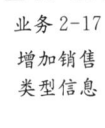

业务2-17
增加销售
类型信息

操作步骤

执行【基础设置】|【基础档案】|【业务】|【销售类型】命令,点击【增加】按钮,在销售类型编码输入"01",销售类型名称输入"正常销售",入库类别输入"销售出库",点击【保存】按钮。依次录入其他销售类型信息,操作结果如图2-27所示。

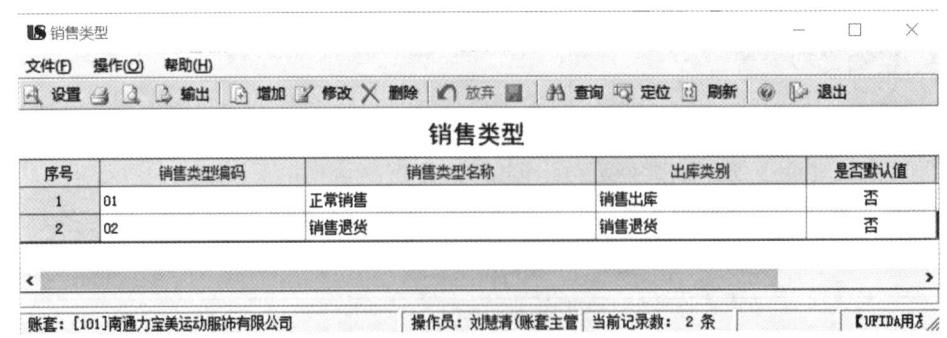

图2-27 【销售类型】窗口(已录入)

五、费用项目设置

费用项目主要用于处理在销售活动中支付的代垫费用、各种销售费用等业务。

【业务 2-18】 增加费用项目信息。费用项目信息如表 2-17 所示。

表 2-17　　　　　　　　　　　　费用项目信息

费用项目分类编码	费用项目分类名称	费用项目编码	费用项目名称
0	无分类	01	运输费

业务 2-18
增加费用
项目信息

操作步骤

(1) 执行【基础设置】|【基础档案】|【业务】|【费用项目分类】命令,点击【增加】按钮,在分类编码内输入"0",分类名称输入"无分类",点击【保存】按钮,如图 2-28 所示。

图 2-28 【费用项目分类】窗口

(2) 执行【基础设置】|【基础档案】|【业务】|【费用项目】命令,在【无分类】下点击【增加】按钮,在费用项目编码输入"01",费用项目名称输入"运输费",费用项目分类名称选择"无分类",点击【保存】按钮,操作结果如图 2-29 所示。

图 2-29 【费用项目档案】窗口(已录入)

六、非合理损耗类型设置

在企业的采购业务中,由于运输、装卸等原因,采购的货物发生短缺或毁损,应根据不同情况做出相应的账务处理。属于定额内合理损耗的,应视同提高入库货物的单位成本;运输部门或供货单位造成的短缺或毁损,属于非合理损耗,应根据具体原因进行账务处理。因此,企业应事先设置好非合理损耗类型及对应的入账科目,以便非合理损耗业务采购结算时,系统能够根据非合理损耗类型自动生成会计核算凭证。

【业务 2-19】 增加非合理损耗类型信息。非合理损耗类型如表 2-18 所示。

表 2-18　　　　　　　　　　非合理损耗类型

非合理损耗类型编码	非合理损耗类型名称
01	运输部门责任

业务 2-19
增加非合理
损耗类型
信息

操作步骤

执行【基础设置】|【基础档案】|【业务】|【非合理损耗类型】命令,点击【增加】按钮,在非合理损耗类型编码输入"01",非合理损耗类型名称输入"运输部门责任",如图 2-30 所示。

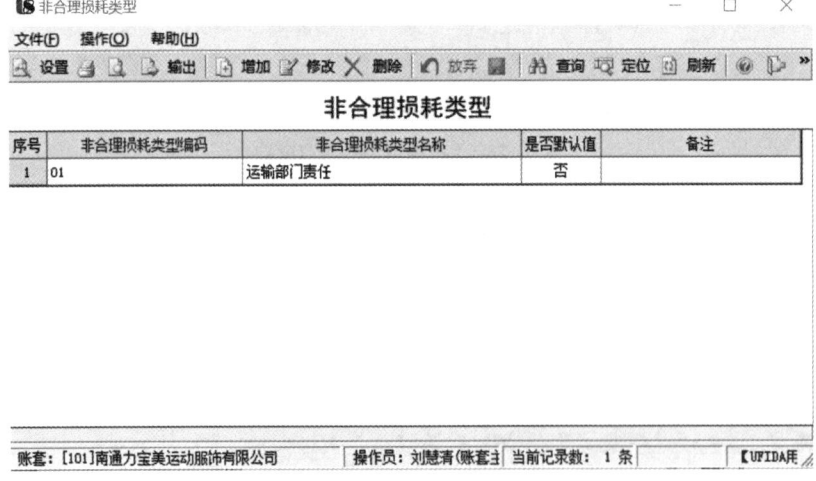

图 2-30 【非合理损耗类型】窗口

任务七　单 据 设 置

一、单据格式设计

单据格式设计主要是根据系统预置的单据模板,定义本企业所需要的单据格式。用友 U8 系统单据格式设计可对用友 U8 系列产品中的报账中心、采购、存货、库存、项目管理、销售、应收、应付等模块中的各种单据进行格式设计。每一种单据格式设置分为显示单据格式设置和打印单据格式设置。

【业务 2-20】 销售专用发票表体增加"退补标志"、数量删除"必输项";销售费用支出单增加"单据流向"和"费用供应商名称"。

操作步骤

(1) 执行【基础设置】|【单据设置】|【单据格式设置】命令,打开【单据格式设置】窗口,找到【销售专用发票显示模板】,单击工具栏上的【表体项目】,在"项目名称"列表框中找到【数量】,取消其【必输】选项;在"项目名称"列表框中勾选【退补标志】。点击【确定】按钮,点击【保存】按钮,如图 2-31 所示。

业务 2-20
单据设置

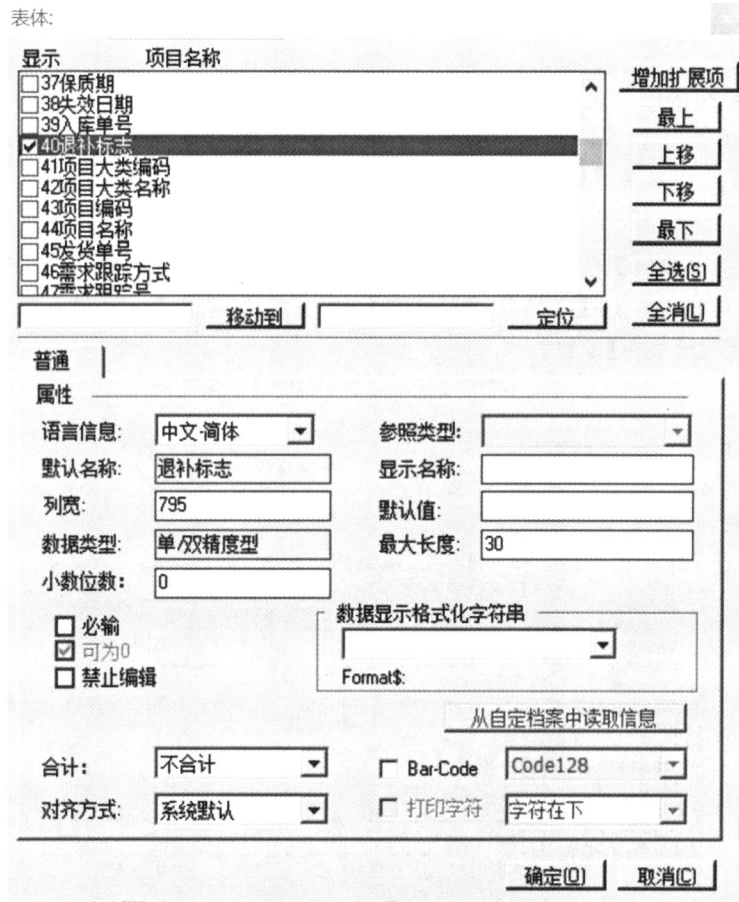

图 2-31 【销售专用发票】单据格式设置窗口

(2) 在【单据格式设置】对话框,找到【销售费用支出单显示模板】,单击工具栏上的【表头项目】,在"项目名称"列表框中勾选【单据流向】【费用供应商名称】,点击【确定】按钮,点击【保存】按钮,结果如图 2-32 所示。

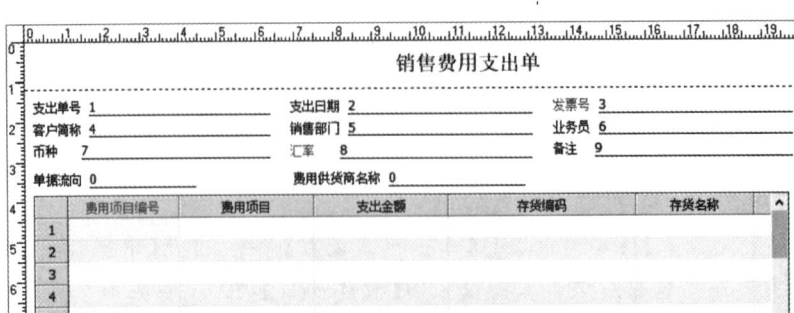

图 2-32 【销售费用支出单】单据格式设置结果

二、单据编号设置

单据编号是指根据企业业务中使用的各种单据、档案的不同需求，由用户自己设置各种单据、档案类型的编码生成原则，包括编号设置、对照表、查看流水号三项内容。

【业务 2-21】 修改采购订单、采购专用发票、销售订单、销售专用发票编号为完全手工编号。

操作步骤

(1) 执行【基础设置】|【单据设置】|【编号设置】命令，打开【编号设置】窗口。

(2) 选择【单据类型】中【采购订单】，点击【修改】按钮，勾选【完全手工编号】复选框，如图 2-33 所示，点击【保存】按钮。

业务 2-21
单据编号
设置

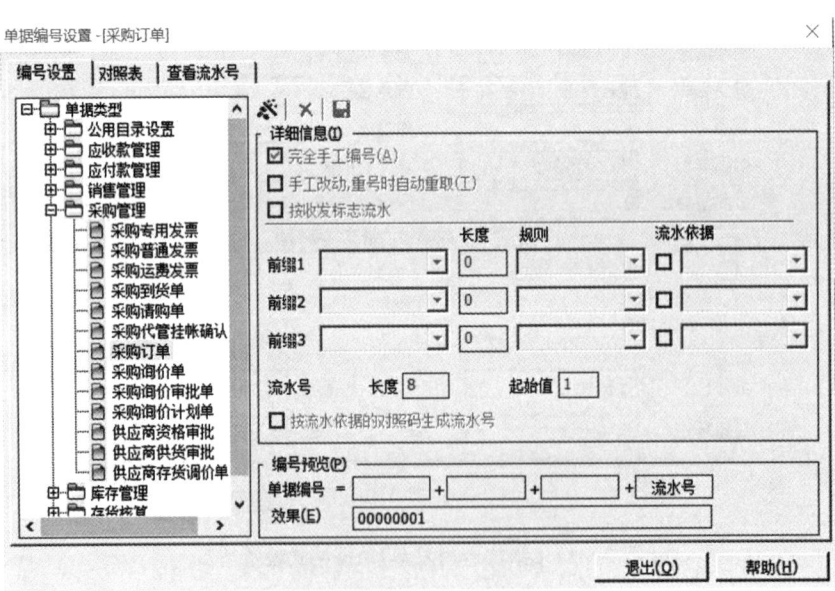

图 2-33 【采购订单—编号设置】窗口(已修改)

(3) 按照以上步骤，完成其他单据编号的设置。

三、账套备份

将账套输出至【E:\101 账套备份\项目二\任务七】文件夹。

业财一体信息化应用职业技能等级要求(初级)

工作领域	工作任务	职业技能要求	
1. 业财一体信息化平台基础设置与维护	1.2 企业基础档案设置与维护	1.2.1	能够依据梳理完毕的企业基础档案信息,在信息化平台上对部门档案、职员档案、客户分类、供应商分类、客户档案、供应商档案、存货档案、仓库档案等进行维护
		1.2.2	能够依据给定的科目设置信息,在信息化平台上准确设置会计科目,并能熟练进行会计科目的增加、修改等操作
		1.2.3	能够依据给定的辅助核算要求及凭证类别要求,在信息化平台上准确进行辅助核算项设置、凭证类别设置
		1.2.4	能够根据《企业财务通则》,依据给定的相关资料,在信息化平台上准确指定现金科目、银行科目和现金流量科目,设置结算方式
		1.2.5	能够依据企业经营需要及给定的相关资料,在信息化平台上正确设置收发类别、采购类型和销售类型
	1.3 标准单据设置与维护	1.3.1	能够根据《企业财务通则》,依据给定的业务资料,在信息化平台上准确地对应收类单据、应付类单据进行格式设置
		1.3.2	能够根据《企业财务通则》,依据给定的业务资料,在信息化平台上准确地对销售类、采购类单据进行格式设置
		1.3.3	能够根据《企业财务通则》,依据给定的业务资料,在信息化平台上准确地对库存类、存货类单据进行格式设置
		1.3.4	能够根据《企业财务通则》,依据给定的业务资料,在信息化平台上准确地进行单据编号设置,确保填制、生成的各类单据的统一性、规范性

项目三 业务子系统初始设置

会计基础
工作规范

任务一 采购管理系统初始化

采购是企业生产经营活动的开始,也是企业生产经营活动的核心之一。采购管理系统的初始化包括参数设置、期初余额录入和期初记账。

一、采购管理系统参数设置

采购管理系统参数设置是采购管理初始化的一项重要工作,其功能是在处理日常采购业务之前,确定采购业务的范围、类型,以及对各项采购业务的核算要求。在进行选项设置之前,一定要详细了解选项开关对业务流程的影响,并结合企业的实际业务需要进行设置。

【业务 3-1】 设置采购管理系统普通业务必有订单。

操作步骤

业务 3-1
设置采购
管理系统
普通业务
必有订单

(1) 使用 A01 刘慧清的身份登录企业应用平台,点击【业务工作】|【供应链】|【采购管理】|【设置】|【采购选项】,打开【采购系统选项设置】窗口,在【业务及权限控制】选项卡中勾选【普通业务必有订单】,如图 3-1 所示。

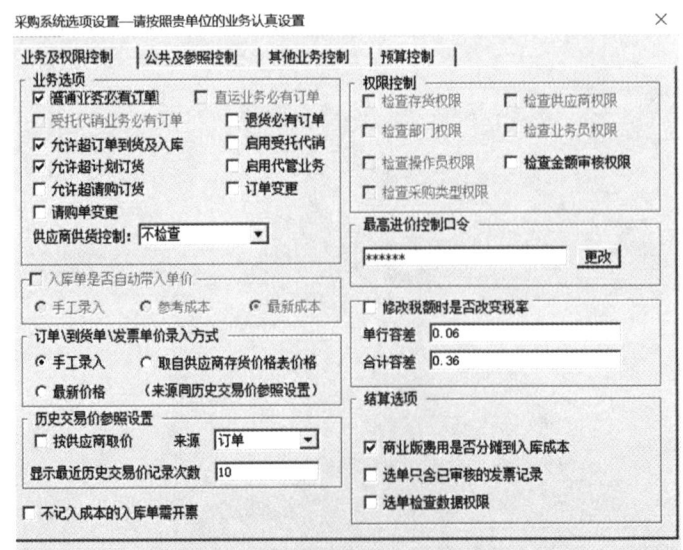

图 3-1 【采购系统选项设置】窗口

(2) 点击【确定】,完成设置。

二、采购管理期初余额录入

期初采购入库是在启用采购管理系统之时,企业已经收到了货物并办理了入库手续,但是还未取得供应商的采购发票,不能进行采购结算的业务,在此需要输入采购入库单,形成期初数据,以便取得发票后进行采购结算,对采购成本进行确认。

【业务 3-2】 2023 年 12 月 21 日,采购部戚诚从上海天宁体育用品有限公司采购春秋款女士运动服 160 套,不含税单价 130 元/套,商品已经验收入运动套装库,采购发票未到,货款也尚未支付。请录入期初采购入库单信息。

操作步骤

(1) 使用 A01 刘慧清的身份登录企业应用平台,点击【业务工作】|【供应链】|【采购管理】|【采购入库】|【采购入库单】,打开【期初采购入库单】窗口。

(2) 点击【增加】按钮,录入期初采购入库单信息,如图 3-2 所示。

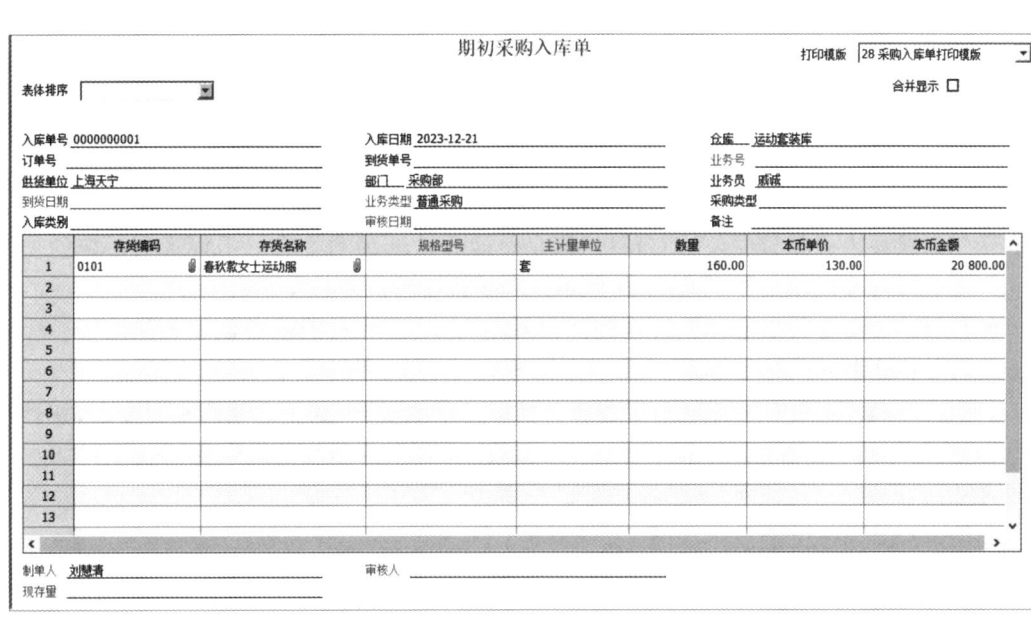

图 3-2 【期初采购入库单】窗口

(3) 点击【保存】按钮,完成期初采购入库单信息录入。

三、采购期初记账

【业务 3-3】 对采购管理系统进行期初记账。

操作步骤

(1) 点击【业务工作】|【供应链】|【采购管理】|【设置】|【采购期初记账】,弹出【期初记账】窗口,如图 3-3 所示。

(2) 点击【记账】按钮,弹出"期初记账完毕!"提示框,如图 3-4 所示,点击【确定】按钮。

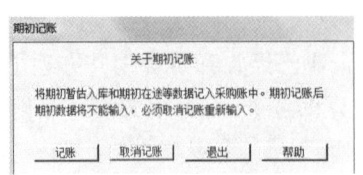 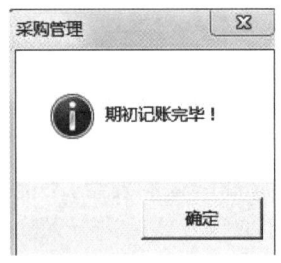

图 3-3 【期初记账】窗口　　　　图 3-4 "期初记账完毕!"提示框

> **提示:**
> ⊙ 在采购管理系统期初记账前,采购管理系统的采购入库,只能录入期初入库单。期初记账后,采购入库需要在库存系统录入或生成。
> ⊙ 如果采购货物尚未运达企业但发票已经收到,则可以录入期初采购发票,表示企业的在途物资,待货物运达后,再办理采购结算。

任务二　销售管理系统初始化

销售是企业生成经营成果的实现过程,是企业经营活动的中心。销售管理系统的初始化包括参数设置和期初余额录入(下文以系统参数设置为例进行介绍)。

销售管理系统参数的设置是指在处理日常销售业务之前,确定销售业务的范围、类型,以及对各项销售业务的核算要求。

【业务 3-4】　在销售管理系统中设置普通销售必有订单,取消销售生成出库单,新增退货单参照发货单。

操作步骤

(1) 点击【业务工作】|【供应链】|【销售管理】|【设置】|【销售选项】,打开【销售选项】窗口。

(2) 在【业务控制】选项卡中勾选【普通销售必有订单】,取消【销售生成出库单】,如图 3-5 所示。

(3) 在【其他控制】选项卡中,【新增退货单默认】选择【参照发货】,如图 3-6 所示。

(4) 点击【确定】按钮,完成设置。

> **提示:**
> ⊙ 如果企业存在特殊的销售业务,比如零售日报业务、销售调拨业务、直运业务、委托代销业务等,勾选相应选项即可。
> ⊙ 如果勾选"销售生成出库单",则由销售管理生成销售出库单,即销售管理的发货单、销售发票在审核或复核时,自动生成销售出库单传递到库存管理系统,在库存管理系统中不能修改出库单的数量。

项目三 业务子系统初始设置

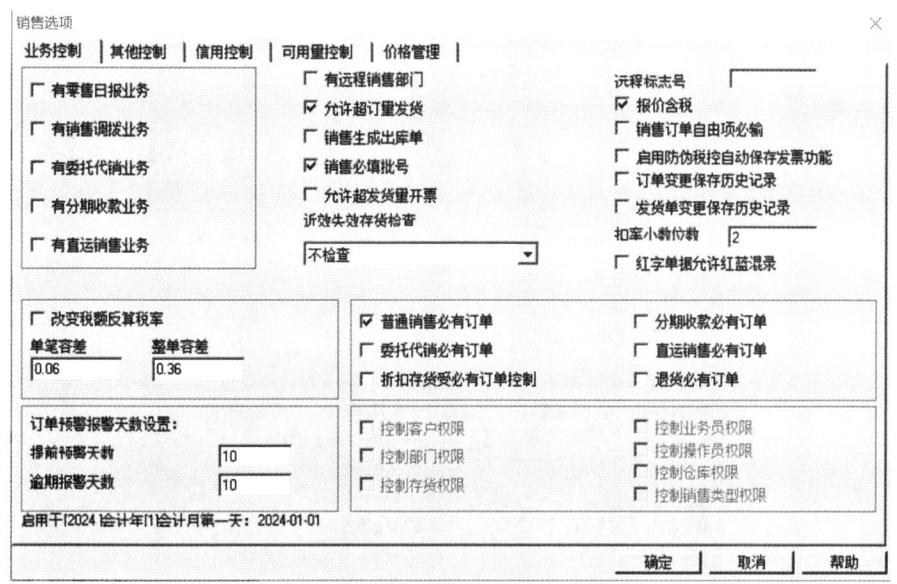

图3-5 【业务控制】选项卡

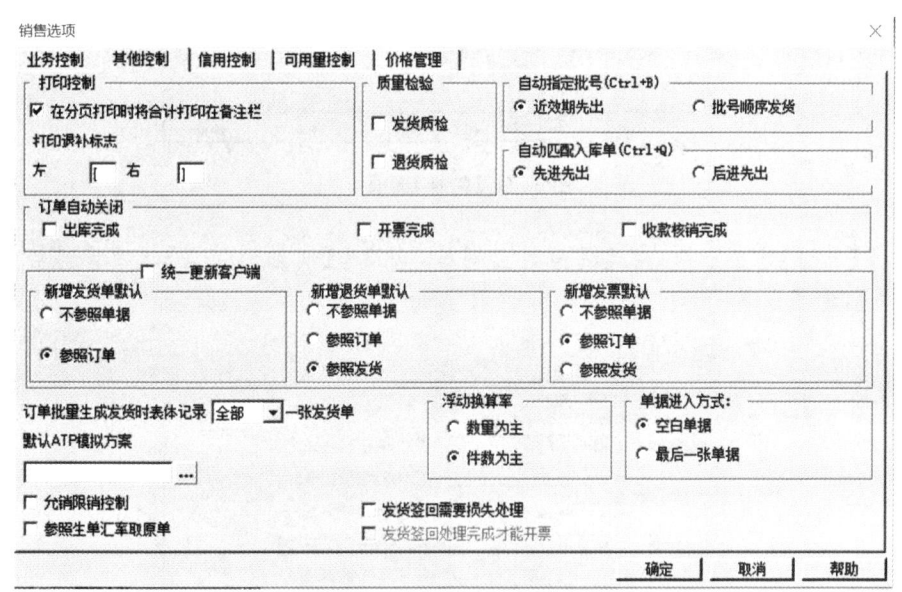

图3-6 【其他控制】选项卡

任务三 应收款管理系统初始化

业务流程管理

一、应收款管理系统选项设置

不同企业对应收款项的管理和核算方法存在差异,在运行应收款管理系统前,应先设置运行所需要的账套参数,以便系统根据所设定的参数进行相应的处理。

【业务 3-5】 在应收款管理系统中设置单据审核日期依据为单据日期,受控科目制单方式为明细到单据,销售科目依据为按存货,坏账处理方式为应收余额百分比法,自动计算现金折扣。

操作步骤

(1)点击【业务工作】|【财务会计】|【应收款管理】|【设置】|【选项】,打开【账套参数设置】窗口,点击【编辑】按钮,在【常规】选项卡中选择【单据审核日期依据】为【单据日期】、【坏账处理方式】为【应收余额百分比法】,勾选【自动计算现金折扣】,如图 3-7 所示。

业务 3-5 应收款管理系统选项设置

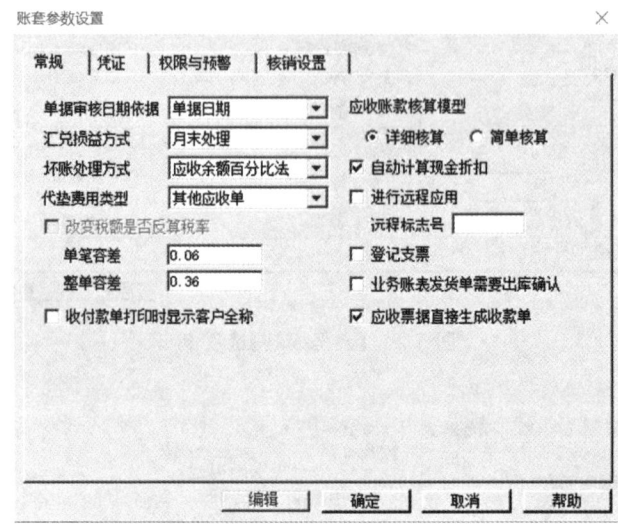

图 3-7 【常规】选项卡

(2)在【凭证】选项卡中选择【受控科目制单方式】为【明细到单据】,【销售科目依据】选择【按存货】,如图 3-8 所示。

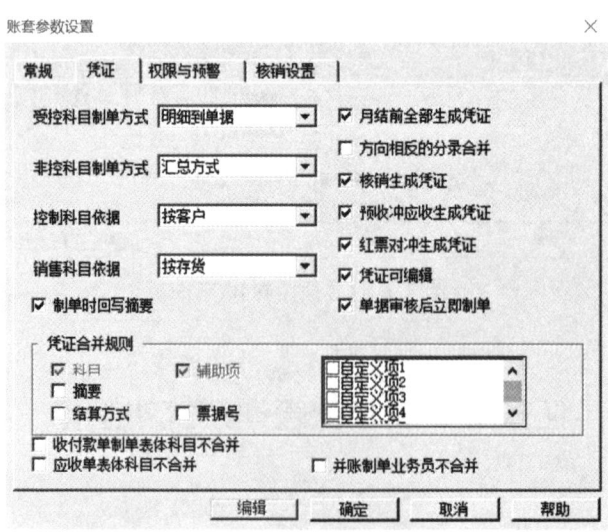

图 3-8 【凭证】选项卡

(3)点击【确定】按钮,完成设置。

提示：

⊙ 系统提供两种确认单据审核日期的依据，即单据日期和业务日期。单据审核日期依据如果选择单据日期，则在单据处理功能中进行单据审核时，自动将单据的审核日期（即入账日期）记为该单据的单据日期；如果选择业务日期，则自动将单据的审核日期（即入账日期）记为当前业务日期（即登录日期）。

⊙ 受控科目制单有两种制单方式供选择，即明细到客户和明细到单据。明细到客户：当将一个客户的多笔业务合并生成一张凭证时，如果核算这多笔业务的控制科目相同，系统将自动将其合并成一条分录。明细到单据：当将一个客户的多笔业务合并生成一张凭证时，系统会将每一笔业务形成一条分录。

⊙ 系统提供是否自动计算现金折扣的选择。如果为了鼓励客户在信用期间内提前收款而采用现金折扣政策，可以在系统中选择是否自动计算现金折扣。若选择自动计算，需要在发票或应收单中输入收款条件，在核销处理界面中系统依据收款条件自动计算该发票或应收单可享受的折扣，可输入本次折扣进行结算。

⊙ 系统提供两种坏账处理的方式，即备抵法和直接转销法。如果选择备抵法，还应该选择具体的方法，系统提供了三种备抵的方法，即：应收余额百分比法、销售收入百分比法、账龄分析法。

二、应收款管理系统科目设置

应收款管理系统中的初始设置是将手工核算的相关内容和规则录入应收款管理系统，以便在系统中按照企业需要进行应收款业务的处理。凭证科目设置是指依据用户定义的科目，依据不同的业务类型，生成凭证时将业务对应的会计科目自动带出。

【业务3-6】 对应收款管理系统进行科目设置。

（1）基本科目：应收科目为1122，预收科目为2204，税金科目为22210103，销售收入科目为6001，销售退回科目为6001，现金折扣科目为6603，坏账入账科目为1231。

（2）控制科目设置：应收科目为1122，预收科目为2204。

（3）产品科目设置：销售收入科目为6001，销售退回科目为6001，应交增值税科目为22210103。运输费的销售收入科目及销售退回科目为6051。

（4）结算方式科目设置：现金对应1001，现金支票、转账支票、电汇、其他均对应1002。

（5）坏账准备设置：提取比例为0.5%，坏账准备期初余额为1 000元，坏账准备科目为1231，坏账准备对方科目为6702。

业务3-6 应收款管理系统科目设置

操作步骤

1. 基本科目设置

点击【财务会计】|【应收款管理】|【设置】|【初始设置】，打开【初始设置】窗口，点击【设置科目】|【基本科目设置】|【增加】，【基础科目种类】选择：应收科目，【科目】选择：1122，【币种】选择：人民币。以同样的方法将其他基本科目设置完毕，如图3-9所示。

2. 控制科目设置

点击【财务会计】|【应收款管理】|【设置】|【初始设置】，打开【初始设置】窗口。点击【设置科目】|【控制科目设置】，【应收科目】选择：1122，【预收科目】选择：2204，如图3-10所示。

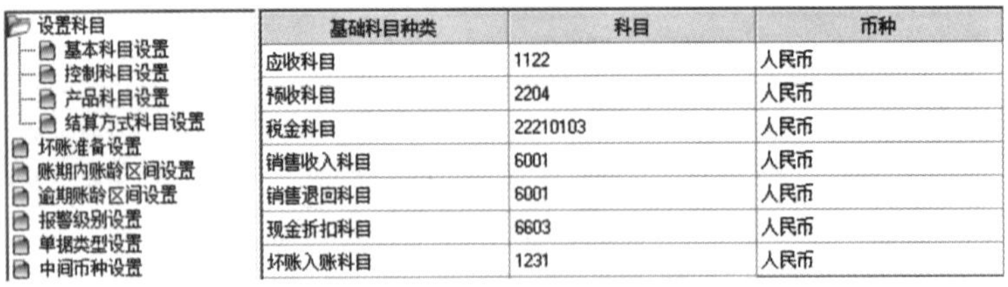

基础科目种类	科目	币种
应收科目	1122	人民币
预收科目	2204	人民币
税金科目	22210103	人民币
销售收入科目	6001	人民币
销售退回科目	6001	人民币
现金折扣科目	6603	人民币
坏账入账科目	1231	人民币

图 3-9　设置基本科目

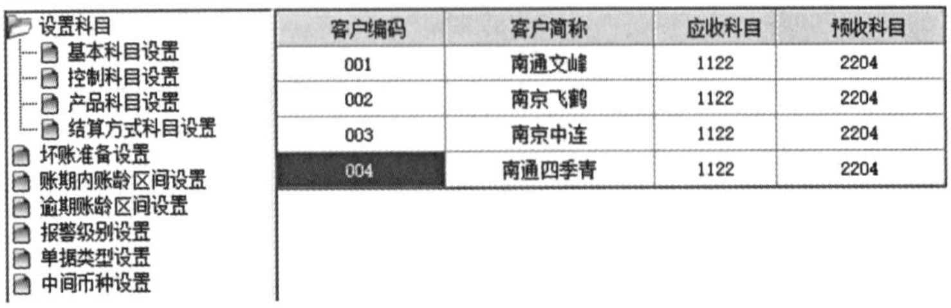

客户编码	客户简称	应收科目	预收科目
001	南通文峰	1122	2204
002	南京飞鹤	1122	2204
003	南京中连	1122	2204
004	南通四季青	1122	2204

图 3-10　设置控制科目

3. 产品科目设置

点击【财务会计】|【应收款管理】|【设置】|【初始设置】,打开【初始设置】窗口。点击【设置科目】|【产品科目设置】,【销售收入科目】选择:6001,【应交增值税科目】选择:22210103,【销售退回科目】选择:6001,如图 3-11 所示。

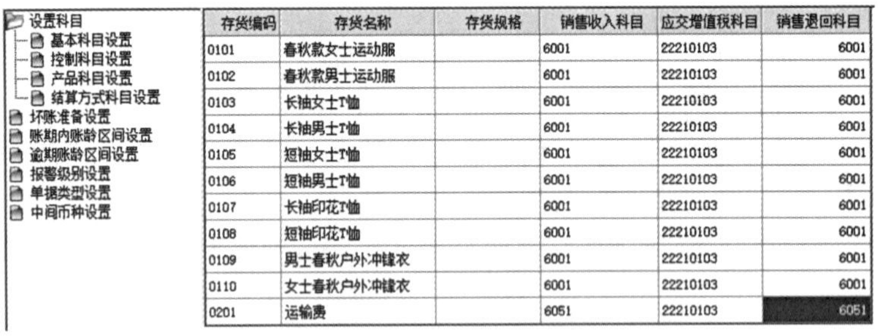

存货编码	存货名称	存货规格	销售收入科目	应交增值税科目	销售退回科目
0101	春秋款女士运动服		6001	22210103	6001
0102	春秋款男士运动服		6001	22210103	6001
0103	长袖女士T恤		6001	22210103	6001
0104	长袖男士T恤		6001	22210103	6001
0105	短袖女士T恤		6001	22210103	6001
0106	短袖男士T恤		6001	22210103	6001
0107	长袖印花T恤		6001	22210103	6001
0108	短袖印花T恤		6001	22210103	6001
0109	男士春秋户外冲锋衣		6001	22210103	6001
0110	女士春秋户外冲锋衣		6001	22210103	6001
0201	运输费		6051	22210103	6051

图 3-11　设置产品科目

4. 结算方式科目设置

点击【财务会计】|【应收款管理】|【设置】|【初始设置】,打开【初始设置】窗口。点击【设置科目】|【结算方式科目设置】,【结算方式】选择:1 现金,【币种】选择:人民币,【科目】选择:1001。以同样的方法将其他结算方式科目设置完毕,如图 3-12 所示。

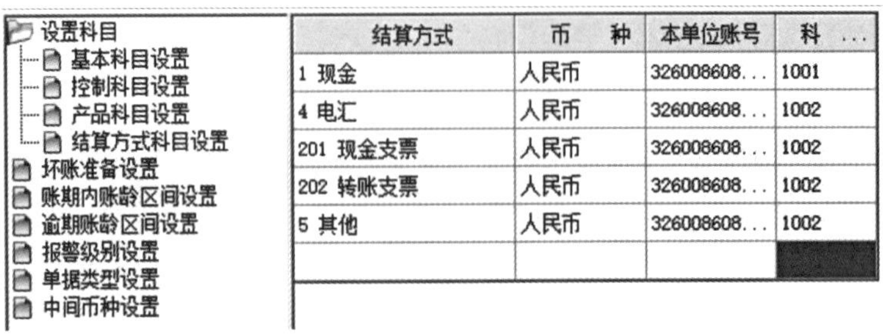

结算方式	币　种	本单位账号	科 ...
1 现金	人民币	326008608...	1001
4 电汇	人民币	326008608...	1002
201 现金支票	人民币	326008608...	1002
202 转账支票	人民币	326008608...	1002
5 其他	人民币	326008608...	1002

图 3-12　设置结算方式科目

5. 坏账准备设置

点击【财务会计】|【应收款管理】|【设置】|【初始设置】,打开【初始设置】窗口。点击【坏账科目设置】|【结算方式科目设置】,【提取比率】录入"0.5%",【坏账准备科目】选择:1231,【坏账准备科目余额】选择:1000,【对方科目】选择:6702,如图 3-13 所示,点击【确定】按钮。

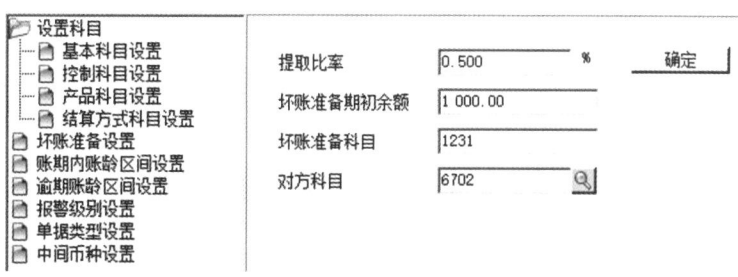

图 3-13 设置坏账准备

三、应收款管理系统期初余额录入

系统通过录入期初单据的形式建立期初数据。在启用应收系统之前,将账套启用会计期间以前的未处理完的应收、收款、预收单据录入到系统中,系统对其可进行后续处理。

【业务 3-7】 录入应收款管理系统的期初余额。应收账款(1122)期初余额和合同负债(2204)期初余额如表 3-1 和表 3-2 所示。

表 3-1　　　　　　　　　应收账款(1122)期初余额　　　　　　　　　单位:元

日　期	客户名称	摘　要	方向	余额
2023-12-20	南通文峰电子商务有限公司	销售男士春秋户外冲锋衣50件,不含税单价320元/件,发票号05134666	借	18 080.00

表 3-2　　　　　　　　　合同负债(2204)期初余额　　　　　　　　　单位:元

日　期	客户名称	摘　要	方向	余额
2023-12-18	南通四季青酒店管理有限公司	预收货款,电汇,票号01054359	贷	5 000.00

操作步骤

(1)点击【财务会计】|【应收款管理】|【设置】|【初始设置】,打开【期初余额—查询】窗口,点击【确定】按钮,打开【期初余明细表】窗口,点击【增加】按钮,打开【单据类别】窗口,【单据名称】选择:销售发票,【单据类型】选择:销售专用发票,【方向】选择:正向,如图 3-14 所示。

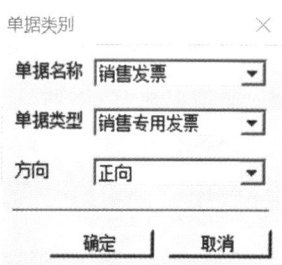

图 3-14 【单据类别】窗口

(2)点击【确定】按钮,打开【销售专用发票】窗口。点击【增加】按钮,录入表 3-1 的信息,单击【保存】按钮,如图 3-15 所示。

(3)单击【增加】按钮,打开【单据类别】窗口,【单据名称】选择:预收款,【单据类型】选择:收款单,【方向】选择:正向,如图 3-16 所示。

图 3-15 【销售专用发票】窗口

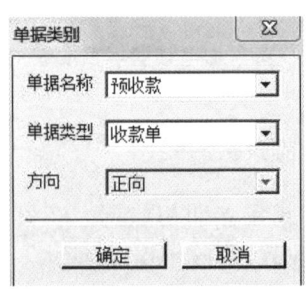

图 3-16 【单据类别】窗口

（4）点击【确定】按钮，打开【期初收款单录入】窗口。点击【增加】按钮，打开【收款单】窗口，录入表 3-2 的信息，如图 3-17 所示。

图 3-17 【收款单】窗口

任务四　应付款管理系统初始化

一、应付款管理系统选项设置

在运行应付款管理系统前，应在此设置运行所需要的账套参数，以便系统根据所设定的选项进行相应的处理。

【业务3-8】 设置应付款管理系统单据审核日期依据为单据日期；自动计算现金折扣；受控科目制单方式为明细到单据；采购科目依据为按存货。

操作步骤

(1) 登录企业应用平台，点击【财务会计】|【应付款管理】|【设置】|【选项】，打开【账套参数设置】窗口，点击【编辑】按钮。

业务3-8 应付款管理系统选项设置

(2) 点击【常规】选项卡，点击【单据审核日期依据】栏目的下拉三角按钮选择：单据日期；勾选【自动计算现金折扣】，如图3-18所示。

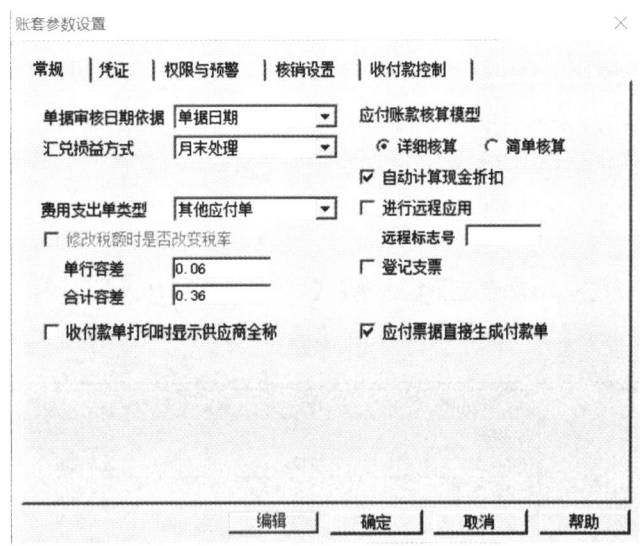

图3-18 【常规】选项卡

(3) 点击【凭证】选项卡，点击【受控科目制单方式】栏目的下拉三角按钮选择：明细到单据，【采购科目依据】选择：按存货，如图3-19所示，点击【确定】按钮，完成设置。

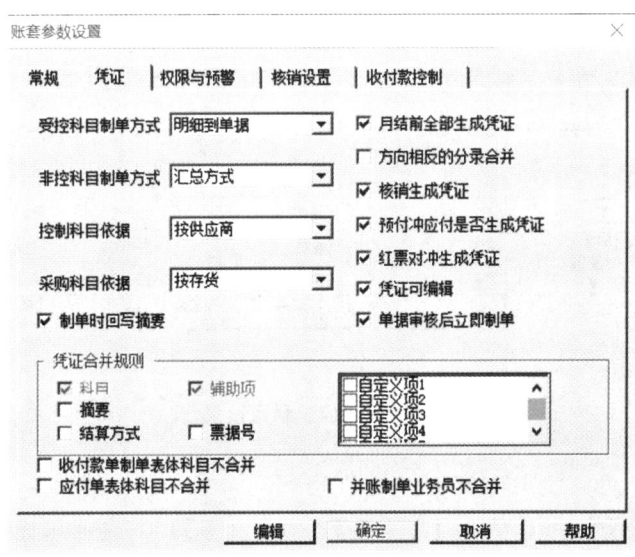

图3-19 【凭证】选项卡

二、应付款管理系统科目设置

应付款管理系统中的初始设置是指用户在应用应付款系统之前进行的初始设置。由于本系统业务类型较固定,生成的凭证类型也较固定,因此为了简化凭证生成操作,可以在此处将各业务类型凭证中的常用科目预先设置好,系统依据制单业务规则将设置的科目自动带出。

【业务3-9】 对应付款管理系统进行科目设置。

(1) 基本科目设置:应付科目为220201,预付科目为1123,税金科目为22210101,现金折扣科目为6603。

(2) 控制科目设置:应付科目为220201,预付科目为1123。

(3) 产品科目设置:采购科目为1402,采购税金科目为22210101。

(4) 结算方式科目设置:现金对应1001,现金支票、转账支票、电汇、其他均对应1002。

业务3-9
应付款管理
系统科目
设置

操作步骤

1. 基本科目设置

点击【财务会计】|【应付款管理】|【设置】|【初始设置】,打开【初始设置】窗口。点击【设置科目】|【基本科目设置】|【增加】,根据要求完成基本科目设置,如图3-20所示。

基础科目种类	科目	币种
应付科目	220201	人民币
预付科目	1123	人民币
税金科目	22210101	人民币
现金折扣科目	6603	人民币

图3-20 基本科目设置

2. 控制科目设置

点击【财务会计】|【应付款管理】|【设置】|【初始设置】,打开【初始设置】窗口。点击【设置科目】|【控制科目设置】,根据要求完成控制科目设置,如图3-21所示。

供应商编码	供应商简称	应付科目	预付科目
001	上海天宁	220201	1123
002	上海奥悦	220201	1123
003	南通特伦布	220201	1123
004	南通安力	220201	1123
005	东林物流	220201	1123

图3-21 控制科目设置

3. 产品科目设置

点击【财务会计】|【应付款管理】|【设置】|【初始设置】,打开【初始设置】窗口。点击【设置科目】|【产品科目设置】,根据要求完成产品科目设置,如图3-22所示。

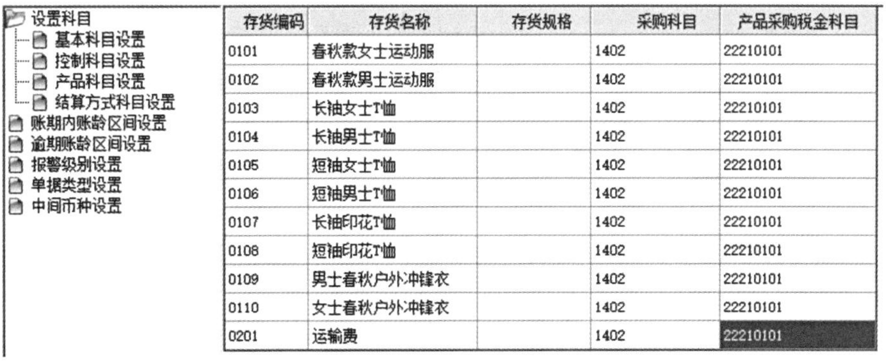

存货编码	存货名称	存货规格	采购科目	产品采购税金科目
0101	春秋款女士运动服		1402	22210101
0102	春秋款男士运动服		1402	22210101
0103	长袖女士T恤		1402	22210101
0104	长袖男士T恤		1402	22210101
0105	短袖女士T恤		1402	22210101
0106	短袖男士T恤		1402	22210101
0107	长袖印花T恤		1402	22210101
0108	短袖印花T恤		1402	22210101
0109	男士春秋户外冲锋衣		1402	22210101
0110	女士春秋户外冲锋衣		1402	22210101
0201	运输费		1402	22210101

图 3-22 产品科目设置

4. 结算方式科目设置

点击【财务会计】|【应付款管理】|【设置】|【初始设置】，打开【初始设置】窗口。点击【设置科目】|【结算方式科目设置】，根据要求完成结算方式科目设置，如图 3-23 所示。

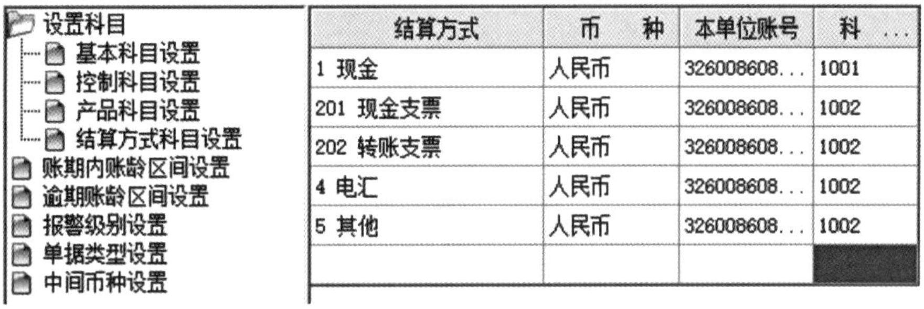

结算方式	币 种	本单位账号	科 ...
1 现金	人民币	326008608...	1001
201 现金支票	人民币	326008608...	1002
202 转账支票	人民币	326008608...	1002
4 电汇	人民币	326008608...	1002
5 其他	人民币	326008608...	1002

图 3-23 结算方式科目设置

三、应付款管理系统期初余额录入

在启用应付系统之前，将账套启用会计期间以前未处理完的应付、付款、预付单据录入到系统中，系统对其可进行后续处理。

【业务 3-10】 录入应付款管理系统的期初余额。应付账款——一般应付款(220201)和预付账款(1123)的期初余额如表 3-3 和表 3-4 所示。

表 3-3 **应付账款——一般应付款(220201)期初余额** 单位：元

日期	供应商名称	摘要	方向	余额
2023-12-20	南通特伦布户外用品有限公司	杨智采购短袖印花 T 恤 200 件，不含税单价 52 元/件，票号 41102598	贷	11 752.00

表 3-4 **预付账款(1123)期初余额** 单位：元

日期	供应商名称	摘要	方向	余额
2023-12-10	上海奥悦体育用品有限公司	采购女士春秋户外冲锋衣，电汇，票号 43155646	借	8 000.00

业务3-10
应付款管理
系统期初余
额录入

操作步骤

（1）点击【财务会计】|【应付款管理】|【设置】|【初始设置】，打开【期初余额—查询】窗口。点击【确定】按钮，打开【期初余额明细表】窗口，点击【增加】按钮，打开【单据类别】窗口，【单据名称】选择：采购发票，【单据类型】选择：采购专用发票，【方向】选择：正向，如图3-24所示。

（2）点击【确定】按钮，打开【采购专用发票】窗口，点击【增加】按钮，录入表3-3的信息，单击【保存】按钮，如图3-25所示。

图3-24 【单据类别】窗口

图3-25 【采购专用发票】窗口

（3）单击【增加】按钮，打开【单据类别】窗口。【单据名称】选择：预付款，【单据类型】选择：付款单，【方向】选择：正向，如图3-26所示。

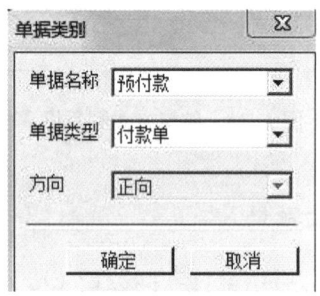

图3-26 【单据类别】窗口

（4）点击【确定】按钮，打开【付款单】窗口。点击【增加】按钮，录入表3-4的信息，单击【保存】按钮，如图3-27所示。

图3-27 【付款单】窗口

任务五 库存管理系统初始化

库存管理系统主要对企业各存货的收发存数量进行管理,是仓储管理和财务核算的重要环节,库存管理初始化主要包括系统参数设置、期初数据录入等。

一、库存管理系统参数设置

企业根据实际业务的需要,有些单据在单据保存时进行实物出入库,而有些单据在单据审核时才进行实物出入库。为了解决单据和实物出入库的时间差问题,用户可以根据不同的单据制定不同的现存量更新时点。

【业务3-11】 设置库存管理系统参数,修改现存量时点为采购入库审核时改现存量、销售出库审核时改现存量、其他出入库审核时改现存量。

操作步骤

(1)点击【业务工作】|【供应链】|【库存管理】|【初始设置】|【选项】,打开【库存选项设置】窗口。

(2)点击【通用设置】选项卡,勾选【采购入库审核时改现存量】【销售出库审核时改现存量】和【其他出入库审核时改现存量】,如图3-28所示。

图3-28 【库存选项设置】选项卡

(3) 点击【确定】按钮,完成设置。

二、库存管理系统期初数据录入

库存期初数据录入用于录入使用库存管理系统前各仓库各存货的期初结存情况。录入方法有两种:一是在库存管理系统中直接录入;二是从存货核算系统中取数。

【业务 3-12】 录入库存管理系统期初数据。库存管理系统期初数据如表 3-5 所示。

业务 3-12 录入库存管理系统期初数据

表 3-5　　　　　　　　　库存管理系统期初数据　　　　　　　　金额单位:元

分类编码	仓库	存货编码	存货名称	单位	数量	单价	金额
01	运动套装库	0101	春秋款女士运动服	套	600	130.00	78 000.00
		0102	春秋款男士运动服	套	700	140.00	98 000.00
	运动 T 恤库	0103	长袖女士 T 恤	件	800	50.00	40 000.00
		0104	长袖男士 T 恤	件	700	55.00	38 500.00
		0105	短袖女士 T 恤	件	500	40.00	20 000.00
		0106	短袖男士 T 恤	件	450	45.00	20 250.00
		0107	长袖印花 T 恤	件	400	60.00	24 000.00
		0108	短袖印花 T 恤	件	600	52.00	31 200.00
	户外冲锋衣库	0109	男士春秋户外冲锋衣	件	860	120.00	103 200.00
		0110	女士春秋户外冲锋衣	件	900	100.00	90 000.00
			合计		6 510		543 150.00

操作步骤

(1) 点击【业务工作】|【供应链】|【库存管理】|【初始设置】|【期初结存】,打开【库存期初数据录入】窗口。

(2) 在【库存期初数据录入】窗口将仓库选为【(01)运动套装库】,点击【修改】按钮,【存货编码】选择 0101,【存货名称】输入"春秋款女士运动服",【数量】输入"600",【单价】输入"130",以同样的方法录入运动套装库的其他数据,单击【保存】【批审】按钮,结果如图 3-29 所示。

图 3-29　运动套装库的期初数据

(3) 在【库存期初数据录入】窗口将仓库选为【(02)运动 T 恤库】,点击【修改】按钮,录入

表 3-5 的数据,单击【保存】【批审】按钮,结果如图 3-30 所示。

图 3-30　运动 T 恤库的期初数据

(4) 在【库存期初数据录入】窗口将仓库选为【(03)户外冲锋衣库】,点击【修改】按钮,录入表 3-5 的数据,单击【保存】【批审】按钮,如图 3-31 所示。

图 3-31　户外冲锋衣库的期初数据

> **提示:**
> ⊙ 库存期初结存数据必须按照仓库分别录入。
> ⊙ 库存期初数据录入完成后,必须进行审核工作,实际是期初记账的过程,表明该仓库期初数据录入工作的完结。
> ⊙ 库存期初数据审核是分仓库分存货进行的,单击【审核】按钮是针对一条存货记录进行审核。如果执行【批审】功能,则对选中仓库的所有存货执行审核,但并非审核所有仓库的存货。

任务六　存货核算系统初始化

存货核算系统主要对企业当期出入库存货的成本进行核算,是财务核算的重要环节,存货核算系统初始化主要包括参数设置、期初数据录入、科目设置、期初记账四个方面。

一、存货核算系统参数设置

核算业务范围决定了存货核算系统的日常业务流程,对整个系统有决定性的作用。核算业务范围设置的内容主要包括核算方式、控制方式和最高最低控制。

【业务3-13】 设置存货核算系统参数:暂估方式为单到回冲。

操作步骤

(1) 打开【业务工作】|【供应链】|【存货核算】|【初始设置】|【选项】|【选项录入】,打开【选项录入】窗口。

(2) 点击【核算方式】选项卡,【暂估方式】选择【单到回冲】,如图3-32所示,点击【确定】按钮,完成设置。

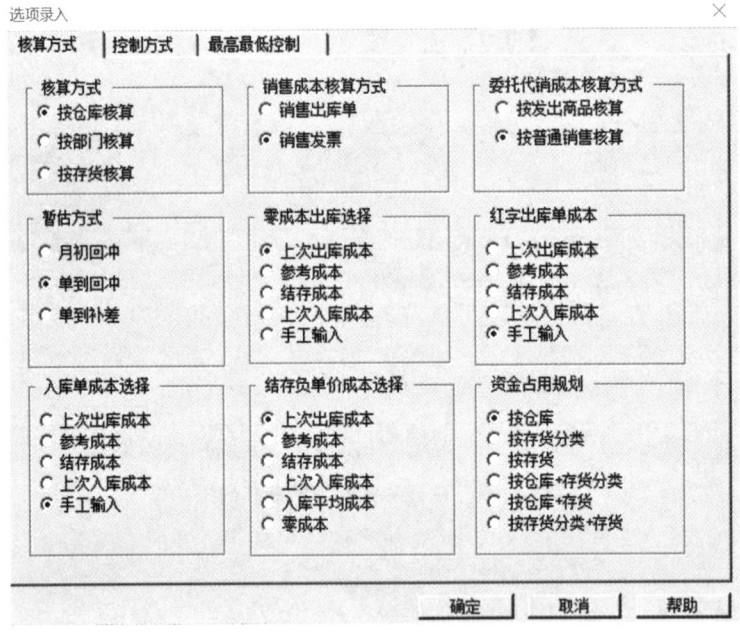

图3-32 【选项录入】选项卡

> **提示:**
> ⊙初建账套时,用户可以选择按仓库核算、按部门核算和按存货核算。如果是按仓库核算,则按仓库在仓库档案中设置计价方式,并且每个仓库单独核算出库成本;如果是按部门核算,则在仓库档案中的按部门设置计价方式,并且相同所属部门的各仓库统一核算出库成本;如果按存货核算,则按用户在存货档案中设置的计价方式进行核算。
> ⊙暂估入库存货成本的回冲方式包括月初回冲、单到回冲、单到补差三种。月初回冲是指月初时系统自动生成红字回冲单,采购结算时,系统自动根据报销金额生成采购报销入库单;单到回冲是指采购结算时,系统自动生成红字回冲单,并生成采购报销入库单;单到补差是指采购结算时,系统自动生成一笔调整单,调整金额为实际金额与暂估金额的差额。

二、存货核算系统期初数据录入

存货核算系统期初数据是指将启用月份上月底的各存货的数量、单价和金额，录入系统中，存货核算系统期初数据可以直接录入，也可以从库存管理系统中取数。

【业务 3-14】　录入存货核算系统的期初数据（通过库存管理取数），并进行对账。

业务 3-14
录入存货核算系统算期初数据

操作步骤

（1）点击【业务工作】|【供应链】|【存货核算】|【初始设置】|【期初数据】|【期初余额】，打开【期初余额】窗口。

（2）【仓库】选择：01 运动套装库，点击【取数】按钮，系统自动从库存管理中取出该仓库的数据，如图 3-33 所示。

期初余额

年度 2024　仓库 01 运动套装库　计价方式：先进先出法　存货分类

存货编码	存货名称	规格型号	计量单位	数量	单价	金额	售价	售价金额	存货科...	存货科目
0101	春秋款...		套	600.00	130.00	78 000.00				
0102	春秋款...		套	700.00	140.00	98 000.00				
合计:				1 300.00		176 000.00				

图 3-33　运动套装库的期初余额

（3）【仓库】选择：02 运动 T 恤库，点击【取数】按钮，系统自动从库存管理中取出该仓库的数据，如图 3-34 所示。

期初余额

年度 2024　仓库 02 运动T恤库　计价方式：先进先出法　存货分类

存货编码	存货名称	规格型号	计量单位	数量	单价	金额	售价	售价金额	存货科...	存货科目
0103	长袖女...		件	800.00	50.00	40 000.00				
0104	长袖男...		件	700.00	55.00	38 500.00				
0105	短袖女...		件	500.00	40.00	20 000.00				
0106	短袖男...		件	450.00	45.00	20 250.00				
0107	长袖印...		件	400.00	60.00	24 000.00				
0108	短袖印...		件	600.00	52.00	31 200.00				
合计:				3 450.00		173 950.00				

图 3-34　运动 T 恤库的期初余额

（4）【仓库】选择：03 户外冲锋衣库，点击【取数】按钮，系统自动从库存管理中取出该仓库的数据，如图 3-35 所示。

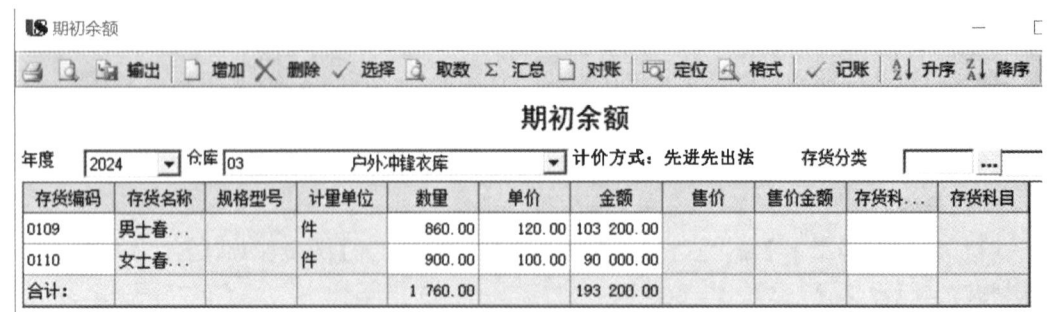

图 3-35 户外冲锋衣库的期初余额

(5) 点击【对账】按钮,弹出【库存与存货期初对账查询条件】,选择所有仓库,点击【确定】按钮,提示"对账成功!",如图 3-36 所示,点击【确定】按钮,完成对账。

图 3-36 "对账成功!"提示框

三、存货核算系统科目设置

在存货核算系统中,可以生成与购销存业务相关的凭证传递到总账系统。为了能够让系统在业务发生时自动生成凭证,可以根据存货所属仓库、存货分类或不同的存货设置生成凭证所用到的各种存货科目、对方科目等,因此用户在制单之前应先在本系统中将存货科目设置正确、完整,否则无法生成科目完整的凭证。

【业务 3-15】 对存货核算系统进行科目设置。

(1) 存货科目设置:存货科目为"1405 库存商品"。

(2) 存货对方科目设置:采购入库的对方科目为"1402 在途物资",暂估科目为"220202 暂估应付款";采购退货的对方科目为"1402 在途物资";盘盈入库的对方科目为"1901 待处理财产损溢";销售出库、销售退货的对方科目都为"6401 主营业务成本";盘亏出库的对方科目为"1901 待处理财产损溢"。

操作步骤

(1) 点击【业务工作】|【供应链】|【存货核算】|【初始设置】|【科目设置】|【存货科目】,打开【存货科目】窗口。

(2) 点击【增加】按钮,【仓库编码】选择:01,【存货科目】选择:1405 库存商品,以同样方法设置其他仓库的信息,点击【保存】按钮,如图 3-37 所示。

存货科目

存货科目

仓库编码	仓库名称	存货分类编码	存货分类名称	存货编码	存货名称	存货科目编码	存货科目名称
01	运动套装库					1405	库存商品
02	运动T恤库					1405	库存商品
03	户外冲锋衣库					1405	库存商品

图 3-37 存货科目设置

（3）点击【业务工作】|【供应链】|【存货核算】|【初始设置】|【科目设置】|【对方科目】，打开【对方科目】窗口。

（4）点击【增加】按钮，【收发类别】选择：11，【对方科目】选择：1402 在途物资，【暂估科目】选择：220202 暂估应付款，以同样方法设置其他收发类别的信息，点击【保存】按钮，如图 3-38 所示。

对方科目

收发类别编码	收发类别名称	存货编码	存货名称	部门编码	部门名称	项目编码	项目名称	对方科目编码	对方科目名称	暂估科目编码	暂估科目名称
11	采购入库							1402	在途物资	220202	暂估应付款
12	采购退货							1402	在途物资		
13	盘盈入库							1901	待处理财产损益		
21	销售出库							6401	主营业务成本		
22	销售退货							6401	主营业务成本		
23	盘亏出库							1901	待处理财产损益		

图 3-38 对方科目设置

四、存货核算系统期初记账

期初数据录入执行期初记账后，系统把期初差异分配到期初单据上，并把期初单据的数据记入存货总账、存货明细账、差异账、委托代销或分期收款发出商品明细账，期初记账后用户才能进行日常业务、账簿查询、统计分析等操作。如果期初数据有错误，可以取消期初记账，修改期初数据，重新执行期初记账。

【业务 3-16】 对存货核算系统进行期初记账。

操作步骤

（1）点击【业务工作】|【供应链】|【存货核算】|【初始设置】|【期初数据】|【期初余额】，打开【期初余额】窗口。

（2）点击【记账】按钮，系统提示"期初记账成功！"，如图 3-39 所示，点击【确定】按钮，完成记账。

业务 3-16 存货核算系统期初记账

图 3-39 "期初记账成功！"提示框

> **提示：**
> ⊙ 供应链管理系统的各个子系统集成使用时，采购管理系统先记账；然后库存管理系统所有仓库的所有存货必须"审核"确认；最后，存货核算系统记账。
> ⊙ 如果没有期初数据，可以不输入期初数据，但必须执行记账操作。

任务七 总账系统初始化

一、总账系统参数设置

系统在建立新的账套后由于具体情况需要，或业务变更发生一些账套信息与核算内容不符，可以通过此功能进行账簿选项的调整和查看。可对"凭证选项""账簿选项""凭证打印""预算控制""权限选项""会计日历""其他选项""自定义项核算"八个选项卡内容的操作控制选项进行修改。

【业务 3-17】 修改总账系统的参数信息：取消制单序时控制；取消允许修改、作废他人填制的凭证。

操作步骤

(1) 点击【业务工作】|【财务会计】|【总账】|【设置】|【选项】，打开【选项】窗口，点击【编辑】按钮，在【凭证】选项卡中，取消勾选【制单序时控制】，如图 3-40 所示。

业务 3-17
总账参数
设置

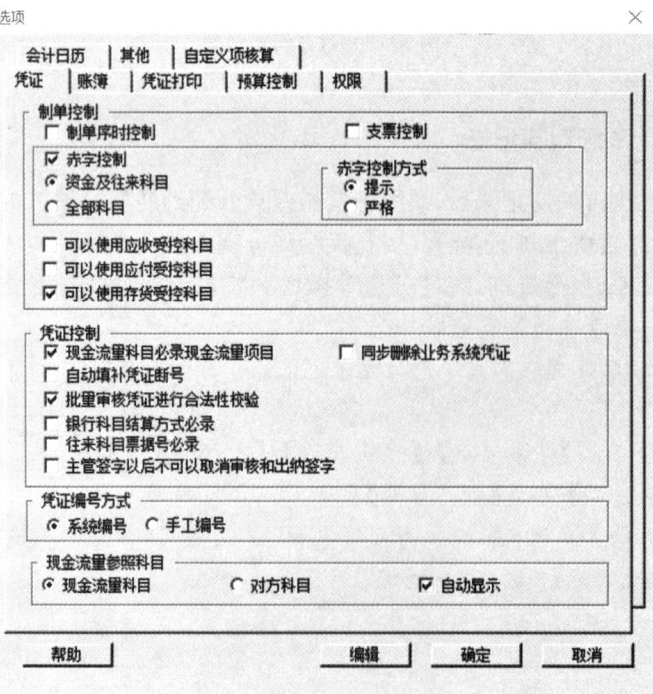

图 3-40 【凭证】选项卡

(2) 在【权限】选项卡中,取消勾选【允许修改、作废他人填制的凭证】,如图 3-41 所示。

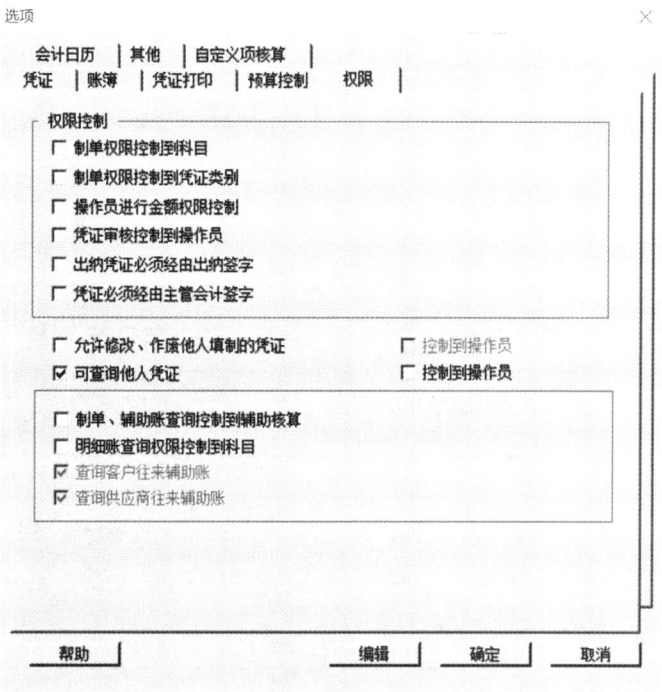

图 3-41 【权限】选项卡

二、总账系统期初余额录入

总账系统期初余额录入主要包括录入科目期初余额,用于年初录入余额或调整余额;核对期初余额,并进行试算平衡。

期初余额包括以下五个功能。

(1) 开账:系统将上一年基础档案、基础设置结转到本年。其中,基础档案包括会计科目、备查科目设置、外币设置;基础设置包括选项—自定义项作为辅助核算设置、选项—行业性质显示。

(2) 结转:系统将以前年度的数据结转到本年年初。

(3) 试算:显示期初试算平衡表,显示试算结果是否平衡,如果不平,需要重新调整至平衡后再进行下一步工作。

(4) 查找:输入科目编码或名称,或通过科目参照输入要查找的科目,可快速显示此科目所在的记录行。如果在录入期初余额时使用查找功能,可以提高输入速度。

(5) 清零:当此科目的下级科目的期初数据互相抵销使本科目的期初余额为零时,清除此科目的所有下级科目的期初数据。

如果要修改余额的方向,可以在未录入余额的情况下,点击【方向】按钮进行操作。如果录入余额的科目有辅助核算的内容,则在录入余额时必须录入辅助核算的明细内容,而修改时也应修改明细内容。如果某一科目有数量核算的要求,则录入余额时还应录入该余额的数量。如果期初余额不平衡,可以填制凭证,但是不允许记账。凭证记账后,期初余额变为只读状态,不能再进行修改。

【业务3-18】 录入期初余额并进行试算平衡。不同科目的期初余额如表3-6至表3-11所示。

业务3-18 录入期初余额并试算平衡

表3-6　　　　　　　　　　　　总账期初余额　　　　　　　　　　　　　单位:元

科目名称	方向	期初余额
库存现金1001	借	10 000.00
银行存款1002	借	504 542.00
应收账款1122	借	18 080.00
预付账款1123	借	8 000.00
坏账准备1231	贷	1 000.00
库存商品1405	借	543 150.00
固定资产1601	借	580 000.00
累计折旧1602	贷	81 000.00
应付账款2202	贷	
一般应付款220201	贷	11 752.00
暂估应付款220202	贷	20 800.00
合同负债2204	贷	5 000.00
实收资本4001	贷	1 500 000.00
利润分配4104	贷	
未分配利润410410	贷	44 220.00

表3-7　　　　　　　　　　　应收账款(1122)期初余额　　　　　　　　　　单位:元

日期	客户名称	摘要	方向	余额
2023-12-20	南通文峰电子商务有限公司	销售男士春秋户外冲锋衣50件,不含税单价320元/件,发票号05134666	借	18 080.00

表3-8　　　　　　　　　　　合同负债(2204)期初余额　　　　　　　　　　单位:元

日期	客户名称	摘要	方向	余额
2023-12-18	南通四季青酒店管理有限公司	预收货款,电汇,票号01054359	贷	5 000.00

表3-9　　　　　　　　　应付账款——一般应付款(220201)期初余额　　　　　　　　单位:元

日期	供应商名称	摘要	方向	余额
2023-12-20	南通特伦布户外用品有限公司	杨智采购短袖印花T恤200件,不含税单价52元/件,票号41102598	贷	11 752.00

表3-10　　　　　　　　应付账款——暂估应付款(220202)期初余额　　　　　　　　单位:元

日期	供应商名称	摘要	方向	余额
2023-12-21	上海天宁体育用品有限公司	采购春秋款女士运动服160套,不含税单价130元/套	贷	20 800.00

表 3-11　　　　　　　　　　预付账款(1123)期初余额　　　　　　　　　　单位:元

日期	供应商名称	摘要	方向	余额
2023-12-10	上海奥悦体育用品有限公司	采购女士春秋户外冲锋衣,电汇,票号43155646	借	8 000.00

操作步骤

(1) 在总账系统中,执行【设置】|【期初余额】命令,打开【期初余额录入】窗口。

(2) 白色的单元为末级科目,可以直接录入相关科目的期初余额。例如:库存现金10 000.00元、银行存款504 542.00元。

(3) 黄色的单元代表此科目设置了辅助核算,不允许直接录入余额,需要在该单元格中双击进入其辅助账期初设置。在辅助账中录入期初数据,完成后自动返回总账期初余额表中。如双击【应收账款】所在行的【期初余额】栏,进入【辅助期初余额】窗口。

(4) 点击【往来明细】按钮,点击【引入】按钮,系统提示"确定要引入期初吗?",点击【是】按钮,结果如图 3-42 所示。

图 3-42　【期初往来明细】窗口

(5) 点击【汇总】按钮,系统弹出如图 3-43 提示框。

(6) 点击【是】|【确定】按钮后,再点击【退出】按钮,在【辅助期初余额】窗口显示汇总结果,如图 3-44 所示。

(7) 按照以上步骤,依次录入其他带辅助核算的科目余额。

(8) 点击【试算】按钮,系统进行试算平衡。试算结果如图 3-45 所示。

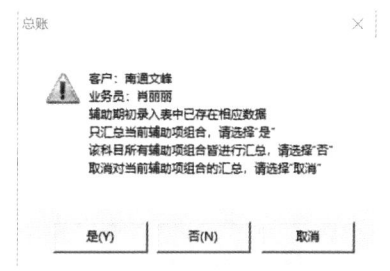

图 3-43　总账汇总提示

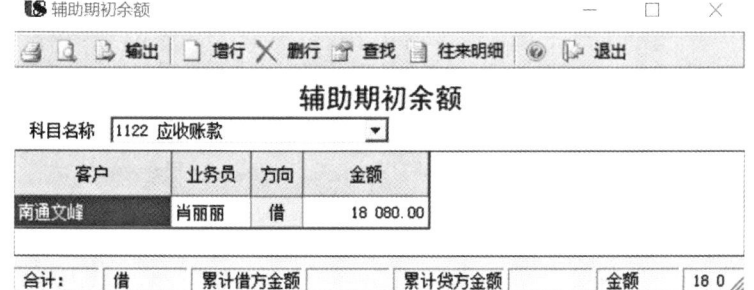

图 3-44　【辅助期初余额】窗口

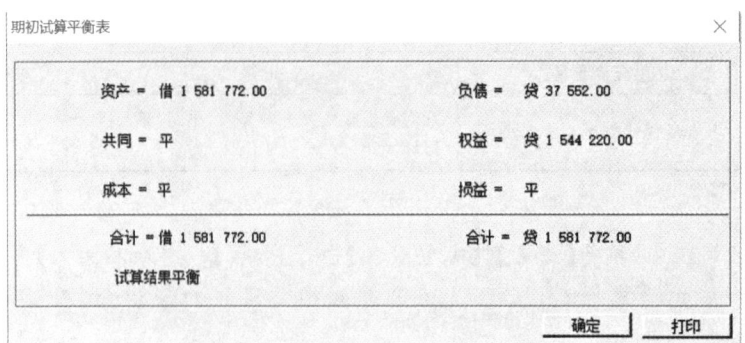

图 3-45 【期初试算平衡表】窗口

(9) 点击【确定】按钮。

三、账套备份

将账套输出至【E:\101 账套备份\项目三\任务七】文件夹。

业财一体信息化应用职业技能等级要求(初级)

工作领域	工作任务	职业技能要求	
2. 业财一体信息化平台期初数据录入	2.1 财务期初数据录入	2.1.1	能够依据整理完毕的期初余额表,将期初余额表中各项科目余额正确录入信息化平台
		2.1.2	能够根据《企业财务通则》,在信息化平台总账模块中进行期初对账及试算平衡,并确保正确
		2.1.4	能够依据整理完毕的应收款、应付款期初余额表,在信息化平台上准确地录入企业应收账款、预收账款、应收应付票据等期初金额及明细信息
	2.2 业务期初数据录入	2.2.1	能够依据整理好的采购数据,在信息化平台采购管理模块中熟练、准确地录入期初采购入库单
		2.2.2	能够依据整理好的销售数据,在信息化平台销售管理模块中熟练、准确地录入期初发货单
		2.2.3	能够依据整理好的存货期初数据,在信息化平台库存管理模块中熟练、准确地录入库存期初数据
		2.2.4	能够依据整理好的存货期初余额表,在信息化平台存货核算模块中熟练、准确地录入各仓库、各存货的所有期初数据,并进行期初记账
	2.3 业财期初数据核对	2.3.1	能够在信息化平台上熟练核对应收、收款期初余额与总账对应的科目余额,并能修正错误以确保账账相符
		2.3.2	能够在信息化平台上熟练核对应付、付款期初余额与总账对应的科目余额,并能修正错误以确保账账相符
		2.3.4	能够在信息化平台上熟练核对存货期初余额与总账对应的科目余额,并能修正错误以确保账账相符

项目四 采购管理系统业务处理

任务一 采购管理系统概述

采购管理系统是供应链管理系统的一个子系统,对采购业务的全部流程进行管理,提供从请购、订货、到货、入库、发票及采购结算的完整采购流程。常见的采购业务分为普通采购、受托代销、直运业务三种类型(下文仅对普通采购业务进行介绍),用户可根据实际情况进行采购流程的定制。

一、采购管理系统功能

采购管理系统的主要功能是在下达采购计划后进行采购管理,包括请购、订货、到货、入库、开票、采购结算等业务,并提供采购统计表、采购账簿、采购分析表等账表查询。具体功能包括以下几个方面。

1. 采购初始化设置

录入期初单据并进行期初记账,设置采购管理的系统选项。

2. 供应商管理

企业可以对供应商资质、供应商供货的准入进行管理,也可以对供应商存货对照表、供应商存货价格表进行设置,并可按照供应商进行相关业务的查询和分析。

3. 采购订单管理

采购订单管理包括采购订单的编制、采购订单的审核,动态掌握采购订单的执行情况,并向拖期交货的供应商发出催货函。

4. 采购业务处理

采购业务处理主要包括采购到货、采购入库、采购发票、受托代销入库、采购退货、采购结算等内容。采购管理系统可以根据业务需要选用不同的业务单据、定义不同的业务流程,处理采购入库单、采购发票,并根据采购发票确认采购入库成本。月末进行采购管理的结账操作。

5. 采购账簿及采购分析

采购管理系统可以提供各种采购明细表、增值税抵扣明细表、各种统计表及采购账簿供用户查询,同时提供采购成本分析、供应商价格对比分析、采购类型分析、采购资金比重分析、采购费用分析、采购货龄综合分析。

二、普通采购业务的处理流程

普通采购业务是适用于一般工商企业的采购业务,提供采购请购、比价、订货、到货

"业财融合"
究竟是什么?
怎么做?

加强会计
诚信建设
助力经济
高质量发展

处理、入库处理、采购发票、采购结算全过程的管理。普通采购业务单据处理流程如图 4-1 所示。

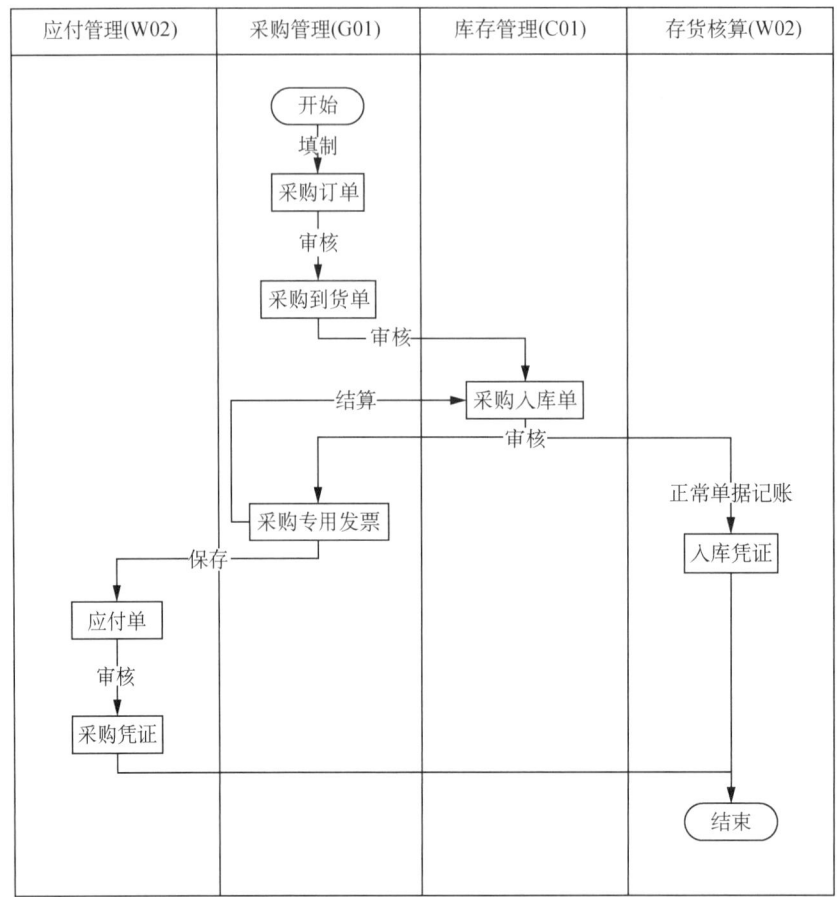

图 4-1 普通采购业务单据处理流程

普通采购业务基本操作流程如下：

(1) 采购订货是指企业与供应商签订采购合同或采购协议,确定要货需求。供应商根据采购订单组织货源,企业依据采购订单进行验收。在采购业务处理流程中,订货环节是可选的。

(2) 采购到货是采购订货和采购入库的中间环节。一般采购业务员根据供方通知或送货单填写到货单,确定对方所送货物的数量、价格等信息,并传递到仓库作为保管员收货的依据。在采购业务处理流程中,到货处理是可选的。

(3) 采购入库是指对供应商提供的物料进行检验(也可以免检)并确定合格后,放入指定仓库的业务。当采购管理系统与库存管理系统集成使用时,入库业务在库存管理系统中进行处理。在采购业务处理流程中,入库处理是必需的。

采购入库单是仓库管理员根据采购到货签收的实收数量填制的入库单据。采购入库单既可以直接填制,也可以通过复制采购订单或采购到货单生成。

(4) 采购发票是供应商开出的销售货物的凭证,采购管理系统根据采购发票确定采购成本，并据以登记应付账款。采购发票按业务性质可分为蓝字发票和红字发票；按发票类型可分为增值税专用发票、普通发票和运费发票。

采购发票既可以直接填制，也可以从采购订单、采购入库单或其他的采购发票复制生成。

（5）采购结算也称采购报账。在手工业务中，采购结算的过程是采购业务员拿着经主管领导审批过的采购发票和仓库确定的入库单到财务部门，由财务人员确定采购成本。在采购管理系统中，采购结算根据采购入库单和采购发票确定采购成本。采购结算的结果是生成采购结算单，它是记载采购入库单与采购发票对应关系的结算对照表。采购结算分为自动结算和手工结算两种方式。

自动结算是由系统自动将相同供货单位的、存货相同且数量相等的采购入库单和采购发票进行结算。

手工结算可以进行正数入库单与负数入库单结算、正数发票与负数发票结算、正数入库单与正数发票结算，以及费用发票单独结算。手工结算时可以先结算入库单中的部分货物，未结算的货物可以在今后取得发票后再结算，也可以同时对多张入库单和多张发票进行报账结算。

在实际工作中，有时费用发票在货物发票已经结算后才收到，为了将该笔费用计入对应存货的采购成本，需要采用费用发票单独结算的方式。

（6）确认应付账款及付款处理。收到供应商提供的购货发票后，经应付会计审核确认形成企业的应付账款。按照合同中的付款约定，可以选择货到即付或者定期与供应商进行付款结算。

（7）核算采购成本。仓管员办理采购入库后，需要及时入账以反映库存数量的变化。采购入库单记账在存货核算系统中进行，之后生成入库凭证。

三、普通采购业务类型及处理方式

按货物和发票到达的先后，普通采购业务可分为单货同行、货到票未到（暂估入库）、票到货未到（在途存货）三种业务类型，不同的业务类型对应的处理方式也不同。

1. 单货同行的采购业务

单货同行是指货物与发票同时到达的采购业务，需要检验发票与货物是否一致。如果单货一致，可以先填写采购发票，再填写采购入库单，并及时进行采购结算；也可以先填写采购入库单，再参照采购入库单生成采购发票，用户可选择自动进行采购结算。如果单货不一致，可区分损耗原因，报有关领导批准后做有损耗的采购结算。

2. 货到票未到（暂估入库）业务

暂估入库是指本月存货已经入库，但采购发票尚未收到，不能确定存货的入库成本。月底为了正确核算企业的库存成本，需要将这部分存货暂估入账，形成暂估凭证。

3. 票到货未到（在途存货）业务

如果先收到了供货单位的发票，而没有收到供货单位的货物，可以对发票进行压单处理，待货物到达后，再一并输入计算机做报账结算处理。但如果需要实时统计在途货物的情况，就必须将发票输入计算机，待货物到达后，再填制入库单并做采购结算。

四、采购管理系统与其他系统的主要关系

采购管理系统既可以单独使用,也可以与用友 U8 系统中的库存管理、存货核算、销售管理、应付款管理等系统集成使用。采购管理系统与其他系统的主要关系如图 4-2 所示。

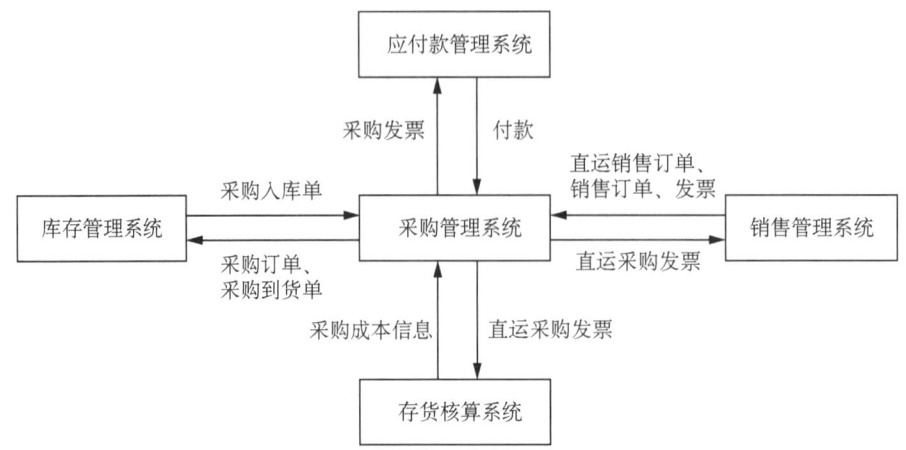

图 4-2 采购管理系统与其他系统的主要关系

采购管理系统可参照销售管理系统的销售订单生成采购订单,在直运业务必有订单模式下,直运采购订单必须参照直运销售订单生成,直运采购发票必须参照直运采购订单生成。如果在直运业务非必有订单模式下,直运采购发票和直运销售发票可相互参照。直运采购发票在存货核算系统中进行记账、登记存货明细账并进行制单生成凭证。

库存管理系统可以参照采购管理系统的采购订单、采购到货单生成采购入库单,并将入库情况反馈到采购管理系统。

采购发票在采购管理系统中录入后,在应付款管理系统中审核登记应付明细账,进行制单生成凭证,在应付款管理系统进行付款并在核销相应应付单后回写付款核销信息。

采购结算单在存货核算系统中进行制单生成凭证。存货核算系统为采购管理系统提供采购成本信息。

任务二 普通采购业务处理

一、款项未付的完整采购业务

业务 4-1
款项未付的
完整采购业务

【业务 4-1】 2024 年 1 月 1 日,采购部戚诚与南通安力户外用品有限公司签订采购合同,取得相关业务单据如图 4-3 至图 4-5 所示。

项目四 采购管理系统业务处理

购销合同

供货方:南通安力户外用品有限公司　　　　　　合同号:CG0001
购买方:南通力宝美运动服饰有限公司　　　　　　签订日期:2024 年 01 月 01 日

为保护买卖双方的合法权益,买卖双方根据《中华人民共和国民法典》合同编的有关规定,经友好协商,一致同意签订本合同并共同遵守:

一、货物名称、数量及金额。

金额单位:元

序号	货物名称	数量(件)	单价(不含税)	金额(不含税)	税率	税额
1	短袖女士T恤	200	40.00	8 000.00	13%	1 040.00
2	短袖男士T恤	200	45.00	9 000.00	13%	1 170.00
	合计			￥17 000.00		￥2 210.00

二、合同总金额:人民币壹万玖仟贰佰壹拾元整。
三、付款时间:2024 年 02 月 01 日。
四、交货日期:2024 年 01 月 01 日。
五、交货地点:南通市崇川区南宁路 8 号,南通安力户外用品有限公司。
六、发运方式:公路运输,运费由销售方承担。
七、本合同一式贰份,供需双方各执壹份。本合同自双方签字盖章后生效,至本合同全部条款执行完毕后失效。

供货方(盖章):南通安力户外用品有限公司　　　购买方(盖章):南通力宝美运动服饰有限公司
地址:南通市崇川区南宁路 8 号　　　　　　　　地址:南通市崇川区三香路 668 号
授权代表:张聪　　　　　　　　　　　　　　　授权代表:陈力宝
联系电话:0513-90202668　　　　　　　　　　　联系电话:0513-85358899

图 4-3 【业务 4-1】购销合同

电子发票(增值税专用发票)

发票号码:17510682
开票日期:2024年01月01日

购买方信息	名称:南通力宝美运动服饰有限公司 统一社会信用代码/纳税人识别号:913206234 00105378A		销售方信息	名称:南通安力户外用品有限公司 统一社会信用代码/纳税人识别号:913101145762751766		
项目名称	单位	数量	单价	金额	税率/征收率	税额
*短袖女士T恤	件	200	40.00	8000.00	13%	1040.00
*短袖男士T恤	件	200	45.00	9000.00	13%	1170.00
合　计				￥17000.00		￥2210.00
价税合计（大写）	⊗壹万玖仟贰佰壹拾元整			（小写）￥19210.00		
备注						

图 4-4 【业务 4-1】增值税专用发票

入 库 单

供应商：南通安力户外用品有限公司　　2024年01月01日　　编号：0001

验收仓库	存货编码	存货名称	单位	数量		单价	金额	备注
				应收	实收			
运动T恤库	0105	短袖女士T恤	件	200	200			
运动T恤库	0106	短袖男士T恤	件	200	200			
		合计		400	400			

部门经理：略　　　　会计：略　　　　仓库：略　　　　经办人：略

图 4-5 【业务 4-1】入库单

操作步骤

1. 填制采购订单

(1) 2024 年 1 月 1 日，G01 采购部戚诚登录企业应用平台，点击【业务工作】|【供应链】|【采购管理】|【采购订货】|【采购订单】，打开【采购订单】窗口。

(2) 点击【增加】按钮，在表头【订单号】录入：CG0001,【采购类型】选择：正常采购,【供应商】选择：南通安力，税率修改为"13",【部门】选择：采购部,【业务员】选择：戚诚；在表体【存货编码】分别录入：0105、0106,【数量】均录入：200.00,【原币单价】分别录入：40、45,【计划到货日期】均为：2024-01-01，点击【保存】按钮。

(3) 点击【审核】按钮，审核填制的采购订单，如图 4-6 所示。

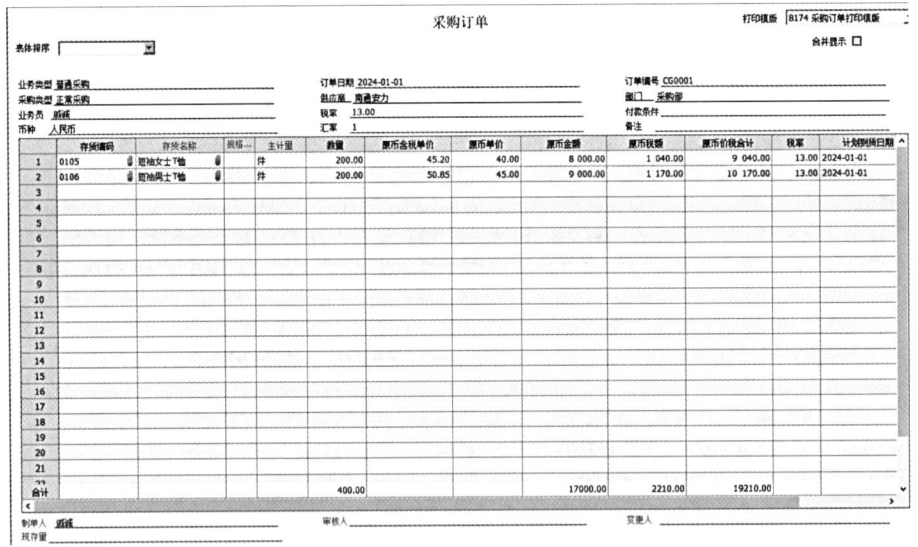

图 4-6 审核填制的采购订单

提示：

⊙ 采购订单可参照采购计划、请购单、销售订单生成，也可手工填制。
⊙ 复制请购单生成的采购订单信息可以修改，但是如果根据请购单复制生成的采购订单已经审核，则不能修改，需要先执行【弃审】命令再执行【修改】命令。
⊙ 采购订单审核后，用户可在采购订单执行统计表中查询。

2. 生成采购到货单

(1) 2024年1月1日,G01采购部戚诚登录企业应用平台,点击【业务工作】|【供应链】|【采购管理】|【采购到货】|【到货单】,打开【到货单】窗口。

(2) 点击【增加】|【生单】|【采购订单】,打开【查询条件选择-采购订单列表过滤】窗口,如图4-7所示,点击【确定】按钮。

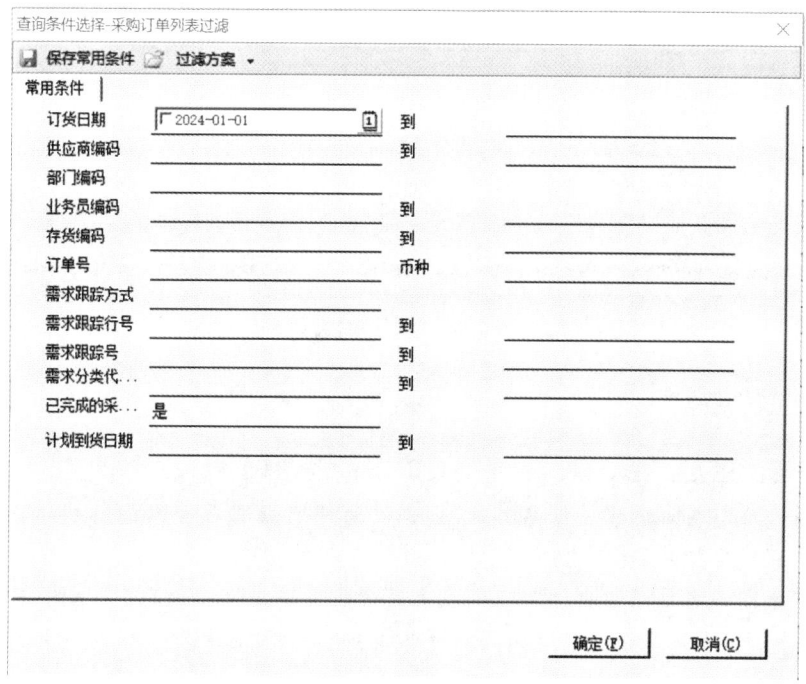

图4-7 【查询条件选择-采购订单列表过滤】窗口

(3) 系统自动弹出【拷贝并执行】窗口,选择要拷贝的采购订单,如图4-8所示,点击【确定】按钮,系统自动生成到货单,点击【保存】按钮。

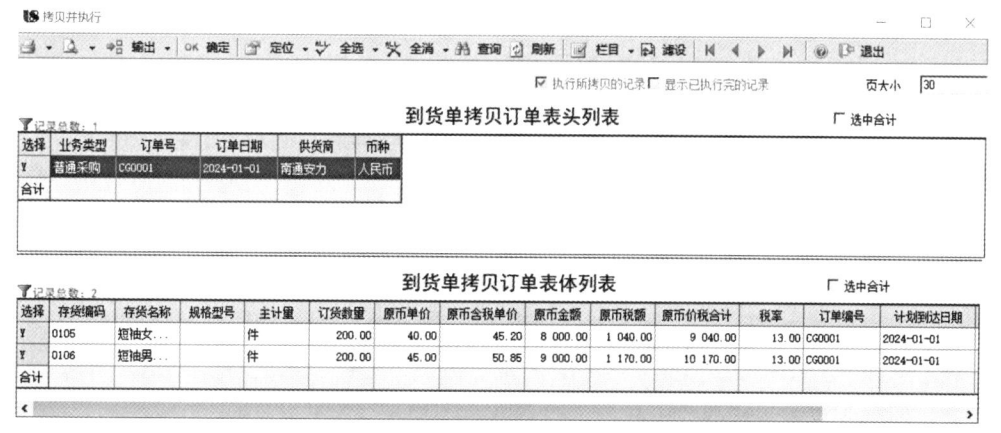

图4-8 【拷贝并执行】窗口

(4) 点击【审核】按钮,根据采购订单生成的采购到货单如图4-9所示。

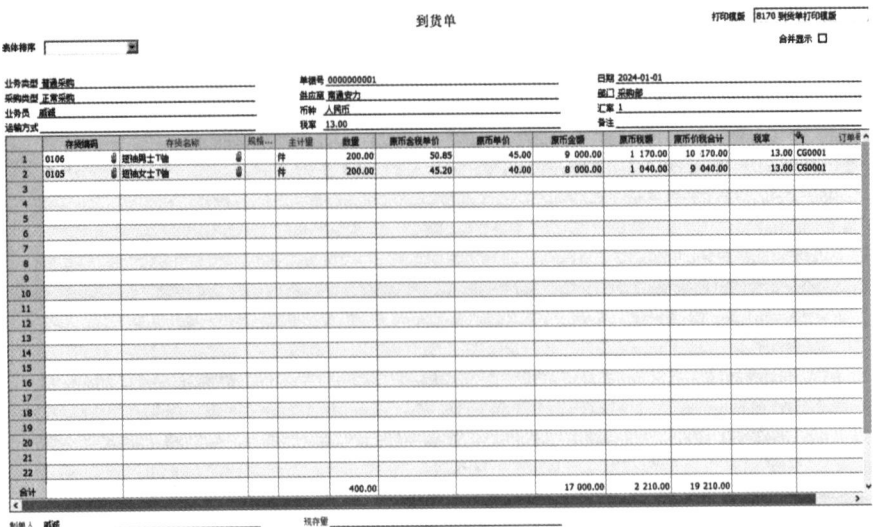

图 4-9 【到货单】窗口

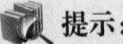 提示：

⊙ 到货单可以手工录入，也可以复制采购订单生成到货单。

⊙ 如果到货单与采购订单信息有差别，用户可以直接据实录入到货单信息，或者直接修改生成的到货单信息，再单击【保存】按钮确认修改的到货单。

⊙ 没有生成下游单据的到货单可以在未审核前直接删除；已经生成下游单据的到货单不能直接删除，需要先删除下游单据，执行【弃审】命令后才能删除。

3. 生成采购入库单

(1) 2024 年 1 月 1 日，C01 仓管部李军钧登录企业应用平台，点击【业务工作】|【供应链】|【库存管理】|【入库业务】|【采购入库单】，打开【采购入库单】窗口。

(2) 点击【生单】|【采购到货单（蓝字）】，打开【查询条件选择-采购到货单列表】窗口，如图 4-10 所示，点击【确定】按钮。

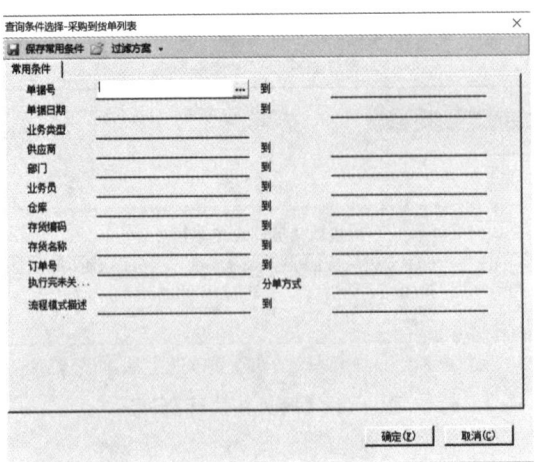

图 4-10 【查询条件选择-采购到货单列表】窗口

（3）系统自动弹出【到货单生单列表】窗口，选择相应的到货单生单表头，如图4-11所示。

图4-11 【到货单生单列表】窗口

（4）点击【确定】按钮，系统自动生成采购入库单，【仓库】选择：运动T恤库，点击【保存】按钮，如图4-12所示。

图4-12 【采购入库单】窗口

（5）点击【审核】按钮，系统提示"该单据审核成功！"，点击【确定】按钮，如图4-13所示。

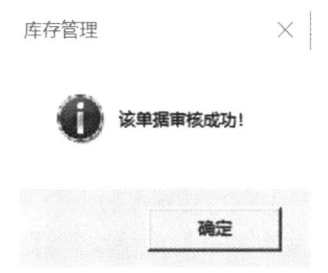

图4-13 "该单据审核成功！"提示框

提示：
⊙采购入库单必须在库存管理系统中被录入或生成。"生单"时参照的单据是采购管理系统中已审核未关闭的采购订单或到货单。

⊙在库存管理系统录入或生成的采购入库单,可以在采购管理系统查看,但不能修改或删除。

⊙如果需要手工录入采购入库单,则在库存管理系统打开采购入库单窗口时,点击【增加】按钮,可以直接录入采购入库单信息。

⊙如果在采购选项中设置了"普通业务必有订单",则采购入库单不能手工录入,只能参照生成。

⊙采购入库单可以拷贝采购订单生成,也可以拷贝采购到货单生成。根据上游单据拷贝生成下游单据后,上游单据不能直接修改、弃审。删除下游单据后,其上游单据才能执行【弃审】,弃审后才能修改。

4. 填制采购专用发票

(1) 2024年1月1日,G01采购部戚诚登录企业应用平台,点击【业务工作】|【供应链】|【采购管理】|【采购发票】|【专用采购发票】,打开【专用发票】窗口。

(2) 点击【增加】|【生单】|【入库单】,打开【查询条件选择-采购入库单列表过滤】窗口,如图4-14所示,点击【确定】按钮。

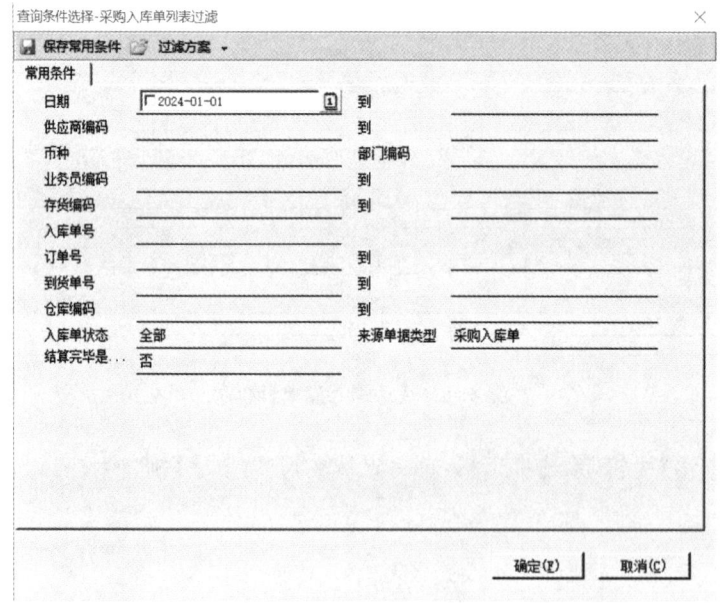

图4-14 【查询条件选择-采购入库单列表过滤】窗口

(3) 系统自动弹出【拷贝并执行】窗口,选择要拷贝的采购入库单,如图4-15所示。

(4) 点击【确定】按钮,系统自动生成采购专用发票,【发票号】录入:17510682,点击【保存】按钮,如图4-16所示。

项目四 采购管理系统业务处理

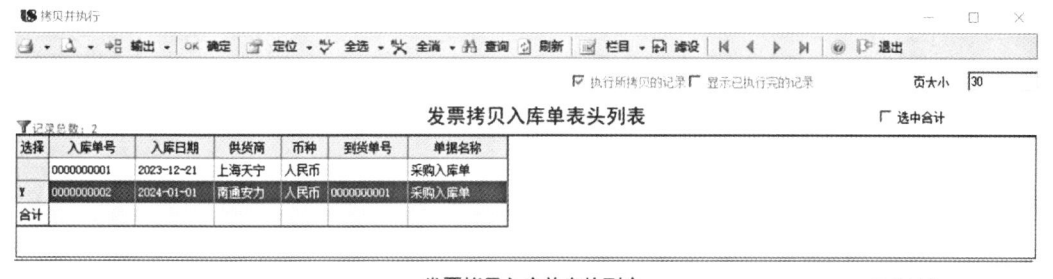

图 4-15 【拷贝并执行】窗口

图 4-16 【专用发票】窗口

提示：

⊙采购发票包括采购专用发票、采购普通发票、采购运费发票和采购红字发票。

⊙采购发票可以手工输入，也可以根据采购订单、采购入库单、采购发票参照生成。

⊙如果在采购选项中设置了【普通采购必有订单】，则不能手工录入采购发票，只能参照生成采购发票。如果需要手工录入，则需要取消勾选【普通业务必有订单】。

⊙如果需要录入采购专用发票，须先在基础档案中设置有关开户银行信息，否则只能录入普通发票。

⊙采购发票中的表头税率是根据专用发票默认税率带入的，可以修改。采购专用发票的单价为无税单价，金额为无税金额，税额等于无税金额与税率的乘积。

⊙在采购管理系统中可以通过【采购发票列表】查询采购发票。

5. 采购结算(手工结算)

(1) 2024年1月1日,G01采购部戚诚登录企业应用平台,点击【业务工作】|【供应链】|【采购管理】|【采购结算】|【手工结算】,打开【手工结算】窗口,如图4-17所示。

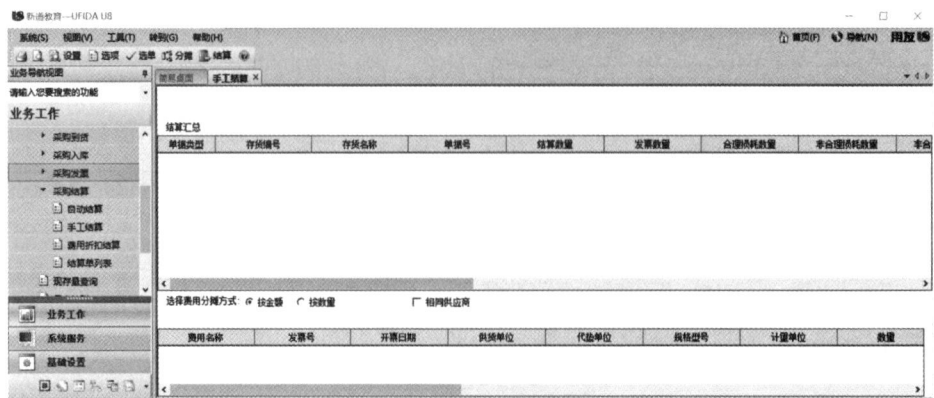

图4-17 【手工结算】窗口

(2) 点击【选单】按钮,打开【结算选单】窗口,如图4-18所示。

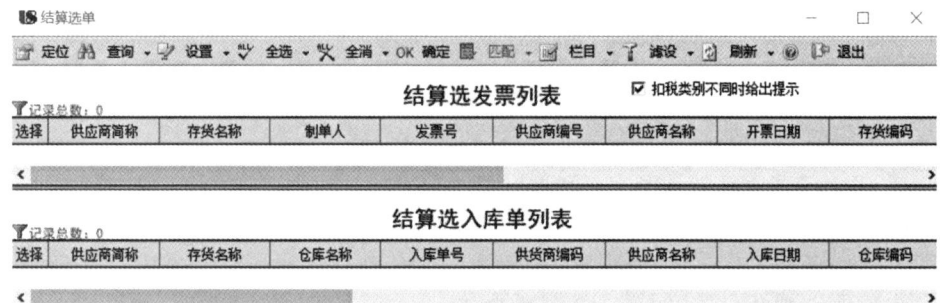

图4-18 【结算选单】窗口

(3) 点击【查询】按钮,打开【查询条件选择-采购手工结算】窗口,如图4-19所示。

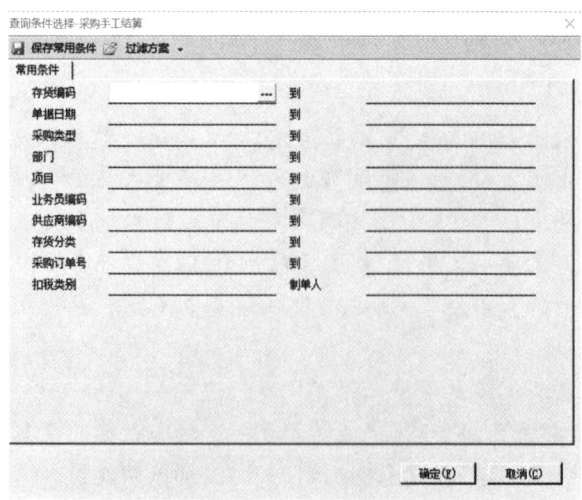

图4-19 【查询条件选择-采购手工结算】窗口

(4) 点击【确定】按钮,选择相应的"发票"和"入库单",如图 4-20 所示。

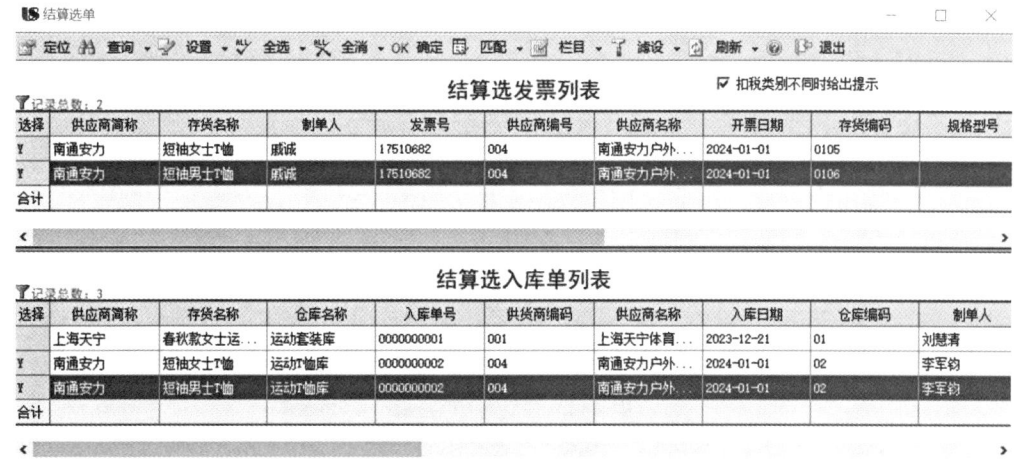

图 4-20 选择相应的"发票"和"入库单"

(5) 点击【确定】按钮,返回【手工结算】窗口,如图 4-21 所示。

图 4-21 【手工结算】窗口

(6) 点击【结算】按钮,系统弹出"完成结算!",如图 4-22 所示,点击【确定】按钮。可以通过【结算单列表】,双击需要查询的结算单,查看采购结算单,如图 4-23 所示。

图 4-22 【完成结算!】

图 4-23 【结算单】窗口

> **提示：**
> ⊙ 采购结算生成的采购结算单，是记载采购入库单与采购发票对应关系的结算对照表。
> ⊙ 系统按照3种结算模式进行自动结算，即入库单和发票结算（即将供应商、存货、数量完全相同的入库单记录和发票记录进行结算，把采购成本分配到具体的存货上）、红蓝入库单结算、红蓝发票结算。
> ⊙ 若一笔采购业务对应有采购发票和运费发票，则采购发票、运费发票与采购入库单之间只能通过"手工结算"方式完成采购结算。
> ⊙ 采购运费可以按金额分摊，也可以按数量分摊。
> ⊙ 采购结算后，采购管理系统自动计算入库存货的采购成本，可以通过"统计表"查询。
> ⊙ 通过删除采购结算单能够实现取消采购结算的操作，但若结算后的采购入库单已在存货核算系统记账或生成凭证，则需取消后续操作才能删除采购结算单。

6. 应付单据审核与制单

（1）2024年1月1日，W02财务部李晓园登录企业应用平台，点击【业务工作】|【财务会计】|【应付款管理】|【应付单据处理】|【应付单据审核】，打开【应付单查询条件】窗口，如图4-24所示。

（2）点击【确定】按钮，进入【应付单据列表】窗口，如图4-25所示。

（3）双击【选择】栏，点击【审核】按钮，系统弹出提示窗口，如图4-26所示，点击【确定】按钮。

（4）点击【制单处理】按钮，打开【制单查询】窗口，勾选【发票制单】，如图4-27所示。

（5）点击【确定】按钮，打开【采购发票制单】窗口，选择要制单的采购专用发票，如图4-28所示。

（6）点击【制单】按钮，生成一张凭证，点击【保存】按钮，如图4-29所示。打开总账系统，执行【凭证】|【查询凭证】命令，选择【未记账凭证】，打开所选凭证，可以查询在应付款系统生成并传递至总账的记账凭证。

项目四　采购管理系统业务处理

图 4-24　【应付单查询条件】窗口

图 4-25　【应付单据列表】窗口

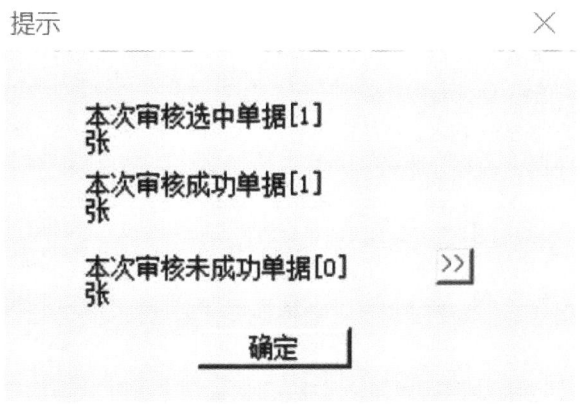

图 4-26　【应付单据审核】提示框

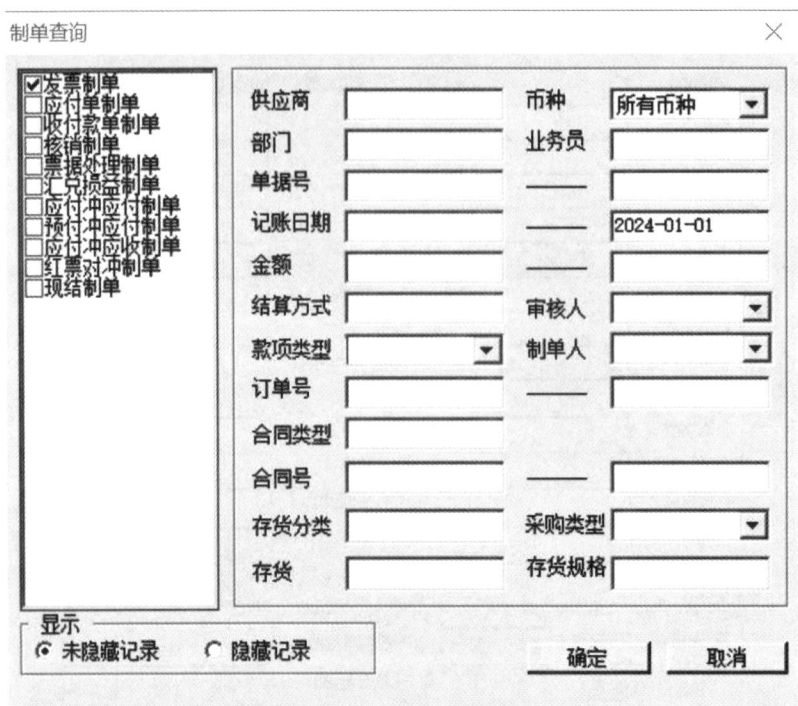

图 4-27 【制单查询】窗口

采购发票制单

选择标志	凭证类别	单据类型	单据号	日期	供应商编码	供应商名称	部门	业务员	金额
1	记账凭证	采购专...	17510682	2024-01-01	004	南通安...	采购部	戚诚	19 210.00

图 4-28 【采购发票制单】窗口

记 账 凭 证

记 字 0001　　制单日期：2024.01.01　　审核日期：　　附单据数：1

摘 要	科目名称	借方金额	贷方金额
采购专用发票	在途物资	17000000	
采购专用发票	应交税费/应交增值税/进项税额	2210000	
采购专用发票	应付账款/一般应付款		19210000
	合 计	19210000	19210000

制单 李晓园

图 4-29 【记账凭证】窗口

> **提示：**
> ⊙ 只有采购结算后的采购发票才能自动传递到应付款管理系统，并且需要在应付款管理系统审核确认，才能生成应付账款。
> ⊙ 在应付款管理系统中可以根据一条记录制单，也可以根据多条记录合并制单，用户可以根据选择制单序号进行处理。
> ⊙ 在应付款管理系统中可以根据采购发票制单，也可以根据应付单或其他单据制单。

7. 核算采购成本

（1）2024年1月1日，W02财务部李晓园登录企业应用平台，点击【业务工作】|【供应链】|【存货核算】|【业务核算】|【正常单据记账】，打开【查询条件选择】窗口，如图4-30所示。

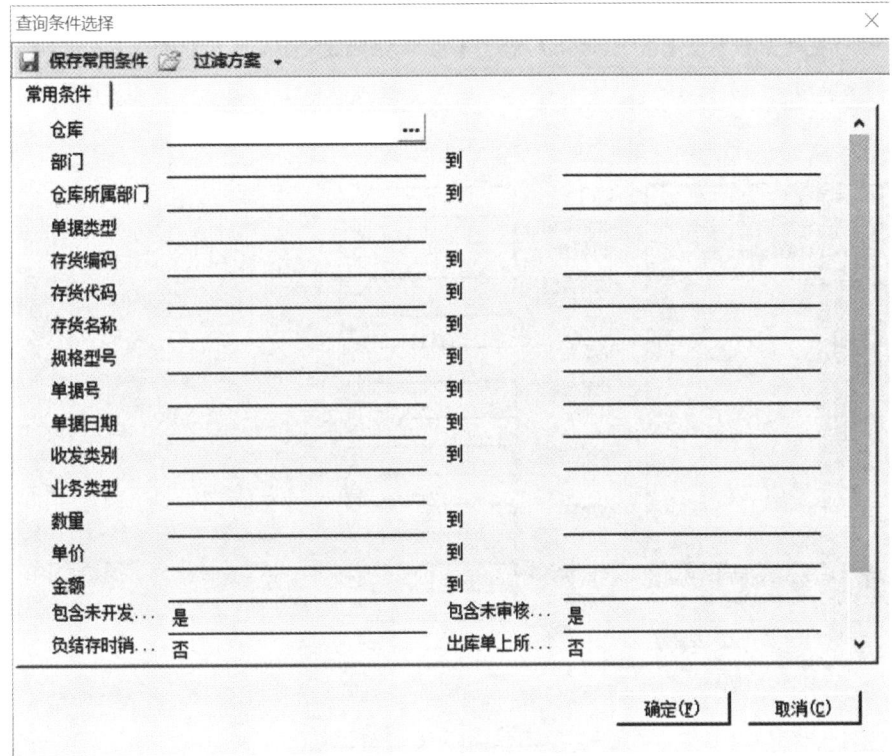

图 4-30 【查询条件选择】窗口

（2）点击【确定】按钮，打开【正常单据记账列表】窗口，点击【全选】按钮，如图4-31所示。

选择	日期	单据号	存货编码	存货名称	规格型号	存货代码	单据类型	仓库名称	收发类别
记录总数：2									
Y	2024-01-01	0000000002	0105	短袖女士T恤			采购入库单	运动T恤库	采购入库
Y	2024-01-01	0000000002	0106	短袖男士T恤			采购入库单	运动T恤库	采购入库
小计									

图 4-31 【正常单据记账列表】窗口

(3)点击【记账】按钮,系统提示"记账成功。",如图 4-32 所示。点击【确定】按钮。

图 4-32 "记账成功。"提示框

(4)点击【财务核算】|【生成凭证】,打开【生成凭证】窗口,点击【选择】按钮,打开【查询条件】窗口,如图 4-33 所示。

图 4-33 【查询条件】窗口

(5)点击【确定】按钮,打开【未生成凭证单据一览表】,如图 4-34 所示。

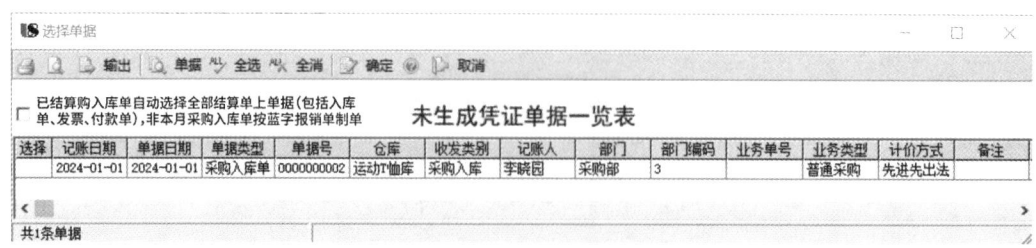

图 4-34 【未生成凭证单据一览表】窗口

（6）点击【选择】或【全选】按钮，点击【确定】按钮，返回【生成凭证】窗口，如图4-35所示。

凭证类别	记 记账凭证													
选择	单据类型	单据号	摘要	科目类型	科目编码	科目名称	借方金额	贷方金额	借方数量	贷方数量	科目方向	存货编码	存货名称	存货代码	规格型号
1	采购入库单	0000000002	采购入…	存货	1405	库存商品	8 000.00		200.00		1	0105	短袖女…		
				对方	1402	在途物资		8 000.00		200.00	2	0105	短袖女…		
				存货	1405	库存商品	9 000.00		200.00		1	0106	短袖男…		
				对方	1402	在途物资		9 000.00		200.00	2	0106	短袖男…		
合计							17 000.00	17 000.00						

图4-35 【生成凭证】窗口

（7）点击【生成】按钮，生成一张记账凭证，点击【保存】按钮，如图4-36所示。

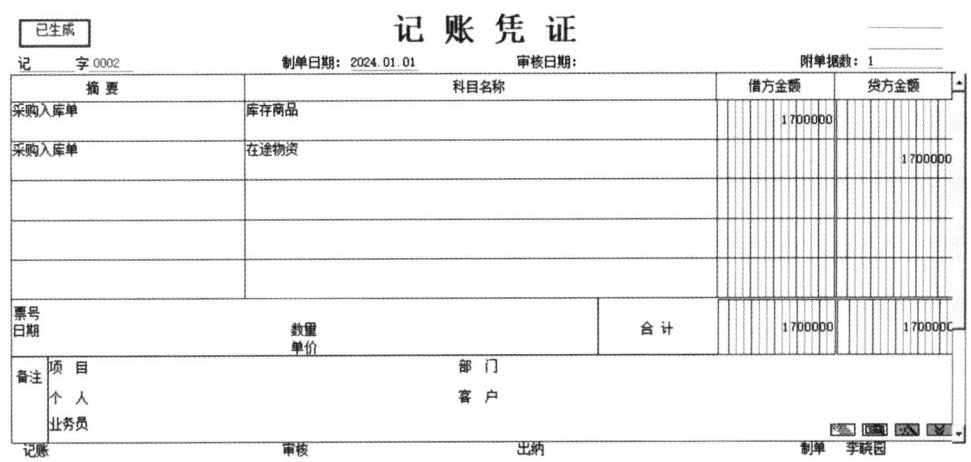

图4-36 【记账凭证】窗口

提示：

⊙ 正常单据记账指将采购入库单等单据的存货信息登记到存货明细账。如果单据没有记账，则不能进行后续的生成凭证处理。入库成本按入库单上的单价、金额记账。

⊙ 生成凭证是存货核算系统专门制作记账凭证的平台。对本月已记账凭证生成凭证后自动传递到总账系统。

二、现付的完整采购业务

现付业务指在采购业务发生时企业立即向供应商支付货款。采购人员在取得供货方开具的发票的同时将货款支付。与赊购业务不同的是，现付业务的处理流程不会涉及"应付账款"科目，不需要录入付款单，在采购发票保存后就可以进行现付款处理，已审核的发票不能再做现付处理。

【业务4-2】 2024年1月2日，G01采购部戚诚与上海奥悦体育用品有限公司签订采购合同。取得相关业务单据如图4-37至图4-40所示。

购销合同

供货方：上海奥悦体育用品有限公司　　　　　　　　合同号：CG0002
购买方：南通力宝美运动服饰有限公司　　　　　　　签订日期：2024 年 01 月 02 日

　　为保护买卖双方的合法权益，买卖双方根据《中华人民共和国民法典》合同编的有关规定，经友好协商，一致同意签订本合同并共同遵守：

一、货物名称、数量及金额。

序号	货物名称	数量（套）	单价（不含税）	金额（不含税）	税率	税额
1	春秋款女士运动服	300	130.00	39 000.00	13%	5 070.00
2	春秋款男士运动服	300	140.00	42 000.00	13%	5 460.00
	合计			￥81 000.00		￥10 530.00

二、合同总金额：人民币玖万壹仟伍佰叁拾元整。
三、付款时间：2024 年 01 月 02 日。
四、结算方式：电汇。
五、交货日期：2024 年 01 月 02 日。
六、交货地点：上海市长宁区昭化路 66 号，上海奥悦体育用品有限公司。
七、发运方式：公路运输，运费由销售方承担。
八、本合同一式贰份，供需双方各执壹份。本合同自双方签字盖章后生效，至本合同全部条款执行完毕后失效。

供货方（盖章）：上海奥悦体育用品有限公司　　　　购买方（盖章）：南通力宝美运动服饰有限公司
地址：上海市长宁区昭化路 66 号　　　　　　　　　地址：南通市崇川区三香路 668 号
授权代表：李道平　　　　　　　　　　　　　　　　授权代表：陈力宝
联系电话：021-93231314　　　　　　　　　　　　　联系电话：0513-85398899

图 4-37　【业务 4-2】购销合同

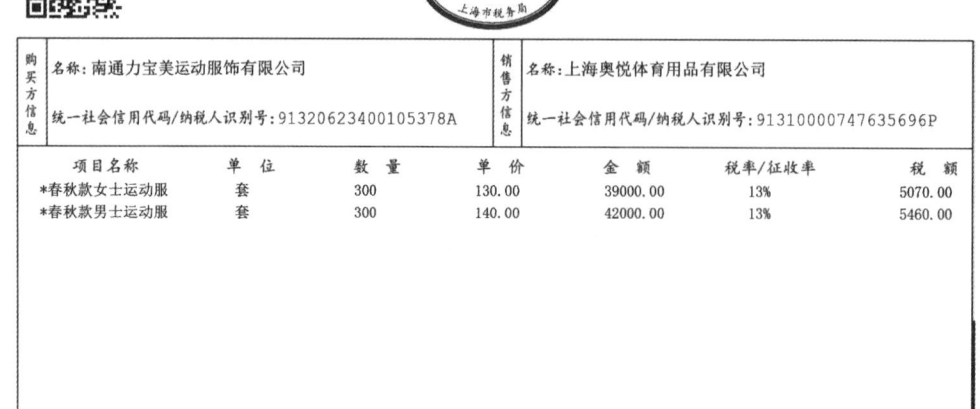

图 4-38　【业务 4-2】增值税专用发票

图 4-39 【业务 4-2】银行电汇凭证

入 库 单

供应商：上海奥悦体育用品有限公司		2024年01月02日				编号：0002		
验收仓库	存货编码	存货名称	单位	数量		单价	金额	备注
				应收	实收			
运动套装库	0101	春秋款女士运动服	套	300	300			
运动套装库	0102	春秋款男士运动服	套	300	300			
		合计		600	600			
部门经理：略			会计：略		仓库：略		经办人：略	

图 4-40 【业务 4-2】入库单

操作步骤

1. 填制采购订单

(1) 2024 年 1 月 2 日，G01 采购部戚诚登录企业应用平台，点击【业务工作】|【供应链】|【采购管理】|【采购订货】|【采购订单】，打开【采购订单】窗口。

(2) 点击【增加】按钮，在表头【订单号】录入：CG0002，【采购类型】选择：正常采购，【供应商】选择：上海奥悦，税率修改为"13"，【部门】：采购部，【业务员】：戚诚；在表体第一行【存货编码】录入：0101，【数量】录入：300，【原币单价】录入：130，在表体第二行【存货编码】录入：0102，【数量】录入：300，【原币单价】录入：140，【计划到货日期】均为：2024-01-02，点击【保存】按钮。

(3) 点击【审核】按钮，审核填制的采购订单，如图 4-41 所示。

2. 生成采购到货单

(1) 2024 年 1 月 2 日，G01 采购部戚诚登录企业应用平台，点击【业务工作】|【供应链】|【采购管理】|【采购到货】|【到货单】，打开【采购到货单】窗口。

(2) 点击【增加】|【生单】|【采购订单】，打开【查询条件选择-采购订单列表过滤】窗口，点击【确定】按钮。

图 4-41 【采购订单】窗口

（3）系统自动弹出【拷贝并执行】窗口，选择要拷贝的采购订单，点击【确定】按钮，系统自动生成采购到货单，点击【保存】按钮。

（4）点击【审核】按钮。根据采购订单生成的采购到货单如图4-42所示。

图 4-42 【到货单】窗口

3. 生成采购入库单

（1）2024年1月2日，C01仓管部李军钧登录企业应用平台，点击【业务工作】|【供应链】|【库存管理】|【入库业务】|【采购入库单】，打开【采购入库单】窗口。

（2）点击【生单】|【采购到货单（蓝字）】，打开【查询条件选择-采购到货单列表】，点击【确定】按钮。

（3）系统自动弹出【到货单生单列表】窗口，选择相应的到货单生单表头，点击【确定】按钮，系统自动生成采购入库单，【仓库】选择：运动套装库，点击【保存】按钮。

（4）点击【审核】按钮，如图4-43所示。

图 4-43 审核后的采购入库单

4. 填制采购专用发票

(1) 2024 年 1 月 2 日,G01 采购部戚诚登录企业应用平台,点击【业务工作】|【供应链】|【采购管理】|【采购发票】|【专用采购发票】,打开【专用发票】窗口。

(2) 点击【增加】|【生单】|【入库单】,打开【查询条件选择-采购入库单列表过滤】窗口,点击【确定】按钮。

(3) 系统自动弹出【拷贝并执行】窗口,选择要拷贝的采购入库单,点击【确定】按钮,系统自动生成采购专用发票,【发票号】录入:44788231,点击【保存】按钮,如图 4-44 所示。

专用发票

打印模版 8164 专用发票打印模版

表体排序

合并显示 □

业务类型 普通采购　发票类型 专用发票　发票号 44788231
开票日期 2024-01-02　供应商 上海贵悦　代垫单位 上海贵悦
采购类型 正常采购　税率 13.00　部门名称 采购部
业务员 戚诚　币种 人民币　汇率 1
发票日期　付款条件　备注

	存货编码	存货名称	主计量	数量	原币单价	原币金额	原币税额	原币价税合计	税率	订单号
1	0101	春秋款女士运动服	套	300.00	130.00	39 000.00	5 070.00	44 070.00	13.00	CG0002
2	0102	春秋款男士运动服	套	300.00	140.00	42 000.00	5 460.00	47 460.00	13.00	CG0002
3										
4										
5										
6										
7										
合计				600.00		81 000.00	10 530.00	91 530.00		

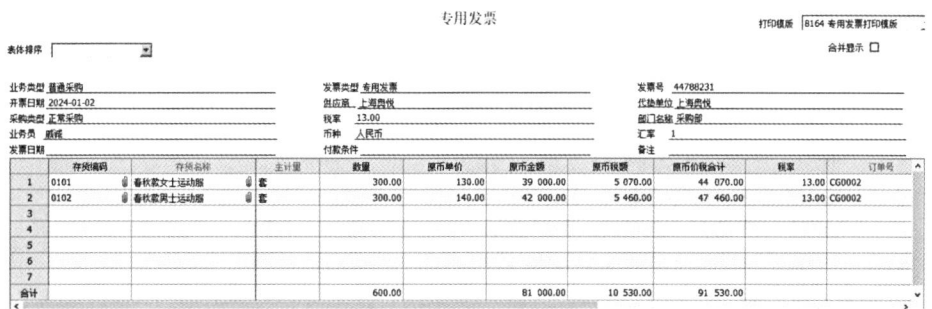

图 4-44 【专用发票】窗口

(4) 点击【现付】按钮,弹出【采购现付】窗口,【结算方式】选择:电汇,【原币金额】录入:91 530.00,【票据号】录入:21265602,如图 4-45 所示。

采购现付

供货单位: 上海贵悦　币种: 人民币　汇率: 1
应付金额: 91530.00
结算金额: 91530.00
部门: 采购部　业务员: 戚诚

结算方式	原币金额	票据号	银行账号	项目大类编码	项目大类名称	项目编码	项目名称	订单号
4-电汇	91 530.00	21265602	43385922...					

确定　取消　帮助

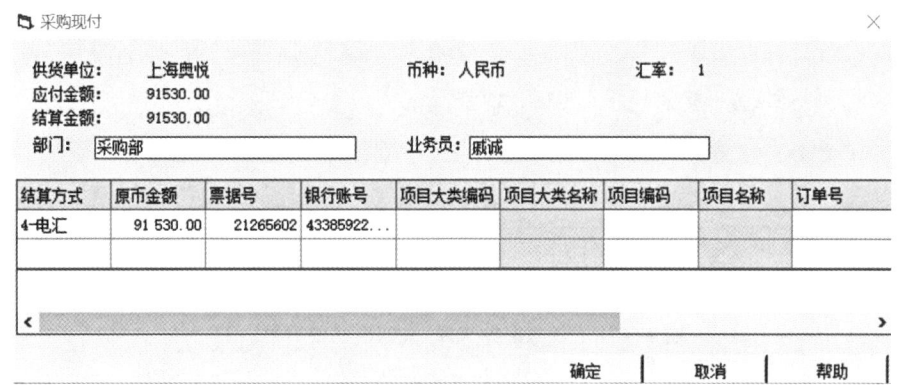

图 4-45 【采购现付】窗口

(5) 点击【确定】按钮,发票上出现"已现付"字样,如图 4-46 所示。

已现付

专用发票

打印模版 8164 专用发票打印模版

表体排序

合并显示 □

业务类型 普通采购　发票类型 专用发票　发票号 44788231
开票日期 2024-01-02　供应商 上海贵悦　代垫单位 上海贵悦
采购类型 正常采购　税率 13.00　部门名称 采购部
业务员 戚诚　币种 人民币　汇率 1
发票日期　付款条件　备注

	存货编码	存货名称	主计量	数量	原币单价	原币金额	原币税额	原币价税合计	税率	订单号
1	0101	春秋款女士运动服	套	300.00	130.00	39 000.00	5 070.00	44 070.00	13.00	CG0002
2	0102	春秋款男士运动服	套	300.00	140.00	42 000.00	5 460.00	47 460.00	13.00	CG0002
3										
4										
5										
6										
7										
合计				600.00		81 000.00	10 530.00	91 530.00		

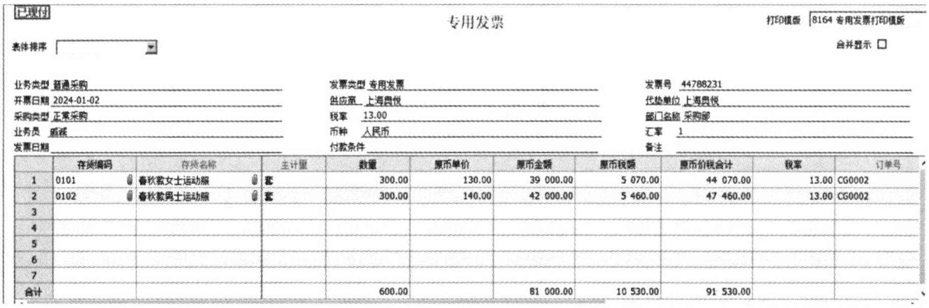

图 4-46 专用发票已现付

> **提示:**
> ⊙ 若在收到发票的同时支付货款,可以直接单击采购发票工具栏上的"现付"按钮,完成款项支付。
> ⊙ "现付"自动生成未审核、未核销的付款单。现付的发票在审核后自动完成核销处理。
> ⊙ 已审核的发票不能再进行现付处理。

5. 采购结算(自动结算)

(1) 2024年1月2日,G01采购部戚诚登录企业应用平台,点击【业务工作】|【供应链】|【采购管理】|【采购结算】|【自动结算】,打开【查询条件选择-采购自动结算】窗口,在【结算模式】中选择"入库单和发票"如图4-47所示。

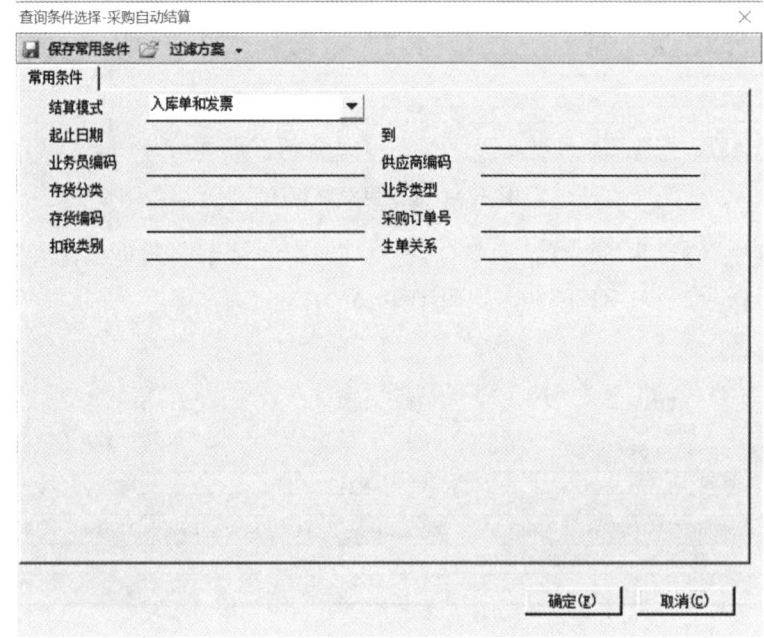

图4-47 【查询条件选择-采购自动结算】窗口

图4-48 成功结算提示信息

(2) 根据需要输入结算过滤条件,如单据的起止日期,点击【确定】按钮,系统自动完成结算。如果存在完全匹配的记录,则系统弹出提示信息,如图4-48所示。如果不存在完全匹配的记录,则系统弹出"状态:没有符合条件的红蓝入库单和发票"的提示信息。

(3) 结算完成后,可以打开采购专用发票,发票上出现"已结算"字样,如图4-49所示。

已结算 已现付

专用发票

打印模版 8164 专用发票打印模版

表体排序

合并显示 □

业务类型 普通采购　　发票类型 专用发票　　发票号 44788231

开票日期 2024-01-02　　供应商 上海贵悦　　代垫单位 上海贵悦

采购类型 正常采购　　税率 13.00　　部门名称 采购部

业务员 戚诚　　币种 人民币　　汇率 1

发票日期　　付款条件　　备注

	存货编码	存货名称	主计量	数量	原币单价	原币金额	原币税额	原币价税合计	税率	订单号
1	0101	春秋款女士运动服	套	300.00	130.00	39 000.00	5 070.00	44 070.00	13.00	CG0002
2	0102	春秋款男士运动服	套	300.00	140.00	42 000.00	5 460.00	47 460.00	13.00	CG0002
3										
4										
5										
6										
7										
合计				600.00		81 000.00	10 530.00	91 530.00		

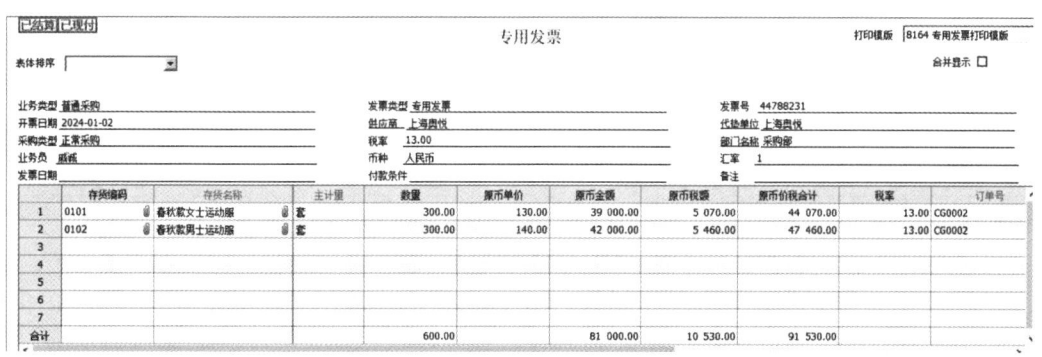

图 4-49　结算后的采购专用发票

提示：

⊙如果采购发票是参照入库单生成的，且发票数量等于入库单数量，同时没有费用单据，则可以直接单击采购发票上的【结算】按钮，完成采购结算。

6. 现付单据审核与制单

(1) 2024 年 1 月 2 日，W02 财务部李晓园登录企业应用平台，点击【业务工作】|【财务会计】|【应付款管理】|【应付单据处理】|【应付单据审核】，打开【应付单查询条件】窗口，勾选【包含已现结发票】，如图 4-50 所示。

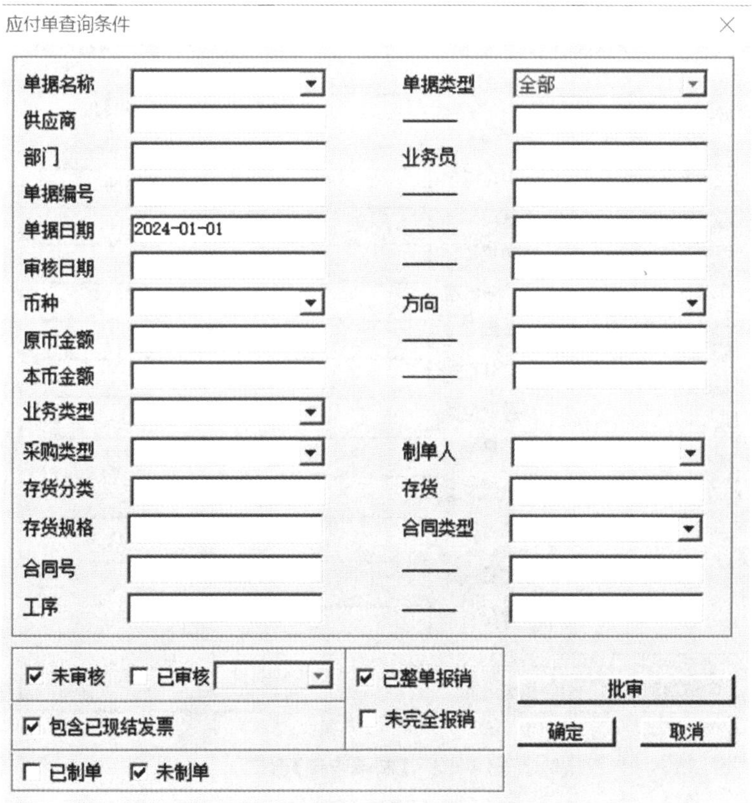

图 4-50 【应付单查询条件】窗口

（2）点击【确定】按钮，进入【应付单据列表】窗口，如图4-51所示。

选择	审核人	单据日期	单据类型	单据号	供应商名称	部门	业务员	制单人	币种	汇率	原币金额	本币金额
		2024-01-02	采购专...	44788231	上海奥悦体育用品有限公司	采购部	赋诚	赋诚	人民币	1.00000000	91 530.00	91 530.00
合计											91 530.00	91 530.00

图4-51 【应付单据列表】窗口

（3）双击【选择】栏，点击【审核】按钮，系统弹出提示窗口，如图4-52所示，点击【确定】按钮。

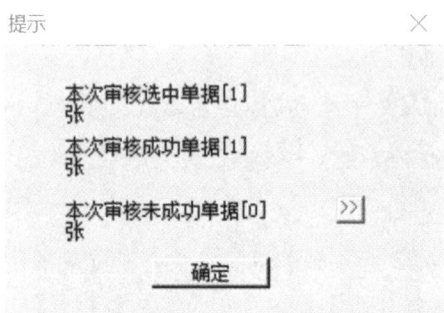

图4-52 应付单据审核提示窗口

（4）点击【制单处理】按钮，打开【制单查询】窗口，勾选【现结制单】，如图4-53所示。

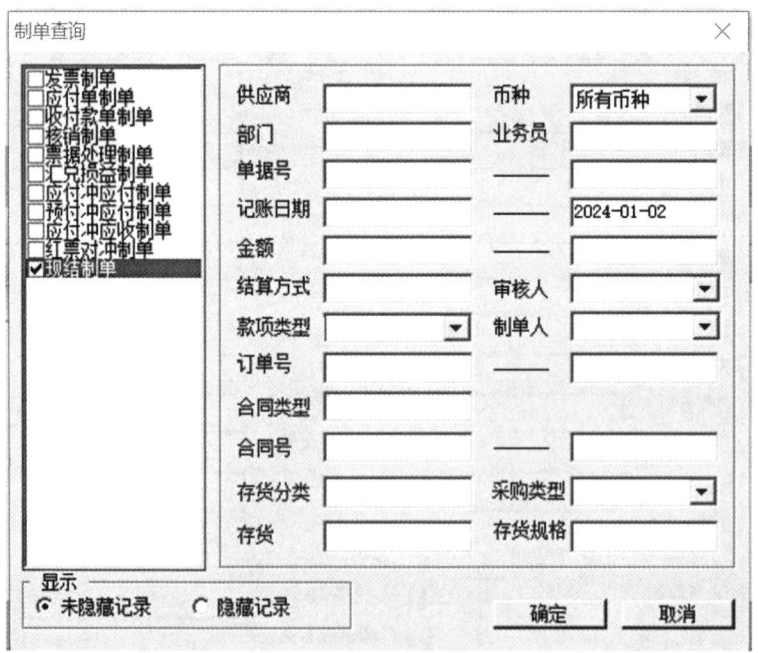

图4-53 【制单查询】窗口

(5) 点击【确定】按钮，打开【现结制单】窗口，选择要制单的采购专用发票，如图 4-54 所示。

现结制单

凭证类别 记账凭证　　制单日期 2024-01-02　　共 1 条

选择标志	凭证类别	单据类型	单据号	日期	供应商编码	供应商名称	部门	业务员	金额
1	记账凭证	现结	0000000002	2024-01-02	002	上海奥...	采购部	戚诚	91 530.00

图 4-54 【现结制单】窗口

(6) 点击【制单】按钮，生成一张凭证，点击【保存】按钮，凭证上出现“已生成”字样，如图 4-55 所示。

已生成

记 账 凭 证

记 字 0003　　制单日期：2024.01.02　　审核日期：　　附单据数：1

摘 要	科目名称	借方金额	贷方金额
现结	在途物资	8100000	
现结	应交税费/应交增值税/进项税额	1053000	
现结	银行存款		9153000
票号 日期　　数量 单价	合 计	9153000	9153000

备注　项 目　　部 门
个 人　　客 户
业务员

记账　　审核　　出纳　　制单 李晓园

图 4-55 【记账凭证】窗口

7. 核算采购成本

(1) 2024 年 1 月 2 日，W02 财务部李晓园登录企业应用平台，点击【业务工作】|【供应链】|【存货核算】|【业务核算】|【正常单据记账】，打开【查询条件选择】窗口。

(2) 点击【确定】按钮，打开【正常单据记账列表】窗口，点击【全选】按钮，如图 4-56 所示。

正常单据记账列表

记录总数：2

选择	日期	单据号	存货编码	存货名称	规格型号	存货代码	单据类型	仓库名称
Y	2024-01-02	0000000003	0101	春秋款女士运...			采购入库单	运动套装库
Y	2024-01-02	0000000003	0102	春秋款男士运...			采购入库单	运动套装库
小计								

图 4-56 【正常单据记账列表】窗口

(3) 点击【记账】按钮，系统提示“记账成功”，点击【确定】按钮。

(4) 点击【财务核算】|【生成凭证】,打开【生成凭证】窗口,点击【选择】按钮,打开【查询条件】窗口。

(5) 点击【确定】按钮,打开【未生成凭证单据一览表】,点击【全选】按钮,点击【确定】按钮,返回【生成凭证】窗口,如图 4-57 所示。

凭证类别 记 记账凭证

选择	单据类型	单据号	摘要	科目类型	科目编码	科目名称	借方金额	贷方金额	借方数量	贷方数量	科目方向	存货编码	存货名称	存货代
1	采购入库单	0000000003	采购入...	存货	1405	库存商品	39 000.00		300.00		1	0101	春秋款...	
				对方	1402	在途物资		39 000.00		300.00	2	0101	春秋款...	
				存货	1405	库存商品	42 000.00		300.00		1	0102	春秋款...	
				对方	1402	在途物资		42 000.00		300.00	2	0102	春秋款...	
合计							81 000.00	81 000.00						

图 4-57 【生成凭证】窗口

(6) 点击【生成】按钮,生成一张记账凭证,点击【保存】按钮,凭证上出现“已生成”字样,如图 4-58 所示。

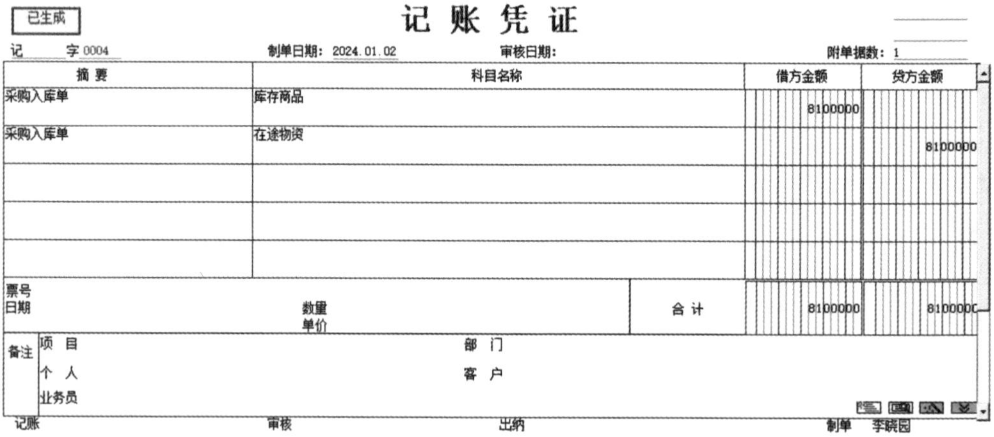
已生成
记账凭证
记 字 0004
制单日期: 2024.01.02
审核日期:
附单据数: 1

摘要	科目名称	借方金额	贷方金额
采购入库单	库存商品	8100000	
采购入库单	在途物资		8100000
票号 日期	数量 单价 合计	8100000	8100000

备注 项目 部门
个人 客户
业务员
记账 审核 出纳 制单 李晓园

图 4-58 【记账凭证】窗口

三、带付款条件的采购业务

1. 支付货款

支付货款指当企业收到供应商提供的货物和发票时,财务部门核对发票和入库情况无误之后按合同或订单约定的付款日期、付款方式和付款条件向供应商支付货款。付款结算后输入付款单据,并与应付给该供应商的应付货款进行核销。

付款单据输入指把支付给供应商的款项及供应商退回的款项输入到应付系统,包括付款单与收款单(即红字付款单)的输入。

应付系统的付款单用来记录企业所支付的款项。当企业支付每一笔款项时,应知道该款项是结算供应商货款,或是提前支付给供应商的预付款,还是支付供应商的其他费用。系统用款项类型来区别不同的用途。

款项类型为"应付款",说明该款项是结算供应商货款;款项类型为"预付款",说明该笔款项为预付给供应商的货款;款项类型为"其他费用",说明该笔款项是支付给供应商的其他费用。因此,在输入付款单时,需要指定其款项用途。对于同一张付款单,如果包含不同用途的款项,则应在表体明细记录中分行显示,明细记录的金额合计为表头付款的总金额。

对于不同用途的款项,系统提供的后续业务处理不同。对于冲销应付款,以及形成预付款的款项,需要进行付款结算,即将付款单与其对应的采购发票或应付单核销,进行冲销企业债务的操作。对于其他费用用途的款项不需要进行核销。

2. 核销处理

采购业务的核销就是指确定付款单同采购发票、应付单之间的对应关系的操作。核销的作用是处理付款核销应付款,建立付款同应付款的核销记录。核销时需要指明每一次付款付的是哪笔采购业务的款项。明确核销关系后,可以对应付款项进行精确的账龄分析,监督应付款及时核销,加强往来款项的管理。

若付款单数额等于单据数额,则付款单与原有单据完全核销。若付款单数额大于原有单据数额,则部分核销原有单据,部分形成预付款。若付款单数额小于原有单据数额,则原有单据仅得到部分核销。

【业务4-3】 2024年1月3日,采购部戚诚与南通特伦布户外用品有限公司签订采购合同。相关业务单据如图4-59至图4-61所示。

2024年1月5日,支付采购冲锋衣的货款,相关业务单据如图4-62所示。

业务4-3 带付款条件的采购业务

购销合同

供货方:南通特伦布户外用品有限公司　　　　　　　　　　合同号:CG0003
购买方:南通力宝美运动服饰有限公司　　　　　　　　　　签订日期:2024年01月03日

　　为保护买卖双方的合法权益,买卖双方根据《中华人民共和国民法典》合同编的有关规定,经友好协商,一致同意签订本合同并共同遵守:

一、货物名称、数量及金额。　　　　　　　　　　　　　　　　　　　　金额单位:元

序号	货物名称	数量(件)	单价(不含税)	金额(不含税)	税率	税额
1	男士春秋户外冲锋衣	350	120.00	42 000.00	13%	5 460.00
2	女士春秋户外冲锋衣	350	100.00	35 000.00	13%	4 550.00
	合计			¥77 000.00		¥10 010.00

二、合同总金额:人民币捌万柒仟零壹拾元整。
三、交货日期:2024年01月03日。
四、结算方式:电汇,付款条件:2/10,1/20,N/30(现金折扣按货物的价款计算,不考虑增值税)。
五、交货地点:南通市城港八组 南通特伦布户外用品有限公司。
六、发运方式:公路运输,运费由销售方承担。
七、本合同一式贰份,供需双方各执壹份。本合同自双方签字盖章后生效,至本合同全部条款执行完毕后失效。

供货方(盖章):南通特伦布户外用品有限公司　　　购买方(盖章):南通力宝美运动服饰有限公司
地址:南通市城港八组　　　　　　　　　　　　　　地址:南通市崇川区三香路668号
授权代表:沈一峰　　　　　　　　　　　　　　　　授权代表:陈巧宝
联系电话:0513-87577680　　　　　　　　　　　　联系电话:0513-85358899

图4-59 【业务4-3】购销合同

电子发票（增值税专用发票） 发票号码：41102682
开票日期：2024年01月03日

购买方信息	名称：南通力宝美运动服饰有限公司			销售方信息	名称：南通特伦布户外用品有限公司		
	统一社会信用代码/纳税人识别号：91320623400105378A				统一社会信用代码/纳税人识别号：91320602675461219M		

项目名称	单位	数量	单价	金额	税率/征收率	税额
*男士春秋户外冲锋衣	件	350	120.00	42000.00	13%	5460.00
*女士春秋户外冲锋衣	件	350	100.00	35000.00	13%	4550.00
合　计				¥77000.00		¥10010.00
价税合计（大写）	⊗捌万柒仟零壹拾元整			（小写）	¥87010.00	
备注						

开票人：略

图 4-60 【业务 4-3】增值税专用发票

入 库 单

供应商：南通特伦布户外用品有限公司　　　2024年01月03日　　　编号：0003

验收仓库	存货编码	存货名称	单位	数量应收	数量实收	单价	金额	备注
户外冲锋衣库	0109	男士春秋户外冲锋衣	件	350	350			
户外冲锋衣库	0110	女士春秋户外冲锋衣	件	350	350			
合计				700	700			

部门经理：略　　　　　会计：略　　　仓库：略　　　经办人：略

图 4-61 【业务 4-3】入库单

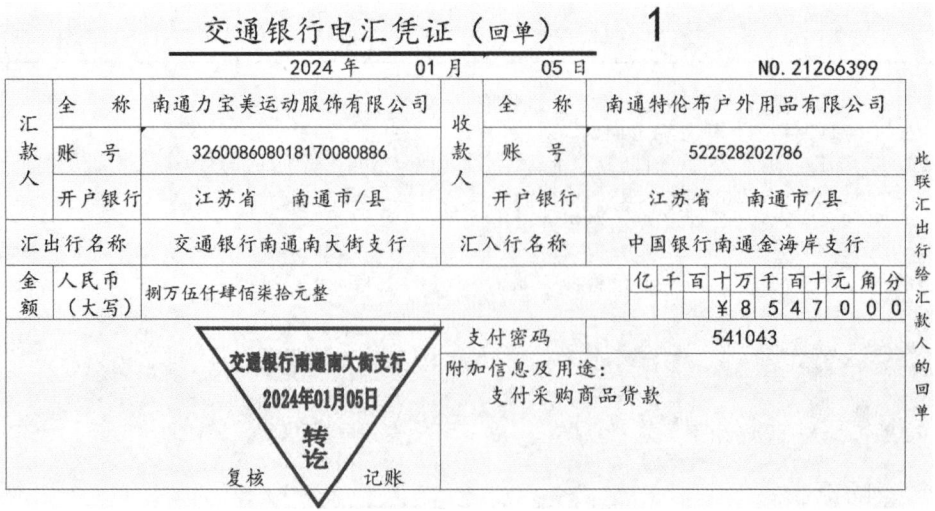

图 4-62 【业务 4-3】电汇凭证

操作步骤

1. 填制采购订单

(1) 2024 年 1 月 3 日,G01 采购部咸诚登录企业应用平台,点击【业务工作】|【供应链】|【采购管理】|【采购订货】|【采购订单】,打开【采购订单】窗口。

(2) 点击【增加】按钮,在表头【订单编号】录入:CG0003,【采购类型】选择:正常采购,【供应商】选择:南通特伦布,【部门】:采购部,【业务员】:咸诚,【税率】修改为 13,【付款条件】选择:2/10,1/20,n/30;在表体【存货编码】分别录入:0109、0110,【数量】均录入:350,【原币单价】分别录入:120、100,点击【保存】按钮。

(3) 点击【审核】按钮,审核后的采购订单如图 4-63 所示。

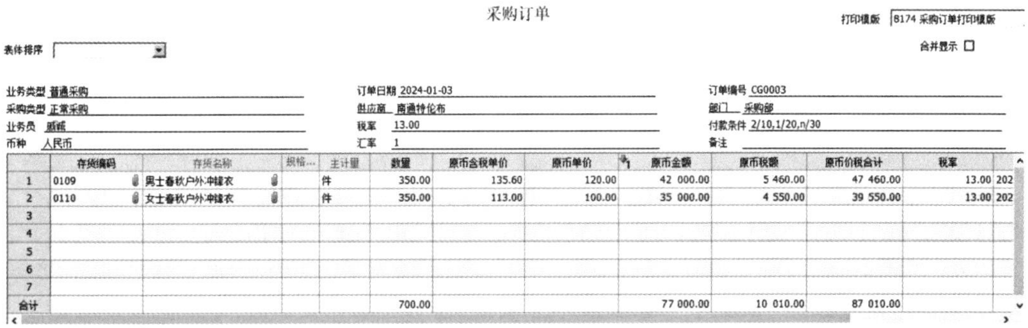

图 4-63 【采购订单】窗口

2. 生成采购到货单

(1) 2024 年 1 月 3 日,G01 采购部咸诚登录企业应用平台,点击【业务工作】|【供应链】|【采购管理】|【采购到货】|【到货单】,打开【采购到货单】窗口。

(2) 点击【增加】|【生单】|【采购订单】,打开【查询条件选择-采购订单列表过滤】窗口,点击【确定】按钮。

(3) 系统自动弹出【拷贝并执行】窗口,选择要拷贝的采购订单。点击【确定】按钮,系统自动生成采购到货单,点击【保存】按钮。

(4) 点击【审核】按钮,根据采购订单生成的采购到货单如图 4-64 所示。

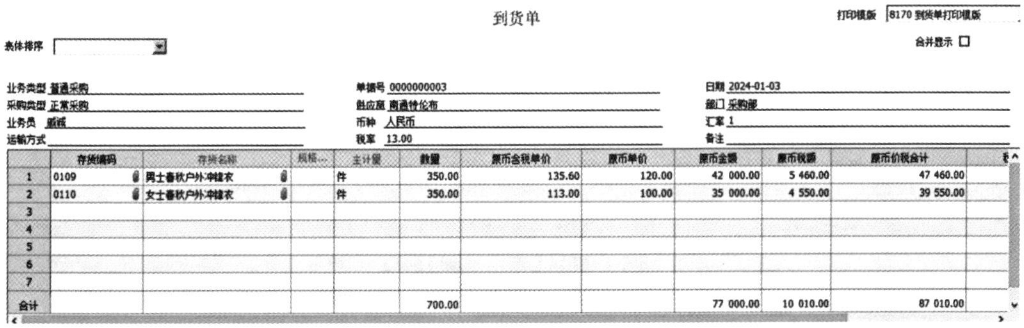

图 4-64 【到货单】窗口

3. 生成采购入库单

(1) 2024 年 1 月 3 日,C01 仓管部李军钧登录企业应用平台,点击【业务工作】|【供应链】|【库存管理】|【入库业务】|【采购入库单】,打开【采购入库单】窗口。

(2) 点击【生单】|【采购到货单(蓝字)】,打开【查询条件选择-采购到货单列表】窗口,点击【确定】按钮。

(3) 系统自动弹出【到货单生单列表】窗口,选择相应的到货单生单表头,点击【确定】按钮,系统自动生成采购入库单,【仓库】选择:户外冲锋衣库,点击【保存】按钮。

(4) 点击【审核】按钮,如图 4-65 所示。

采购入库单

采购入库单打印模版

表体排序　　　　◉ 蓝字　○ 红字　　合并显示 ☐

入库单号 0000000004　入库日期 2024-01-03　仓库 户外冲锋衣库
订单号 CG0003　到货单号 0000000003　业务号
供货单位 南通特伦布　部门 采购部　业务员 戚诚
到货日期 2024-01-03　业务类型 普通采购　采购类型 正常采购
入库类别 采购入库　审核日期 2024-01-03　备注

	存货编码	存货名称	规格型号	主计量单位	数量	本币单价	本币金额
1	0109	男士春秋户外冲锋衣		件	350.00	120.00	42 000.00
2	0110	女士春秋户外冲锋衣		件	350.00	100.00	35 000.00
3							
4							
5							
6							
7							
合计					700.00		77 000.00

图 4-65 【采购入库单】窗口

4. 填制采购专用发票

(1) 2024 年 1 月 3 日,G01 采购部戚诚登录企业应用平台,点击【业务工作】|【供应链】|【采购管理】|【采购发票】|【专用采购发票】,打开【专用发票】窗口。

(2) 点击【增加】|【生单】|【入库单】,打开【查询条件选择-采购入库单列表过滤】窗口,点击【确定】按钮。

(3) 系统自动弹出【拷贝并执行】窗口,选择要拷贝的采购入库单,点击【确定】按钮,系统自动生成采购专用发票,【发票号】录入:41102682,点击【保存】按钮,如图 4-66 所示。

专用发票

打印模版 8164 专用发票打印模版

表体排序　　　　合并显示 ☐

业务类型 普通采购　发票类型 专用发票　发票号 41102682
开票日期 2024-01-03　供应商 南通特伦布　代垫单位 南通特伦布
采购类型 正常采购　税率 13.00　部门名称 采购部
业务员 戚诚　币种 人民币　汇率 1
发票日期　付款条件 2/10,1/20,n/30　备注

	存货编码	存货名称	主计量	数量	原币单价	原币金额	原币税额	原币价税合计	税率	
1	0109	男士春秋户外冲锋衣	件	350.00	120.00	42 000.00	5 460.00	47 460.00	13.00	CG0003
2	0110	女士春秋户外冲锋衣	件	350.00	100.00	35 000.00	4 550.00	39 550.00	13.00	CG0003
3										
4										
5										
6										
7										
合计				700.00		77 000.00	10 010.00	8 7010.00		

图 4-66 【专用发票】窗口

5. 采购结算

单击工具栏上的【结算】按钮,完成采购专用发票与采购入库单的自动结算,如图 4-67 所示。

项目四 采购管理系统业务处理

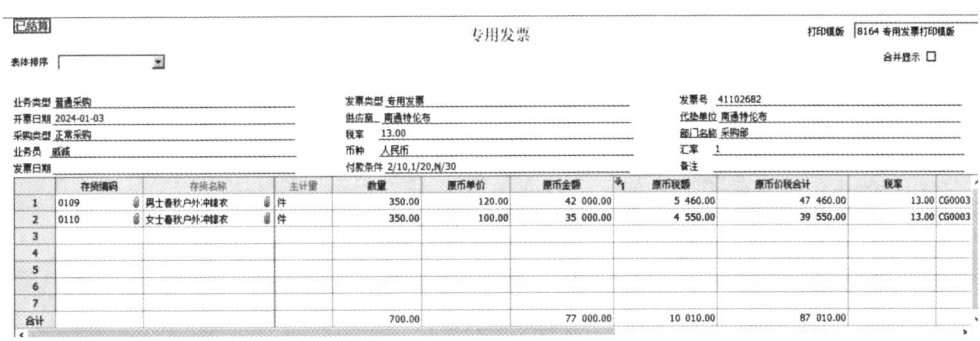

图 4-67 已结算的专用发票

6. 应付单据审核与制单

(1) 2024 年 1 月 3 日,W02 财务部李晓园登录企业应用平台,点击【业务工作】|【财务会计】|【应付款管理】|【应付单据处理】|【应付单据审核】,打开【应付单据查询条件】窗口。

(2) 点击【确定】按钮,进入【应付单据列表】窗口,双击【选择】栏,点击【审核】按钮,如图 4-68 所示。

图 4-68 【应付单据列表】窗口

(3) 点击【制单处理】按钮,打开【制单查询】窗口,勾选【发票制单】。

(4) 点击【确定】按钮,打开【采购发票制单】窗口,选择要制单的采购专用发票。

(5) 点击【制单】按钮,生成一张凭证,点击【保存】按钮,凭证上出现"已生成"字样,如图 4-69 所示。

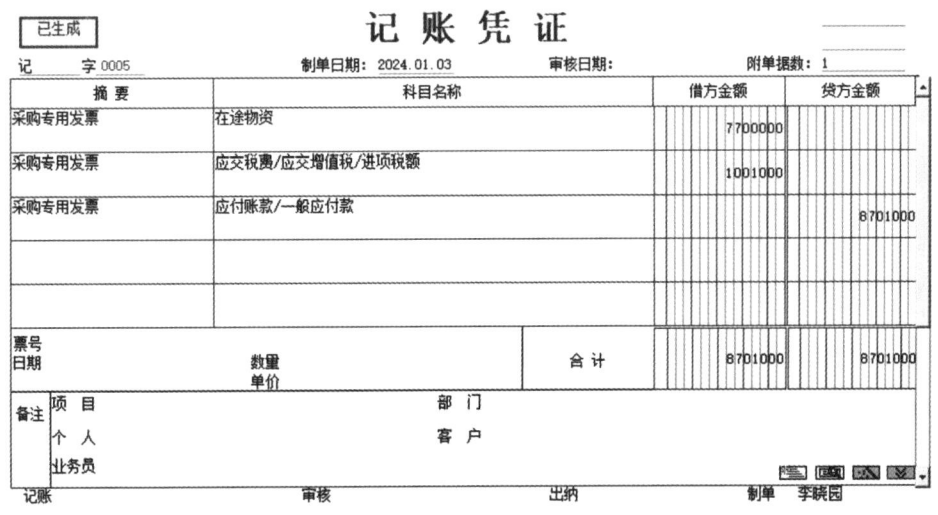

图 4-69 【记账凭证】窗口

99

7. 核算采购成本

(1) 2024 年 1 月 3 日，W02 财务部李晓园登录企业应用平台，点击【业务工作】|【供应链】|【存货核算】|【业务核算】|【正常单据记账】，打开【查询条件选择】窗口。

(2) 点击【确定】按钮，打开【正常单据记账列表】窗口，点击【全选】按钮，如图 4-70 所示。

正常单据记账列表

记录总数：2

选择	日期	单据号	存货编码	存货名称	规格型号	存货代码	单据类型	仓库名称
Y	2024-01-03	0000000004	0109	男士春秋户外...			采购入库单	户外冲锋衣库
Y	2024-01-03	0000000004	0110	女士春秋户外...			采购入库单	户外冲锋衣库
小计								

图 4-70 【正常单据记账列表】窗口

(3) 点击【记账】按钮，系统弹出【记账成功】。点击【确定】按钮。

(4) 点击【财务核算】|【生成凭证】，打开【生成凭证】窗口，点击【选择】按钮，打开【查询条件】窗口。

(5) 点击【确定】按钮，打开【未生成凭证单据一览表】。

(6) 点击【选择】或【全选】按钮，点击【确定】按钮，返回【生成凭证】窗口，如图 4-71 所示。

凭证类别 记 记账凭证

选择	单据类型	单据号	摘要	科目类型	科目编码	科目名称	借方金额	贷方金额	借方数量	贷方数量	科目方向	存货编码	存货名称	存货代码	规
1	采购入库单	0000000004	采购入...	存货	1405	库存商品	42 000.00		350.00		1	0109	男士春...		
				对方	1402	在途物资		42 000.00		350.00	2	0109	男士春...		
				存货	1405	库存商品	35 000.00		350.00		1	0110	女士春...		
				对方	1402	在途物资		35 000.00		350.00	2	0110	女士春...		
合计							77 000.00	77 000.00							

图 4-71 【生成凭证】窗口

(7) 点击【生成】按钮，生成一张记账凭证，点击【保存】按钮，凭证上出现“已生成”字样，如图 4-72 所示

已生成

记账凭证

记 字 0006 制单日期：2024.01.03 审核日期： 附单据数：1

摘要	科目名称	借方金额	贷方金额
采购入库单	库存商品	7700000	
采购入库单	在途物资		7700000
票号 日期	数量 单价 合计	7700000	7700000

备注 项 目 部 门

个 人 客 户

业务员

记账 审核 出纳 制单 李晓园

图 4-72 【记账凭证】窗口

8. 填制付款单

(1) 2024年1月5日,W03财务部王明涛登录企业应用平台,点击【业务工作】|【财务会计】|【应付款管理】|【付款单据处理】|【付款单据录入】,打开【付款单】窗口。

(2) 点击【增加】按钮,录入电汇单的相关信息,点击【保存】按钮,如图4-73所示。

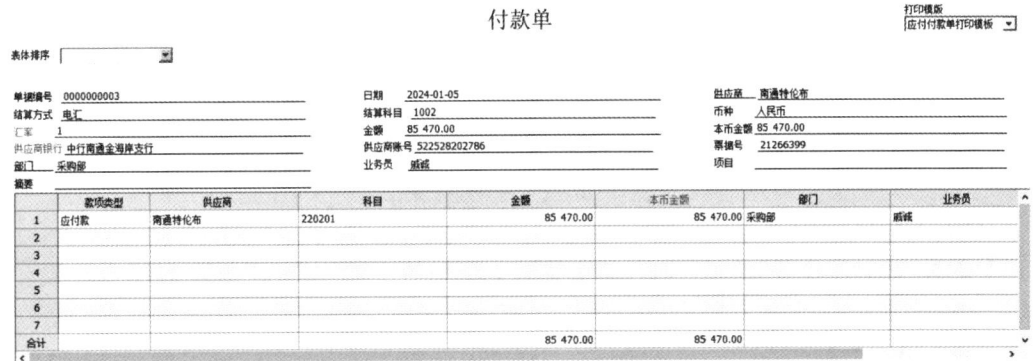

图4-73 【付款单】窗口

9. 付款单据审核与制单

(1) 2024年1月5日,W02财务部李晓园登录企业应用平台,点击【业务工作】|【财务会计】|【应付款管理】|【付款单据处理】|【付款单据审核】,打开【付款单据查询条件】窗口。

(2) 点击【确定】按钮,打开【收付款单列表】窗口,双击【选择】栏,如图4-74所示。

图4-74 【收付款单列表】窗口

(3) 点击【审核】按钮,弹出提示窗口完成审核,点击【确定】按钮。

(4) 点击【核销处理】|【手工核销】,打开【核销条件】窗口,【供应商】选择:003-南通特伦布户外用品有限公司,如图4-75所示。

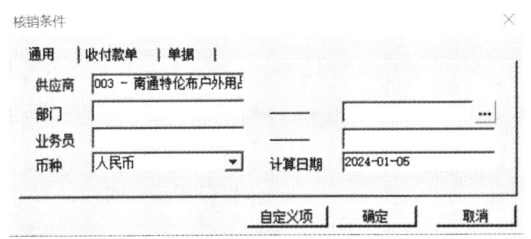

图4-75 【核销条件】窗口

(5) 点击【确定】按钮,打开【单据核销】窗口,【本次结算】输入:85 470.00,如图4-76所示,点击【保存】按钮。

单据日期	单据类型	单据编号	供应商	款项...	结算方式	币种	汇率	原币金额	原币余额	本次结算	订单号
2024-01-05	付款单	0000000003	南通特伦布	应付款	电汇	人民币	1.00000000	85 470.00	85 470.00	85 470.00	
合计								85 470.00	85 470.00	85 470.00	

单据日期	单据类型	单据编号	到期日	供应商	币种	原币金额	原币余额	可享受折扣	本次折扣	本次结算	订单号
2023-12-20	采购专...	41102598	2023-12-20	南通特伦布	人民币	11 752.00	11 752.00	0.00			
2024-01-03	采购专...	41102682	2024-02-02	南通特伦布	人民币	87 010.00	87 010.00	1 740.20	1 540.00	85 470.00	CG0003
合计						98 762.00	98 762.00	1 740.20	1 540.00	85 470.00	

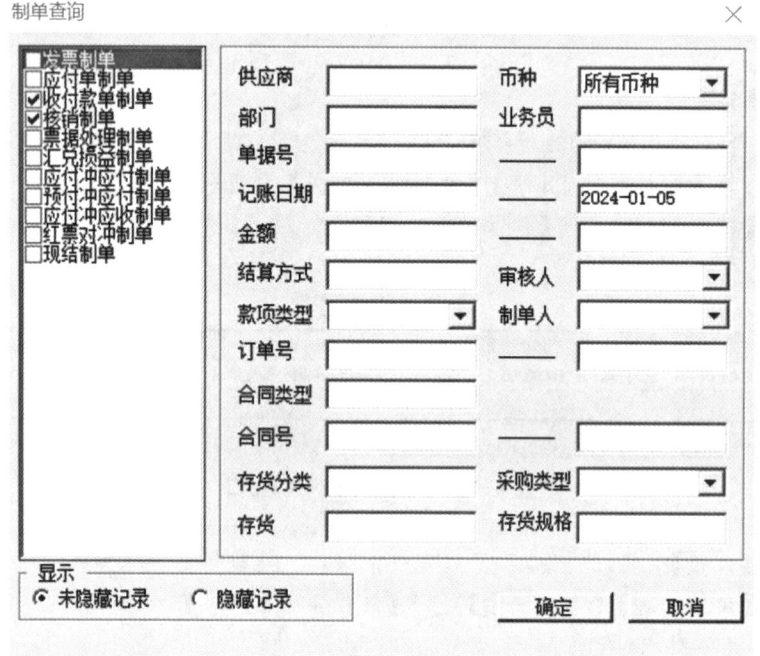

图 4-76 【单据核销】窗口

(6) 点击【制单处理】按钮,打开【制单查询】窗口,勾选【收付款单制单】和【核销制单】,如图 4-77 所示。

图 4-77 【制单查询】窗口

(7) 点击【确定】按钮,打开【应付制单】窗口,点击【合并】按钮,如图 4-78 所示。

应付制单

凭证类别 记账凭证　　制单日期 2024-01-05　　共 2 条

选择标志	凭证类别	单据类型	单据号	日期	供应商编码	供应商名称	部门	业务员	金额
1	记账凭证	付款单	0000000003	2024-01-05	003	南通特...	采购部	戚诚	85 470.00
1	记账凭证	核销	ZKAP000...	2024-01-05	003	南通特...	采购部	戚诚	87 010.00

图 4-78 【应付制单】窗口

(8) 点击【制单】按钮,生成一张凭证,将财务费用金额调整为借方红字,点击【保存】按钮,如图4-79所示。

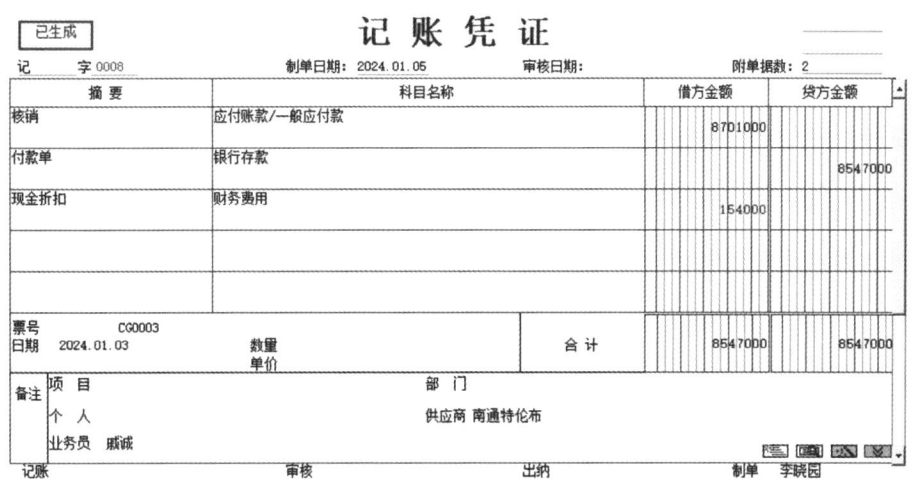

图 4-79 【记账凭证】窗口

四、预付部分货款的采购业务

在实际工作中往来单位之间有可能互为供应单位,往来款项业务十分复杂,双方单位之间经常出现既有应收账款又有预收账款,既有应收账款又有应付账款的情况。因此,在实际工作中可以根据不同情况将预付账款冲抵应付账款,将应收账款冲抵应付账款,将应付账款冲抵应收账款等。转账处理功能就是完成往来业务相互冲抵操作的功能。

应付系统的转账处理包括如下几种。

(1) 预付冲应付。预付冲应付就是将预付款和应付款进行冲抵。该功能可将预付供应商款项和所欠供应商的货款进行转账核销处理。预付冲应付一般用于预付款业务。

(2) 应付冲应收。这是用对某供应商的应付账款,冲抵对某客户的应收账款。通过应付冲应收功能将应付款业务在客户和供应商之间进行转账,实现应付业务的调整,进行应收债权同应付债务的冲抵。

(3) 应付冲应付。应付冲应付也称并账,是指将某一供应商的应付款转入另一供应商账中,实现债务转移。通过该功能将应付款业务在供应商之间进行转入、转出,实现应付业务的调整,解决应付款业务在不同供应商间入错户或合并户问题。

(4) 红票对冲。红票对冲就是用某供应商的红字发票与其蓝字发票进行冲抵。红票对冲类似于核销的作用,在发生退货及收到红字发票业务的时候,红票对冲操作可以准确地反映对某供应商的应付款情况,进行精确的账龄分析。

【业务 4-4】 2024年1月6日,采购部戚诚与上海天宁体育用品有限公司签订采购合同。相关业务单据如图4-80和图4-81所示。

2024年1月7日,收到上海天宁体育用品有限公司发来的T恤和发票。取得相关业务单据如图4-82和图4-83所示。

业务 4-4
预付部分
货款的
采购业务

购销合同

供货方:上海天宁体育用品有限公司　　　　　　　　合同号:CG0004
购买方:南通力宝美运动服饰有限公司　　　　　　　签订日期:2024年01月06日

为保护买卖双方的合法权益,买卖双方根据《中华人民共和国民法典》合同编的有关规定,经友好协商,一致同意签订本合同并共同遵守:

一、货物名称、数量及金额。　　　　　　　　　　　　　　　　　　　　　金额单位:元

序号	货物名称	数量(件)	单价(不含税)	金额(不含税)	税率	税额
1	长袖女士T恤	300	50.00	15 000.00	13%	1 950.00
2	长袖男士T恤	300	55.00	16 500.00	13%	2 145.00
	合计			¥31 500.00		¥4 095.00

二、合同总金额:人民币叁万伍仟伍佰玖拾伍元整。
三、付款日期:2024年01月06日,合同签订之日由南通力宝美运动服饰有限公司预付叁仟元整(¥3 000.00)定金。
四、交货日期:2024年01月07日。
五、结算方式:电汇。
六、交货地点:上海市嘉定区公安路49号,上海天宁体育用品有限公司。
七、发运方式:公路运输,运费由销售方承担。
八、本合同一式贰份,供需双方各执壹份。本合同自双方签字盖章后生效,至本合同全部条款执行完毕后失效。

供货方(盖章):上海天宁体育用品有限公司　　　　购买方(盖章):南通力宝美运动服饰有限公司
地址:上海市嘉定区公安路49号　　　　　　　　　　地址:南通市崇川区三香路668号
授权代表:刘志出　　　　　　　　　　　　　　　　授权代表:陈力宝
联系电话:021-93267500　　　　　　　　　　　　　　联系电话:0513-85358899

图4-80 【业务4-4】购销合同

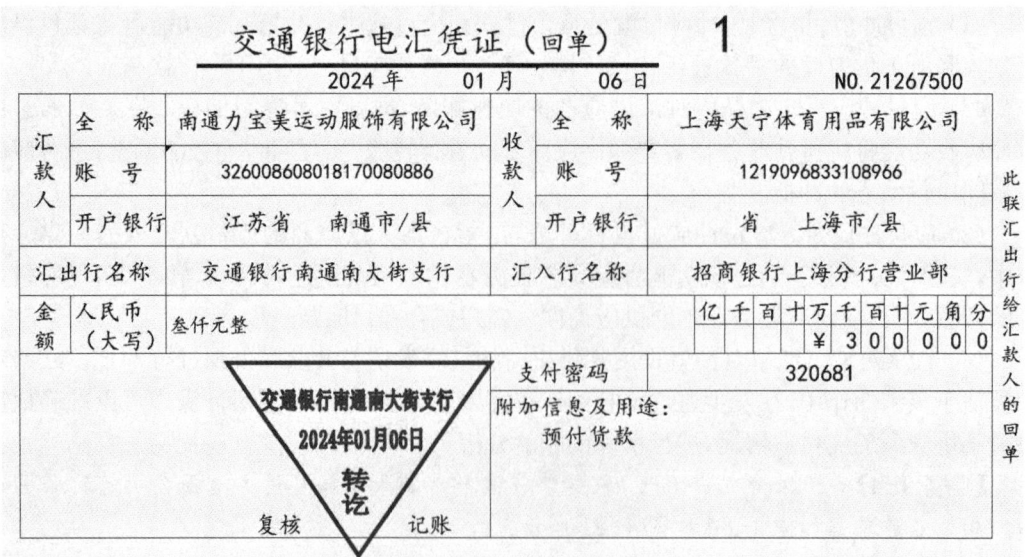

图4-81 【业务4-4】电汇凭证

电子发票（增值税专用发票）

发票号码：44794388
开票日期：2024年01月07日

购买方信息
名称：南通力宝美运动服饰有限公司
统一社会信用代码/纳税人识别号：91320623400105378A

销售方信息
名称：上海天宁体育用品有限公司
统一社会信用代码/纳税人识别号：913101145762751583

项目名称	单位	数量	单价	金额	税率/征收率	税额
*长袖女士T恤	件	300	50.00	15000.00	13%	1950.00
*长袖男士T恤	件	300	55.00	16500.00	13%	2145.00
合 计				¥31500.00		¥4095.00

价税合计（大写）：⊗ 叁万伍仟伍佰玖拾伍元整　　　（小写）¥35595.00

备注：

开票人：略

图 4-82 【业务 4-4】增值税专用发票

入 库 单

供应商：上海天宁体育用品有限公司　　2024年01月07日　　编号：0004

验收仓库	存货编码	存货名称	单位	数量 应收	数量 实收	单价	金额	备注
运动T恤库	0103	长袖女士T恤	件	300	300			
运动T恤库	0104	长袖男士T恤	件	300	300			
合计				600	600			

部门经理：略　　会计：略　　仓库：略　　经办人：略

图 4-83 【业务 4-4】入库单

操作步骤

1. 填制采购订单

（1）2024年1月6日，G01采购部戚诚登录企业应用平台，点击【业务工作】|【供应链】|【采购管理】|【采购订货】|【采购订单】，打开【采购订单】窗口。

（2）点击【增加】按钮，在表头【订单编号】录入：CG0004，【采购类型】选择：正常采购，【供应商】选择：上海天宁，税率修改为13，【部门】：采购部，【业务员】：戚诚；在表体第一行【存货编码】录入：0103，【数量】录入：300，【原币单价】录入：50，在表体第二行【存货编码】录入：0104，【数量】录入：300，【原币单价】录入：55，【计划到货日期】均为：2024-01-07，点击【保存】按钮。

(3) 点击【审核】按钮,审核填制的采购订单,如图 4-84 所示。

采购订单

打印模版 8174 采购订单打印模版

合并显示 □

表体排序

业务类型 普通采购　订单日期 2024-01-06　订单编号 CG0004
采购类型 正常采购　供应商 上海天宁　部门 采购部
业务员 臧诚　税率 13.00　付款条件
币种 人民币　汇率 1　备注

	存货编码	存货名称	规格型号	主计量	数量	原币含税单价	原币单价	原币金额	原币税额	原币价税合计	税率	计划到货日期
1	0103	长袖女士T恤		件	300.00	56.50	50.00	15 000.00	1 950.00	16 950.00	13.00	2024-01-07
2	0104	长袖男士T恤		件	300.00	62.15	55.00	16 500.00	2 145.00	18 645.00	13.00	2024-01-07
3												
4												
5												
6												
7												
合计					600.00			31 500.00	4 095.00	35 595.00		

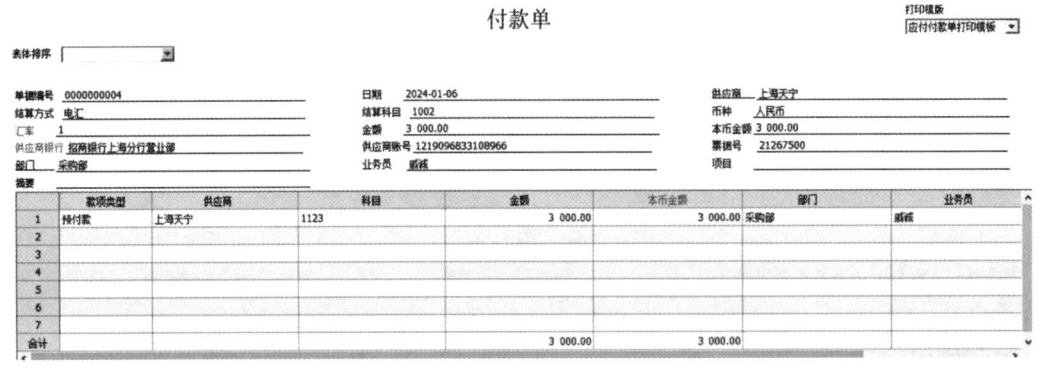

图 4-84 【采购订单】窗口

2. 填制付款单

(1) 2024 年 1 月 6 日,W03 财务部王明涛登录企业应用平台,点击【业务工作】|【财务会计】|【应付款管理】|【付款单据处理】|【付款单据录入】,打开【付款单】窗口。

(2) 点击【增加】,录入电汇单的相关信息,在表体中,款项类型选择【预付款】,点击【保存】按钮,如图 4-85 所示。

付款单

打印模版 应付付款单打印模板

表体排序

单据编号 0000000004　日期 2024-01-06　供应商 上海天宁
结算方式 电汇　结算科目 1002　币种 人民币
汇率 1　金额 3 000.00　本币金额 3 000.00
供应商银行 招商银行上海分行营业部　供应商账号 1219096833108966　票据号 21267500
部门 采购部　业务员 臧诚　项目
摘要

	款项类型	供应商	科目	金额	本币金额	部门	业务员
1	预付款	上海天宁	1123	3 000.00	3 000.00	采购部	臧诚
2							
3							
4							
5							
6							
7							
合计				3 000.00	3 000.00		

图 4-85 【付款单】窗口

3. 付款单审核与制单

(1) 2024 年 1 月 6 日,W02 财务部李晓园登录企业应用平台,点击【业务工作】|【财务会计】|【应付款管理】|【付款单据处理】|【付款单据审核】,打开【付款单据查询条件】窗口。

(2) 点击【确定】按钮,打开【收付款单列表】窗口,双击【选择】栏,如图 4-86 所示。

收付款单列表

记录总数:1

选择	审核人	单据日期	单据类型	单据编号	供应商	部门	业务员	结算方式	票据号	币种	汇率	原币金额	本币金额
Y		2024-01-06	付款单	0000000004	上海天宁体育用品有限公司	采购部	臧诚	电汇	21267500	人民币	1....	3 000.00	3 000.
合计												3 000.00	3 000.

图 4-86 【收付款单列表】窗口

(3) 点击【审核】按钮,弹出提示窗口完成审核,点击【确定】按钮。

(4)点击【制单处理】按钮,打开【制单查询】窗口,勾选【收付款单制单】,如图 4-87 所示。

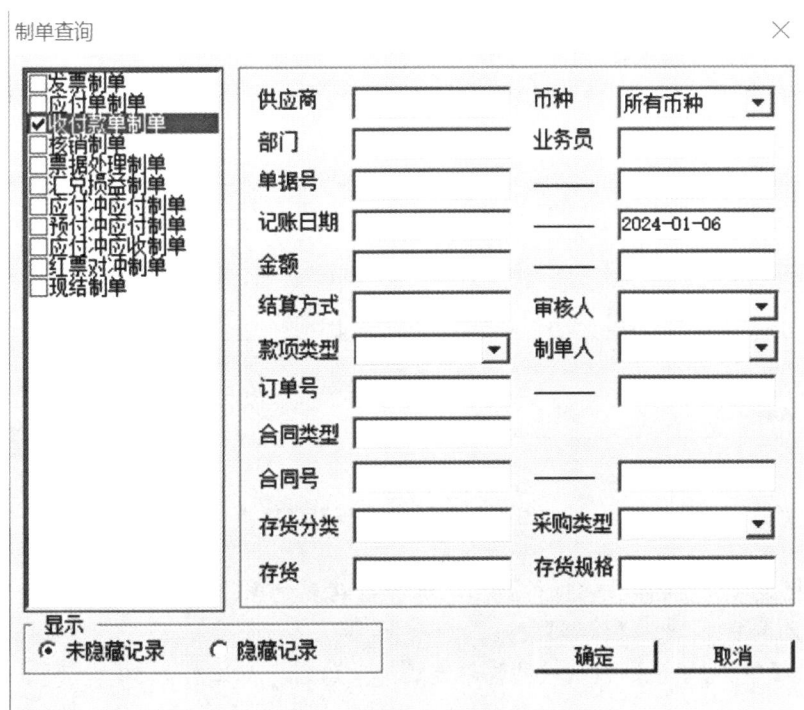

图 4-87 【制单查询】窗口

(5)点击【确定】按钮,打开【收付款单制单】窗口,选择要制单的【付款单】,如图 4-88 所示。

图 4-88 【收付款单制单】窗口

(6)点击【制单】按钮,生成一张凭证,点击【保存】按钮,凭证上出现"已生成"字样,如图 4-89 所示。

4. 生成采购到货单

(1)2024 年 1 月 7 日,G01 采购部戚诚登录企业应用平台,点击【业务工作】|【供应链】|【采购管理】|【采购到货】|【到货单】,打开【采购到货单】窗口。

(2)点击【增加】|【生单】|【采购订单】,打开【查询条件选择-采购订单列表过滤】窗口,点击【确定】按钮。

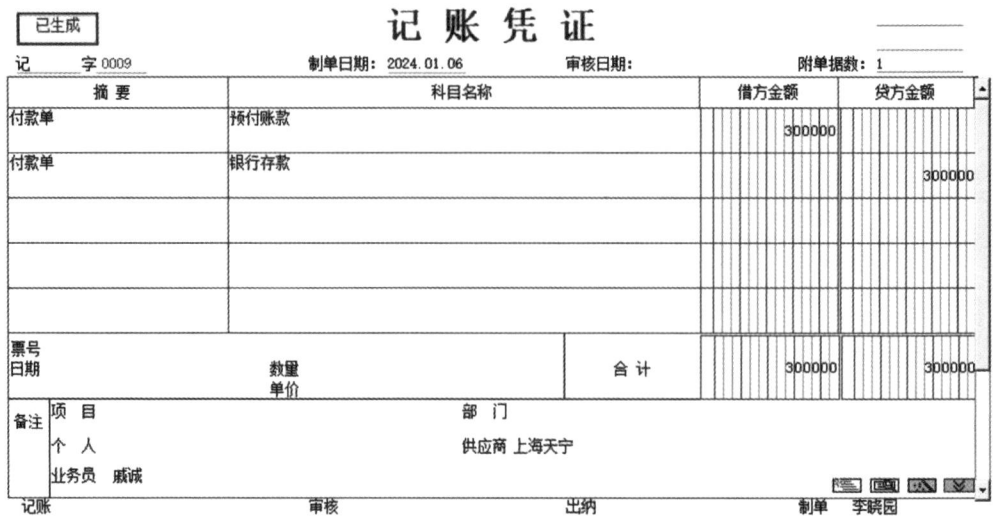

图 4-89 【记账凭证】窗口

(3) 系统自动弹出【拷贝并执行】窗口,选择要拷贝的采购订单,点击【确定】按钮,系统自动生成采购到货单,点击【保存】按钮。

(4) 点击【审核】按钮。根据采购订单生成的采购到货单如图 4-90 所示。

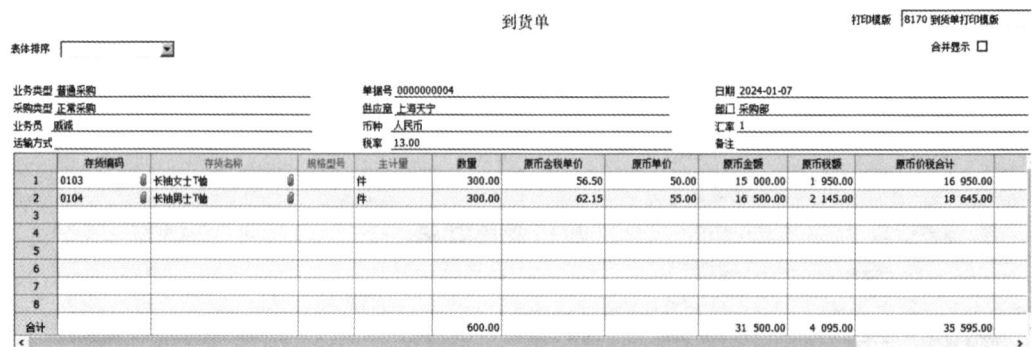

图 4-90 【到货单】窗口

5. 生成采购入库单

(1) 2024 年 1 月 7 日,C01 仓管部李军钧登录企业应用平台,点击【业务工作】|【供应链】|【库存管理】|【入库业务】|【采购入库单】,打开【采购入库单】窗口。

(2) 点击【生单】|【采购到货单(蓝字)】,打开【查询条件选择-采购到货单列表】窗口,点击【确定】按钮。

(3) 系统自动弹出【到货单生单列表】窗口,选择相应的到货单生单表头,点击【确定】按钮,系统自动生成采购入库单,【仓库】选择:运动 T 恤库,点击【保存】按钮。

(4) 点击【审核】按钮,如图 4-91 所示。

图 4-91 【采购入库单】窗口

6. 填制采购专用发票

(1) 2024 年 1 月 7 日,G01 采购部的戚诚登录企业应用平台,点击【业务工作】|【供应链】|【采购管理】|【采购发票】|【专用采购发票】,打开【专用发票】窗口。

(2) 点击【增加】|【生单】|【入库单】,打开【查询条件选择-采购入库单列表过滤】窗口,点击【确定】按钮。

(3) 系统自动弹出【拷贝并执行】窗口,选择要拷贝的采购入库单,点击【确定】按钮,系统自动生成采购专用发票,【发票号】录入:44794388,点击【保存】按钮,如图 4-92 所示。

图 4-92 【专用发票】窗口

7. 采购结算

单击工具栏上的【结算】按钮,完成采购专用发票与采购入库单的自动结算,如图 4-93 所示。

图 4-93 已结算的采购专用发票

8. 应付单据审核与制单

(1) 2024年1月7日,W02财务部李晓园登录企业应用平台,点击【业务工作】|【财务会计】|【应付款管理】|【应付单据处理】|【应付单据审核】,打开【应付单据查询条件】窗口。

(2) 点击【确定】按钮,进入【应付单据列表】窗口,双击【选择】栏,点击【审核】按钮,如图4-94所示。

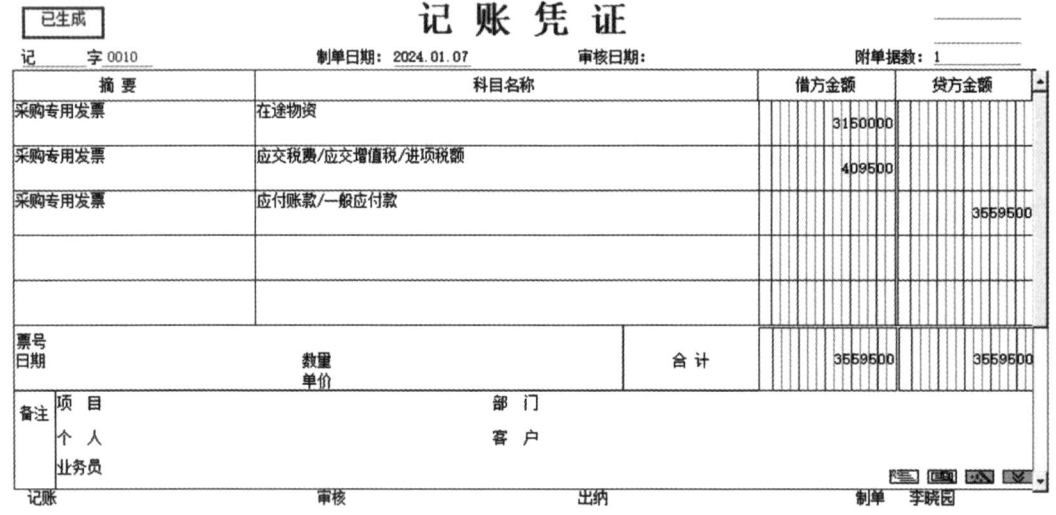

图4-94 【应付单据列表】窗口

(3) 点击【制单处理】按钮,打开【制单查询】窗口,勾选【发票制单】。

(4) 点击【确定】按钮,打开【采购发票制单】窗口,选择要制单的采购专用发票。

(5) 点击【制单】按钮,生成一张凭证,点击【保存】按钮,凭证上出现"已生成"字样,如图4-95所示。

图4-95 【记账凭证】窗口

9. 预付冲应付

(1) 点击【转账】|【预付冲应付】,弹出【预付冲应付】窗口,点击【预付款】选项卡,【供应商】选择:001上海天宁体育用品有限公司,点击【过滤】按钮,【转账金额】录入:3 000.00,如图4-96所示。

(2) 点击【应付款】选项卡,【供应商】选择:001上海天宁体育用品有限公司,点击【过滤】按钮,【转账金额】录入:3 000.00,如图4-97所示。

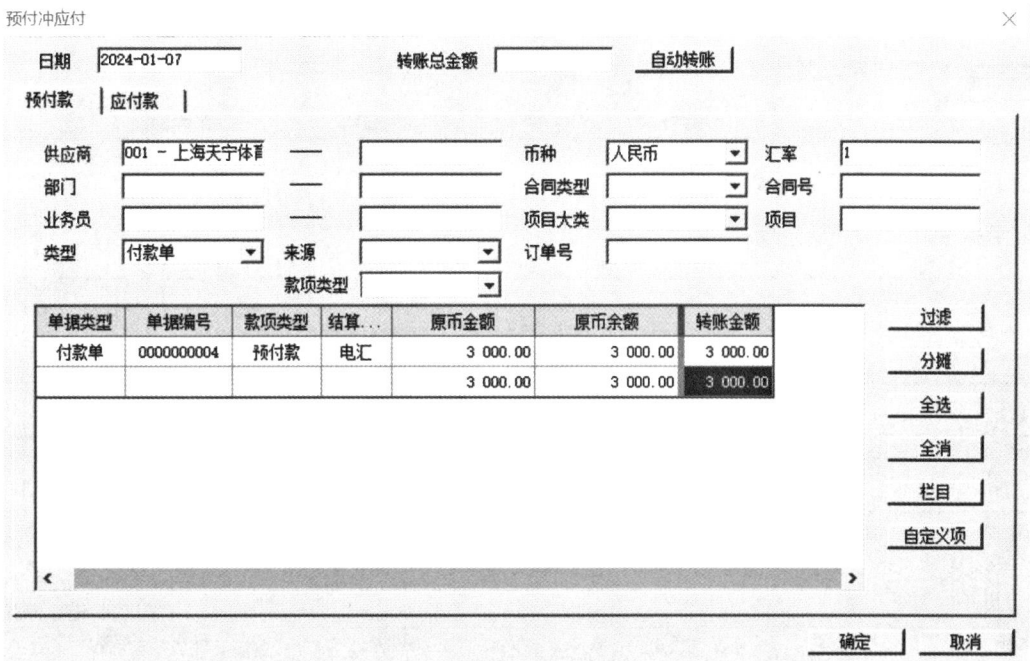

图 4-96 【预付款】选项卡

图 4-97 【应付款】选项卡

(3) 点击【确定】按钮,弹出【是否立即制单】,点击【是】按钮,生成一张凭证,点击【保存】按钮,凭证上出现"已生成"字样,如图4-98所示。

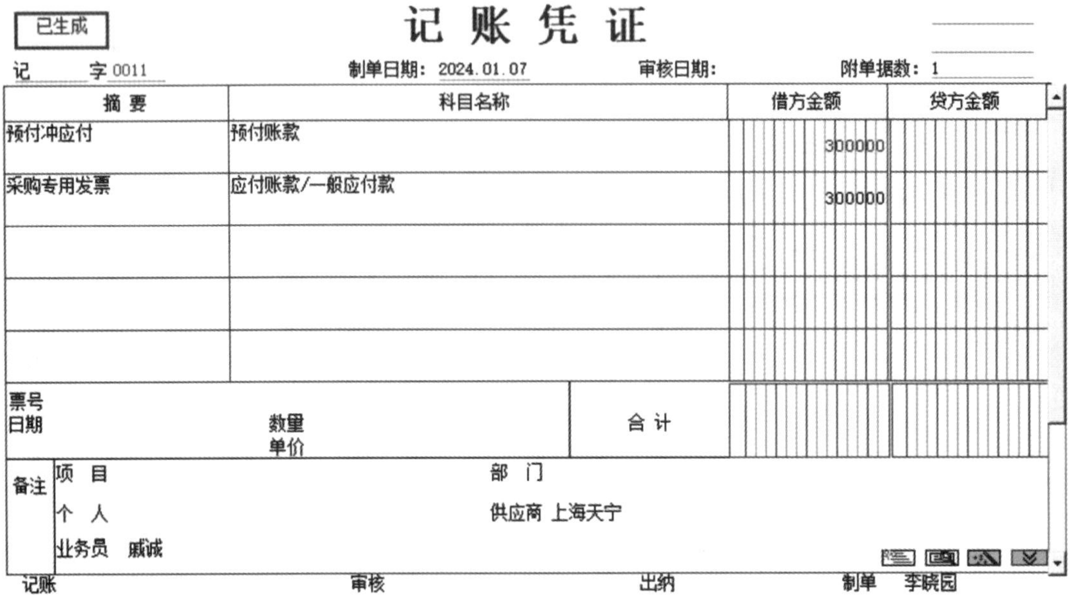

已生成	记 账 凭 证			
记 字 0011		制单日期:2024.01.07	审核日期:	附单据数:1
摘 要	科目名称		借方金额	贷方金额
预付冲应付	预付账款		300000	
采购专用发票	应付账款/一般应付款			300000

票号 日期   数量 单价   合 计

备注   项 目   部 门
     个 人   供应商 上海天宁
     业务员 戚诚

记账   审核   出纳   制单 李晓园

图4-98 【记账凭证】窗口

10. 核算采购成本

(1) 2024年1月7日,W02财务部李晓园登录企业应用平台,点击【业务工作】|【供应链】|【存货核算】|【业务核算】|【正常单据记账】,打开【查询条件选择】窗口。

(2) 点击【确定】按钮,打开【正常单据记账列表】窗口,点击【全选】按钮,如图4-99所示。

正常单据记账列表

选择	日期	单据号	存货编码	存货名称	规格型号	存货代码	单据类型	仓库名称
Y	2024-01-07	0000000005	0103	长袖女士T恤			采购入库单	运动T恤库
Y	2024-01-07	0000000005	0104	长袖男士T恤			采购入库单	运动T恤库
小计								

图4-99 【正常单据记账列表】窗口

(3) 点击【记账】按钮,系统提示"记账成功",点击【确定】按钮。

(4) 点击【财务核算】|【生成凭证】,打开【生成凭证】窗口,点击【选择】按钮,打开【查询条件】窗口。

(5) 点击【确定】按钮,打开【未生成凭证单据一览表】窗口。

(6) 点击【选择】或【全选】按钮,点击【确定】按钮,返回【生成凭证】窗口,如图4-100所示。

(7) 点击【生成】按钮,生成一张记账凭证,点击【保存】按钮,如图4-101所示。

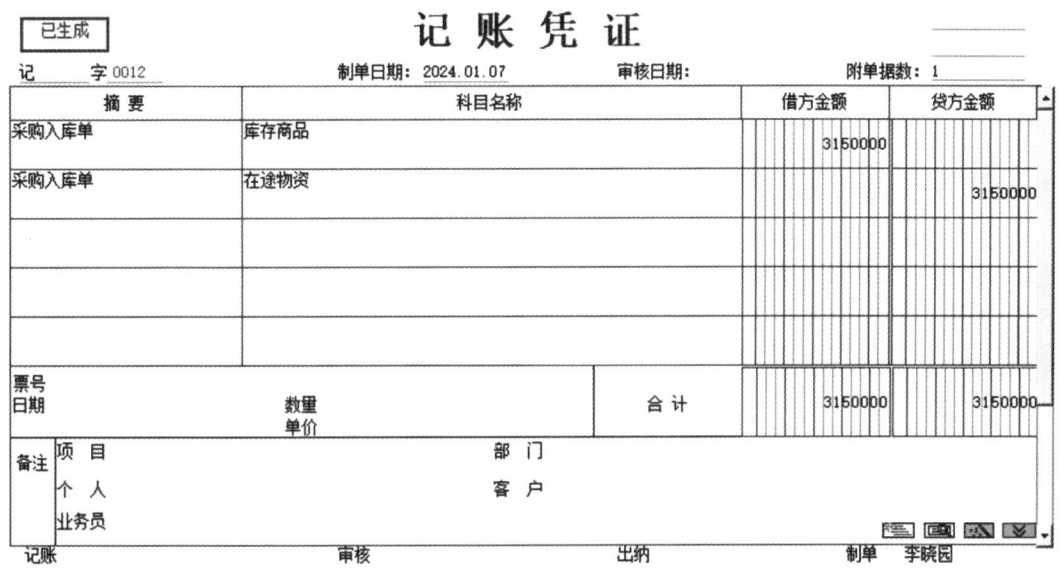

图 4-100 【生成凭证】窗口

图 4-101 【记账凭证】窗口

五、分批到货及采购运费业务

1. 采购系统中的运费发票

运费主要是指企业向供货单位或提供劳务单位支付的代垫款项、运输装卸费、手续费、违约金(延期付款利息)、包装费、包装物租金、储备费、进口关税等。

用友 U8 系统中运费发票的默认税率为 7%,可修改。交通运输行业一般纳税人增值税税率为 9%,小规模纳税人增值税税率为 3%。针对以上情况,可在用友 U8 系统中将税率为 9% 运费和税率为 3% 运费建立存货档案,使用用友 U8 系统中的采购专用发票的处理方式处理即可。

若运输劳务由货物供应商同时提供,则填制发票时,表头的"供应商""代垫单位"均为货物供应商;若运输劳务由第三方运输单位提供,则填制发票时,表头的"供应商""代垫单位"均为第三方运输单位;若运输劳务由第三方运输单位提供,但是合同约定由货物供应商先行垫付,则填制发票时,"供应商"填运输单位,"代垫单位"填货物供应商。

2. 采购运费如何计入存货成本

如果运费发票和货物发票同期到达,可以通过手工结算将货物发票、运费发票与采购入库单一起结算,从而将采购运费计入采购成本。

如果在货物发票与采购入库单已经结算完成后才收到运费发票,可以采用运费发票单独结算的方式将运费计入采购入库成本。

【业务4-5】 2024年1月8日,采购部戚诚与南通安力户外用品有限公司签订采购合同。取得相关业务凭证如图4-102和图4-103所示。

2024年1月9日,收到第二批货物及采购发票、运费发票。取得相关业务凭证如图4-104至图4-106所示。

2024年1月10日,支付货款及代垫运费。取得相关业务凭证如图4-107所示。

业务4-5
分批到货及
采购运费业务

购销合同

供货方:南通安力户外用品有限公司　　　　　　　　　合同号:CG0005
购买方:南通力宝美运动服饰有限公司　　　　　　　　签订日期:2024年01月08日

为保护买卖双方的合法权益,买卖双方根据《中华人民共和国民法典》合同编的有关规定,经友好协商,一致同意签订本合同并共同遵守:

一、货物名称、数量及金额。

金额单位:元

序号	货物名称	数量(件)	单价(不含税)	金额(不含税)	税率	税额
1	长袖印花T恤	300	60.00	18 000.00	13%	2 340.00
2	短袖印花T恤	300	52.00	15 600.00	13%	2 028.00
	合计			¥33 600.00		¥4 368.00

二、合同总金额:人民币叁万柒仟玖佰陆拾捌元整。
三、付款日期:2024年01月10日。
四、交货日期:供货方于01月08日、09日分两次各发出一半商品。
五、结算方式:电汇。
六、交货地点:南通市崇川区南宁路8号南通安力户外用品有限公司。
七、发运方式:公路运输,运费由购买方承担,供货方代垫。
八、本合同一式贰份,供需双方各执壹份。本合同自双方签字盖章后生效,至本合同全部条款执行完毕后失效。

供货方(盖章):南通安力户外用品有限公司　　　　购买方(盖章):南通力宝美运动服饰有限公司
地址:南通市崇川区南宁路8号　　　　　　　　　　地址:南通市崇川区三香路668号
授权代表:张聪　　　　　　　　　　　　　　　　　授权代表:陈力宝
联系电话:0513-90707678　　　　　　　　　　　　联系电话:0513-85358899

图4-102 【业务4-5】购销合同

入 库 单

供应商：南通安力户外用品有限公司　　　2024年01月08日　　　　　　　　　编号：0005

验收仓库	存货编码	存货名称	单位	数量 应收	数量 实收	单价	金额	备注
运动T恤库	0107	长袖印花T恤	件	150	150			
运动T恤库	0108	短袖印花T恤	件	150	150			
		合计		300	300			

部门经理：略　　　　　会计：略　　　　　仓库：略　　　　　经办人：略

图 4-103 【业务 4-5】入库单 1

电子发票（增值税专用发票）

发票号码：17510766
开票日期：2024年01月09日

购买方信息	名称：南通力宝美运动服饰有限公司 统一社会信用代码/纳税人识别号：91320623400105378A	销售方信息	名称：南通安力户外用品有限公司 统一社会信用代码/纳税人识别号：913101145762751766

项目名称	单位	数量	单价	金额	税率/征收率	税额
*长袖印花T恤	件	300	60.00	18000.00	13%	2340.00
*短袖印花T恤	件	300	52.00	15600.00	13%	2028.00
合　计				¥33600.00		¥4368.00
价税合计（大写）	⊗叁万柒仟玖佰陆拾捌元整			（小写）¥37968.00		
备注						

开票人：略

图 4-104 【业务 4-5】增值税专用发票

电子发票（增值税专用发票）

发票号码：17207888
开票日期：2024年01月09日

购买方信息	名称：南通力宝美运动服饰有限公司 统一社会信用代码/纳税人识别号：91320623400105378A	销售方信息	名称：南通东林物流集团有限公司 统一社会信用代码/纳税人识别号：91320600138302001B

项目名称	单位	数量	单价	金额	税率/征收率	税额
*运输费				600.00	9%	54.00
合　计				¥600.00		¥54.00

价税合计（大写）	⊗陆佰伍拾肆元整	（小写）¥654.00

备注	

开票人：略

图4-105 【业务4-5】运费发票

入 库 单

供应商：南通安力户外用品有限公司　　2024年01月09日　　编号：0006

验收仓库	存货编码	存货名称	单位	数量 应收	数量 实收	单价	金额	备注
运动T恤库	0107	长袖印花T恤	件	150	150			
运动T恤库	0108	短袖印花T恤	件	150	150			
		合计		300	300			

部门经理：略　　会计：略　　仓库：略　　经办人：略

图4-106 【业务4-5】入库单2

图4-107 【业务4-5】电汇凭证

操作步骤

1. 填制采购订单

(1) 2024年1月8日,G01采购部戚诚登录企业应用平台,点击【业务工作】|【供应链】|【采购管理】|【采购订货】|【采购订单】,打开【采购订单】窗口。

(2) 点击【增加】,在表头【订单编号】录入:CG0005,【采购类型】选择:正常采购,【供应商】选择:南通安力,税率修改为13,【部门】:采购部,【业务员】:戚诚;在表体第一行【存货编码】录入:0107,【数量】录入:150,【原币单价】录入:60,【计划到货日期】为:2024-01-08,依此方法录入第2行、第3行、第4行信息,点击【保存】按钮。

(3) 点击【审核】按钮,审核填制的采购订单,如图4-108所示。

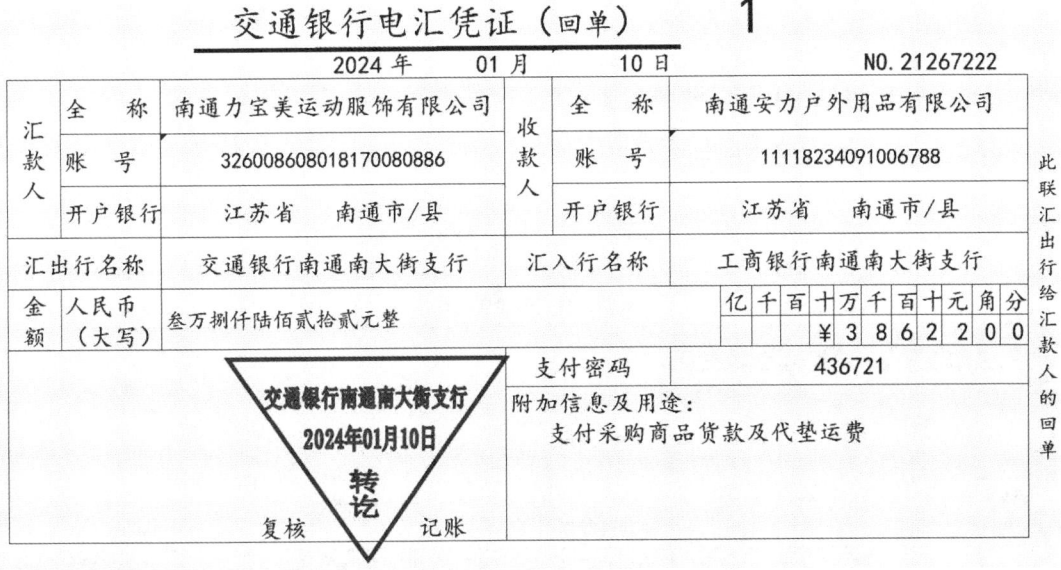

图4-108 【采购订单】窗口

2. 生成第一批货物的采购到货单

(1) 2024年1月8日,G01采购部戚诚登录企业应用平台,点击【业务工作】|【供应链】|【采

购管理】|【采购到货】|【到货单】,打开【到货单】窗口。

(2) 点击【增加】|【生单】|【采购订单】,打开【查询条件选择-采购订单列表过滤】窗口,点击【确定】按钮。

(3) 系统自动弹出【拷贝并执行】窗口,选择要拷贝的采购订单表体中前两行,如图 4-109 所示,点击【确定】按钮,系统自动生成采购到货单,点击【保存】按钮。

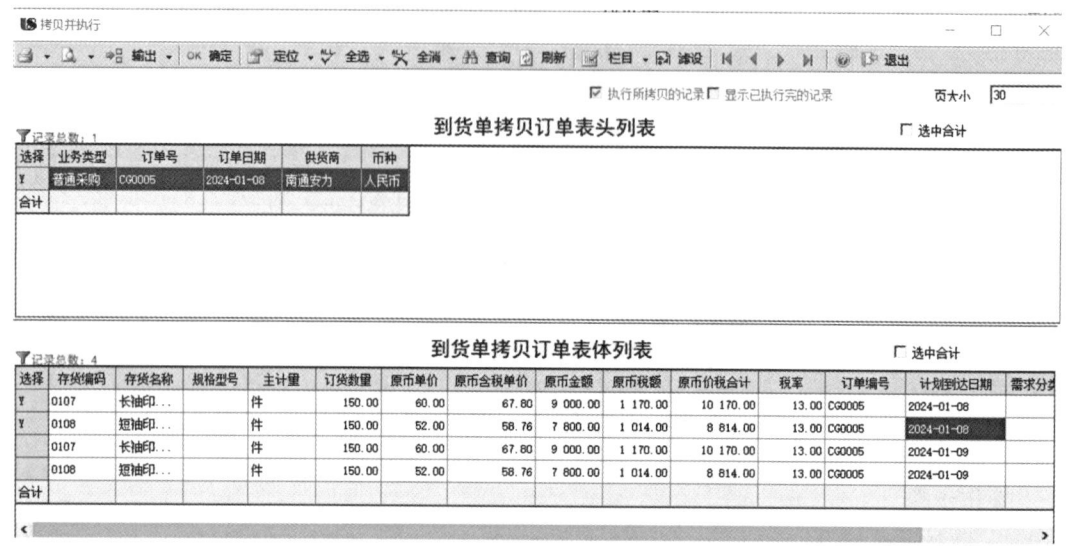

图 4-109 【拷贝并执行】窗口

(4) 点击【审核】按钮,根据采购订单生成的采购到货单如图 4-110 所示。

图 4-110 到货单——第一批货物

3. 生成第一批货物的采购入库单

(1) 2024 年 1 月 8 日,C01 仓管部李军钧登录企业应用平台,点击【业务工作】|【供应链】|【库存管理】|【入库业务】|【采购入库单】窗口,打开【采购入库单】窗口。

(2) 点击【生单】|【采购到货单(蓝字)】,打开【查询条件选择-采购到货单列表】窗口,点击【确定】按钮。

(3) 系统自动弹出【到货单生单列表】窗口,选择相应的到货单生单表头,点击【确定】按钮,系统自动生成采购入库单,【仓库】选择:运动 T 恤库,点击【保存】按钮。

(4) 点击【审核】按钮,如图 4-111 所示。

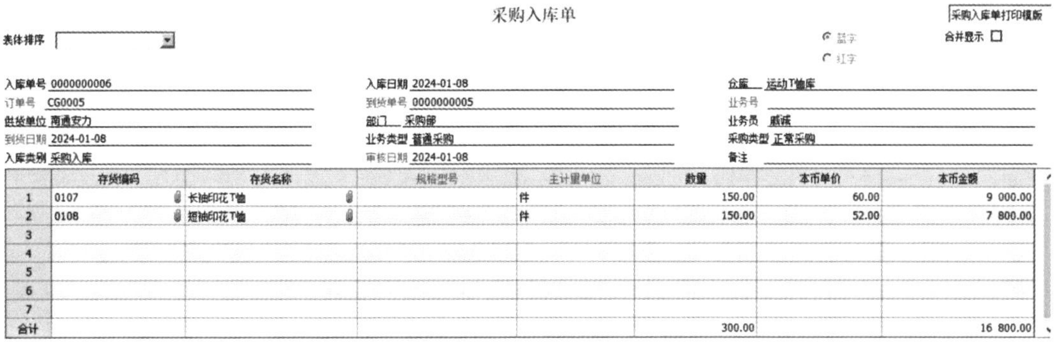

采购入库单

采购入库单打印模版

表体排序

蓝字　红字　合并显示

入库单号 0000000006　入库日期 2024-01-08　仓库 运动T恤库
订单号 CG0005　到货单号 0000000005　业务号
供货单位 南通安力　部门 采购部　业务员 戚诚
到货日期 2024-01-08　业务类型 普通采购　采购类型 正常采购
入库类别 采购入库　审核日期 2024-01-08　备注

	存货编码	存货名称	规格型号	主计量单位	数量	本币单价	本币金额
1	0107	长袖印花T恤		件	150.00	60.00	9 000.00
2	0108	短袖印花T恤		件	150.00	52.00	7 800.00
3							
4							
5							
6							
7							
合计					300.00		16 800.00

图 4-111　采购入库单——第一批货物

4. 生成第二批货物的采购到货单

(1) 2024 年 1 月 9 日,G01 采购部戚诚登录企业应用平台,点击【业务工作】|【供应链】|【采购管理】|【采购到货】|【到货单】,打开【采购到货单】窗口。

(2) 点击【增加】|【生单】|【采购订单】,打开【查询条件选择-采购订单列表过滤】窗口,点击【确定】按钮。

(3) 系统自动弹出【拷贝并执行】窗口,选择要拷贝的采购订单,如图 4-112 所示,点击【确定】按钮,系统自动生成采购到货单,点击【保存】|【审核】按钮。

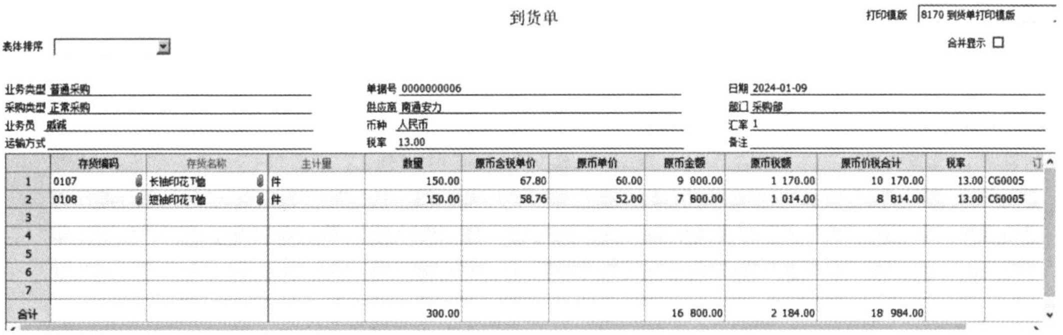

到货单

打印模版 8170 到货单打印模版

表体排序

合并显示

业务类型 普通采购　单据号 0000000006　日期 2024-01-09
采购类型 正常采购　供应商 南通安力　部门 采购部
业务员 戚诚　币种 人民币　汇率 1
运输方式　税率 13.00　备注

	存货编码	存货名称	主计量	数量	原币含税单价	原币单价	原币金额	原币税额	原币价税合计	税率	订
1	0107	长袖印花T恤	件	150.00	67.80	60.00	9 000.00	1 170.00	10 170.00	13.00	CG0005
2	0108	短袖印花T恤	件	150.00	58.76	52.00	7 800.00	1 014.00	8 814.00	13.00	CG0005
3											
4											
5											
6											
7											
合计				300.00			16 800.00	2 184.00	18 984.00		

图 4-112　到货单——第二批货物

5. 生成第二批货物的采购入库单

(1) 2024 年 1 月 9 日,C01 仓管部李军钧登录企业应用平台,点击【业务工作】|【供应链】|【库存管理】|【入库业务】|【采购入库单】,打开【采购入库单】窗口。

(2) 点击【生单】|【采购到货单(蓝字)】,打开【查询条件选择-采购到货单列表】窗口,点击【确定】按钮。

(3) 系统自动弹出【到货单生单列表】窗口,选择相应的到货单生单表头,点击【确定】按钮,系统自动生成采购入库单,【仓库】选择:运动 T 恤库,点击【保存】按钮。

(4) 点击【审核】按钮,如图 4-113 所示。

6. 填制采购专用发票

(1) 2024 年 1 月 9 日,G01 采购部戚诚登录企业应用平台,点击【业务工作】|【供应链】|【采

图 4-113 采购入库单—第二批货物

购管理】|【采购发票】|【专用采购发票】,打开【专用发票】窗口。

(2) 点击【增加】|【生单】|【入库单】,打开【查询条件选择-采购入库单列表过滤】窗口,点击【确定】按钮。

(3) 系统自动弹出【拷贝并执行】窗口,选择要拷贝的第一批次和第二批次的采购入库单,点击【确定】按钮,系统自动生成采购专用发票,【发票号】录入:17510766,点击【保存】按钮,如图 4-114 所示。

图 4-114 【专用发票】窗口

7. 填制运费专用发票

(1) 2024 年 1 月 9 日,G01 采购部戚诚登录企业应用平台,点击【业务工作】|【供应链】|【采购管理】|【采购发票】|【专用采购发票】,打开【专用发票】窗口。

(2) 点击【增加】按钮,【发票号】录入:17207888,【供应商】选择:东林物流,【代垫单位】选择:南通安力,【存货名称】录入:运输费,【原币金额】录入:600,单击【保存】按钮,如图 4-115 所示。

8. 采购结算(手工结算)

(1) 2024 年 1 月 9 日,G01 采购部戚诚登录企业应用平台,点击【业务工作】|【供应链】|【采购管理】|【采购结算】|【手工结算】,打开【手工结算】窗口。

(2) 点击【选单】按钮,打开【结算选单】窗口,点击【查询】按钮,打开【查询条件选择-采购手工结算】窗口,点击【确定】按钮,选择相应的采购发票和入库单,如图 4-116 所示。

图 4-115 【运费专用发票】窗口

图 4-116 【结算选单】窗口

(3) 点击【确定】按钮,系统回到【手工结算】窗口,如图 4-117 所示。

图 4-117 【手工结算】窗口

(4) 点击【分摊】按钮,系统弹出"选择按金额分摊,是否开始计算?"提示框,点击【是】按钮,系统弹出“费用分摊(按金额)完毕,请检查”,点击【确定】按钮。

(5) 点击【结算】按钮,系统弹出“费用列表中有折扣或费用属性的存货信息,在结算前请确认是否进行了分摊。是否继续?”提示框,点击【是】按钮,系统显示“完成结算”。

提示:

⊙运费发票只能手工录入。

⊙采购入库单、运费发票与采购发票之间只能通过手工结算完成采购结算。

⊙采购运费可以按金额分摊,也可以按数量分摊。

9. 应付单据审核与制单

(1) 2024 年 1 月 9 日,W02 财务部李晓园登录企业应用平台,点击【业务工作】|【财务会计】|【应付款管理】|【应付单据处理】|【应付单据审核】,打开【应付单据查询条件】窗口。

(2) 点击【确定】按钮,进入【应付单据列表】窗口,点击【全选】按钮,点击【审核】按钮,如图 4-118 所示。

应付单据列表

记录总数: 2

选择	审核人	单据日期	单据类型	单据号	供应商名称	部门	业务员	制单人	币种	汇率	原币金额
	李晓园	2024-01-09	采购专...	17207888	南通安力户外用品有限公司	采购部	戚诚	戚诚	人民币	1.00000000	654.00
	李晓园	2024-01-09	采购专...	17510766	南通安力户外用品有限公司	采购部	戚诚	戚诚	人民币	1.00000000	37 968.00
合计											38 622.00

图 4-118 【应付单据列表】窗口

(3) 点击【制单处理】按钮,打开【制单查询】窗口,勾选【发票制单】。

(4) 点击【确定】按钮,打开【采购发票制单】窗口,选择要制单的两张采购专用发票,如图 4-119 所示。

采购发票制单

凭证类别 记账凭证　　制单日期 2024-01-09　　共 2 条

选择标志	凭证类别	单据类型	单据号	日期	供应商编码	供应商名称	部门	业务员	金额
1	记账凭证	采购专...	17207888	2024-01-09	004	南通安...	采购部	戚诚	654.00
2	记账凭证	采购专...	17510766	2024-01-09	004	南通安...	采购部	戚诚	37 968.00

图 4-119 【采购发票制单】窗口

(5) 点击【制单】按钮,生成两张凭证,点击【保存】按钮,凭证上出现“已生成”字样,如图 4-120 和图 4-121 所示。

10. 核算采购成本

(1) 2024 年 1 月 9 日,W02 财务部李晓园登录企业应用平台,点击【业务工作】|【供应链】|【存货核算】|【业务核算】|【正常单据记账】,打开【查询条件选择】窗口。

(2) 点击【确定】按钮,打开【正常单据记账列表】窗口,点击【全选】按钮,如图 4-122 所示。

图 4-120 【记账凭证】窗口

图 4-121 【记账凭证】窗口

(3) 点击【记账】按钮,系统提示"记账成功",点击【确定】按钮。

(4) 点击【财务核算】|【生成凭证】,打开【生成凭证】窗口,点击【选择】按钮,打开【查询条件】窗口。

	正常单据记账列表							
选择	日期	单据号	存货编码	存货名称	单据类型	仓库名称	收发类别	数量	单价
Y	2024-01-08	0000000006	0107	长袖印花T恤	采购入库单	运动T恤库	采购入库	150.00	61.07
Y	2024-01-08	0000000006	0108	短袖印花T恤	采购入库单	运动T恤库	采购入库	150.00	52.93
Y	2024-01-09	0000000007	0107	长袖印花T恤	采购入库单	运动T恤库	采购入库	150.00	61.07
Y	2024-01-09	0000000007	0108	短袖印花T恤	采购入库单	运动T恤库	采购入库	150.00	52.93
小计								600.00	

图 4-122 【正常单据记账列表】窗口

(5) 点击【确定】按钮,打开【未生成凭证单据一览表】窗口。

(6) 点击【全选】按钮,点击【确定】按钮,返回【生成凭证】窗口,如图 4-123 所示。

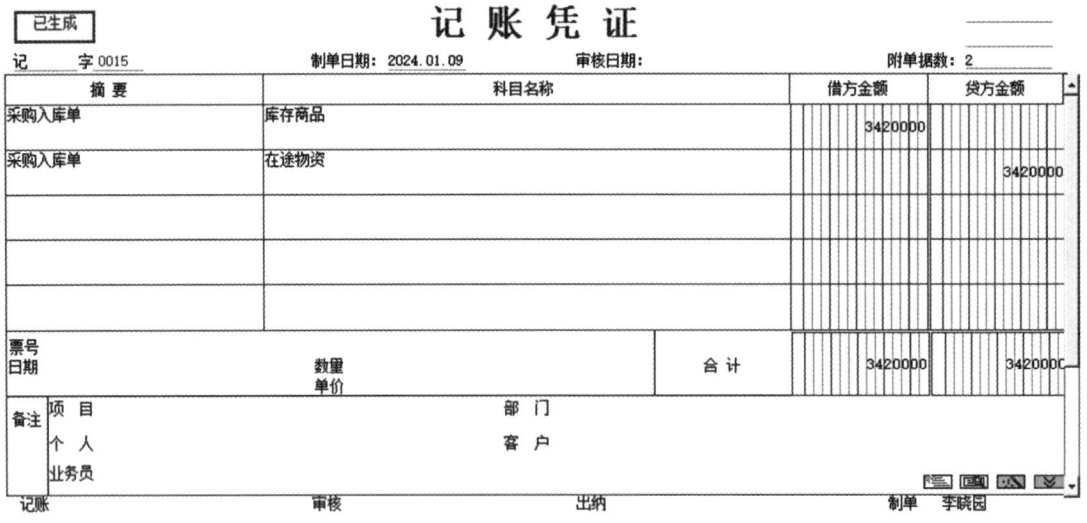

图 4-123 【生成凭证】窗口

(7) 点击【合成】按钮,生成一张记账凭证,点击【保存】按钮,如图 4-124 所示。

图 4-124 【记账凭证】窗口

11. 填制付款单

(1) 2024 年 1 月 10 日,W03 财务部王明涛登录企业应用平台,点击【业务工作】|【财务

会计】|【应付款管理】|【付款单据处理】|【付款单据录入】,打开【付款单】窗口。

(2) 点击【增加】按钮,录入电汇单的相关信息,点击【保存】按钮,如图 4-125 所示。

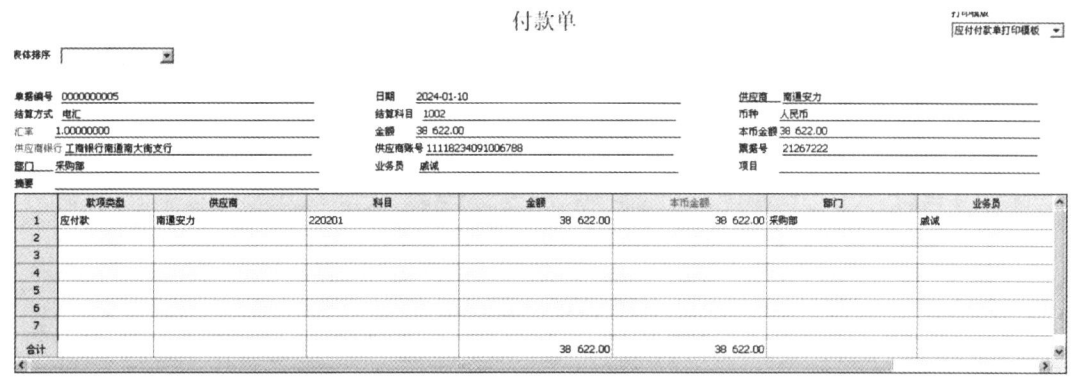

图 4-125 【付款单】窗口

12. 付款单据审核与制单

(1) 2024 年 1 月 10 日,W02 财务部李晓园登录企业应用平台,点击【业务工作】|【财务会计】|【应付款管理】|【付款单据处理】|【付款单据审核】,打开【付款单据查询条件】窗口。

(2) 点击【确定】按钮,打开【收付款单列表】窗口,双击【选择】栏,如图 4-126 所示。

收付款单列表

选择	审核人	单据日期	单据类型	单据编号	供应商	部门	业务员	结算方式	票据号	原币金额
Y		2024-01-10	付款单	0000000005	南通安力户外用品有限公司	采购部	戚诚	电汇	21267222	38 622.00
合计										38 622.00

图 4-126 【收付款单列表】窗口

(3) 点击【审核】按钮,弹出提示窗口完成审核,点击【确定】按钮。

(4) 点击【核销处理】|【手工核销】,打开【核销条件】窗口,【供应商】选择:南通安力,点击【确定】按钮,打开【单据核销】窗口,【本次结算】分别输入:654 和 37 968,如图 4-127 所示,点击【保存】按钮。

单据日期	单据类型	单据编号	供应商	款项...	结算方式	币种	汇率	原币金额	原币余额	本次结算	订单号
2024-01-10	付款单	0000000005	南通安力	应付款	电汇	人民币	1.00000000	38 622.00	38 622.00	38 622.00	
合计									38 622.00	38 622.00	

单据日期	单据类型	单据编号	到期日	供应商	币种	原币金额	原币余额	可享受折扣	本次折扣	本次结算	订单号
2024-01-09	采购专...	17207888	2024-01-09	南通安力	人民币	654.00	654.00	0.00	0.00	654.00	
2024-01-01	采购专...	17510682	2024-01-01	南通安力	人民币	19 210.00	19 210.00	0.00			CG0001
2024-01-09	采购专...	17510766	2024-01-09	南通安力	人民币	37 968.00	37 968.00	0.00	0.00	37 968.00	CG0005
合计						57 832.00	57 832.00	0.00		38 622.00	

图 4-127 【单据核销】窗口

(5) 点击【制单处理】按钮,打开【制单查询】窗口,勾选【收付款单制单】和【核销制单】,点击【确定】按钮,打开【应付制单】窗口,点击【合并】按钮,如图 4-128 所示。

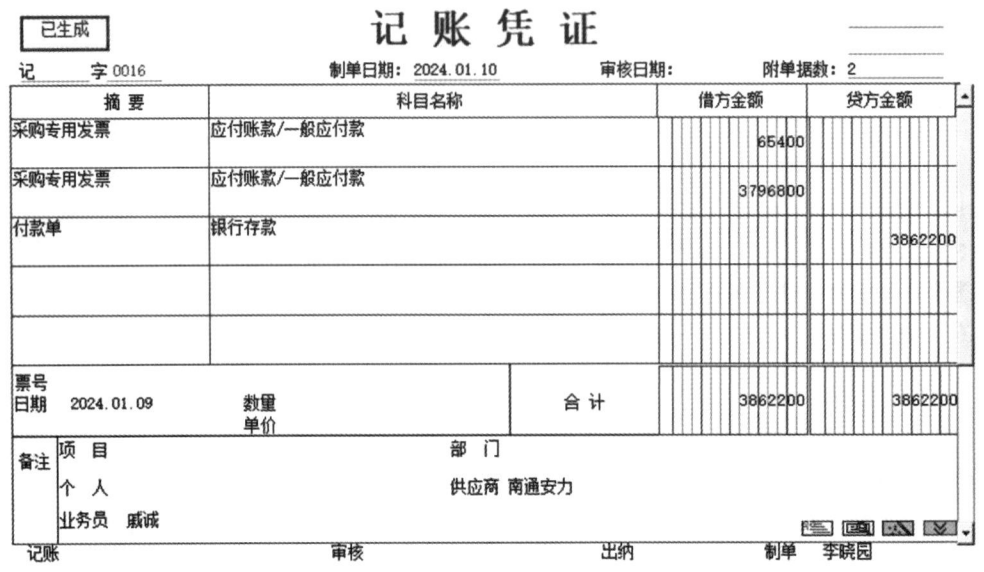

图 4-128 【应付制单】窗口

(6)点击【制单】按钮,生成一张凭证,点击【保存】按钮,如图 4-129 所示。

图 4-129 【记账凭证】窗口

六、合理损耗的采购业务

在企业的采购业务中,由于运输、装卸等原因,采购的货物会发生短缺毁损,企业应根据不同情况,进行相应的账务处理。采购入库单与采购发票结算时,如果采购入库单上的存货数量与采购发票上的存货数量不一致,即发生了存货的溢余或短缺。

若入库数量大于发票数量,需要在采购发票的附加栏"合理损耗数量""非合理损耗数量""非合理损耗金额"中输入溢余数量、溢余金额,且数量、金额均为负数。系统把多余货物按赠品处理,降低入库货物的单价。

若入库数量小于发票数量,需要分析是合理损耗还是非合理损耗。如果确定其为合理损耗,则直接记入采购成本,即相应提高入库货物的单位成本。如果确定为非合理损耗,则根据事先定义的非合理损耗类型进行核算处理。结算时,在发票的附加栏"合理损耗数量""非合理损耗数量""非合理损耗金额"中输入短缺数量、短缺金额,数量、金额均为正数。

总之,采购结算时,入库货物的发票数量=结算数量+合理损耗数量+非合理损耗数量。

业务 4-6
合理损耗的
采购业务

【业务 4-6】 2024 年 1 月 11 日,采购部戚诚与上海奥悦体育用品有限公司签订采购合同。取得与该业务相关的凭证如图 4-130 所示。

2024年1月12日,收到上海奥悦体育用品有限公司发来货物及发票,验收过程中发现2件短袖女士T恤毁损,属于合理损耗。取得与该业务相关的凭证如图4-131和图4-132所示。

购销合同

供货方:上海奥悦体育用品有限公司　　　　　　合同号:CG0006
购买方:南通力宝美运动服饰有限公司　　　　　签订日期:2024年01月11日

为保护买卖双方的合法权益,买卖双方根据《中华人民共和国民法典》合同编的有关规定,经友好协商,一致同意签订本合同并共同遵守:

一、货物名称、数量及金额。

金额单位:元

序号	货物名称	数量(件)	单价(不含税)	金额(不含税)	税率	税额
1	短袖女士T恤	350	40.00	14 000.00	13%	1 820.00
2	短袖男士T恤	350	45.00	15 750.00	13%	2 047.50
	合计			¥29 750.00		¥3 867.50

二、合同总金额:人民币叁万叁仟陆佰壹拾柒元伍角。
三、付款时间:2024年02月10日。
四、交货日期:2024年01月12日。
五、交货地点:上海市长宁区昭化路66号,上海奥悦体育用品有限公司。
六、发运方式:公路运输,运费由销售方承担。
七、合理损耗和计算方法:以供货方提供的发货清单上的数量结算,由购买方进行复检,合理损耗为1%,超过该范围,双方协商解决。
八、本合同一式贰份,供需双方各执壹份。本合同自双方签字盖章后生效,至本合同全部条款执行完毕后失效。

供货方(盖章):上海奥悦体育用品有限公司　　购买方(盖章):南通力宝美运动服饰有限公司
地址:上海市长宁区昭化路66号　　　　　　　 地址:南通市崇川区三香路668号
授权代表:李道平　　　　　　　　　　　　　 授权代表:陈力宝
联系电话:021-93231314　　　　　　　　　　 联系电话:0513-85358899

图4-130　【业务4-6】购销合同

电子发票(增值税专用发票)

发票号码:44788377
开票日期:2024年01月12日

购买方信息　名称:南通力宝美运动服饰有限公司
统一社会信用代码/纳税人识别号:91320623400105378A

销售方信息　名称:上海奥悦体育用品有限公司
统一社会信用代码/纳税人识别号:91310000747635696P

项目名称	单位	数量	单价	金额	税率/征收率	税额
*短袖女士T恤	件	350	40.00	14000.00	13%	1820.00
*短袖男士T恤	件	350	45.00	15750.00	13%	2047.50
合　计				¥29750.00		¥3867.50

价税合计(大写):⊗叁万叁仟陆佰壹拾柒元伍角　　　　(小写)¥33617.50

备注:

开票人:略

图4-131　【业务4-6】增值税专用发票

入 库 单

供应商：上海奥悦体育用品有限公司　　2024年01月12日　　编号：0007

验收仓库	存货编码	存货名称	单位	数量		单价	金额	备注
				应收	实收			
运动T恤库	0105	短袖女士T恤	件	350	348			
运动T恤库	0106	短袖男士T恤	件	350	350			
合计				700	698			

会计联

部门经理：略　　会计：略　　仓库：略　　经办人：略

图 4-132 【业务 4-6】入库单

操作步骤

1. 填制采购订单

(1) 2024 年 1 月 11 日,G01 采购部戚诚登录企业应用平台,点击【业务工作】|【供应链】|【采购管理】|【采购订货】|【采购订单】,打开【采购订单】窗口。

(2) 点击【增加】,在表头【订单编号】录入:CG0006,【采购类型】选择:正常采购,【供应商】选择:上海奥悦,税率修改为 13,【部门】:采购部,【业务员】:戚诚;在表体第一行【存货编码】录入:0105,【数量】录入:350,【原币单价】录入:40,在表体第二行【存货编码】录入:0106,【数量】录入:350,【原币单价】录入:45,【计划到货日期】均为:2024-01-12,点击【保存】按钮。

(3) 点击【审核】按钮,审核填制的采购订单,如图 4-133 所示。

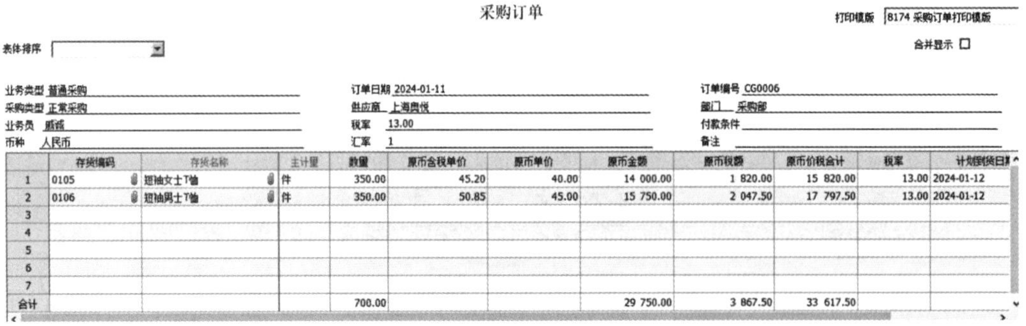
采购订单

打印模版 8174 采购订单打印模版

表体排序

合并显示 □

业务类型 普通采购　　订单日期 2024-01-11　　订单编号 CG0006

采购类型 正常采购　　供应商 上海奥悦　　部门 采购部

业务员 戚诚　　税率 13.00　　付款条件

币种 人民币　　汇率 1　　备注

	存货编码	存货名称	主计量	数量	原币含税单价	原币单价	原币金额	原币税额	原币价税合计	税率	计划到货日
1	0105	短袖女士T恤	件	350.00	45.20	40.00	14 000.00	1 820.00	15 820.00	13.00	2024-01-12
2	0106	短袖男士T恤	件	350.00	50.85	45.00	15 750.00	2 047.50	17 797.50	13.00	2024-01-12
3											
4											
5											
6											
7											
合计				700.00			29 750.00	3 867.50	33 617.50		

图 4-133 【采购订单】窗口

2. 生成采购到货单

(1) 2024 年 1 月 12 日,G01 采购部戚诚登录企业应用平台,点击【业务工作】|【供应链】|【采购管理】|【采购到货】|【到货单】,打开【采购到货单】窗口。

(2) 点击【增加】|【生单】|【采购订单】,打开【查询条件选择-采购订单列表过滤】窗口,点击【确定】按钮。

(3) 系统自动弹出【拷贝并执行】窗口,选择要拷贝的采购订单,点击【确定】按钮,系统自动生成采购到货单,点击【保存】按钮。

(4) 点击【审核】按钮。根据采购订单生成的采购到货单如图 4-134 所示。

3. 生成采购入库单

(1) 2024 年 1 月 12 日,C01 仓管部李军钧登录企业应用平台,点击【业务工作】|【供应

图 4-134 【到货单】窗口

链】|【库存管理】|【入库业务】|【采购入库单】,打开【采购入库单】窗口。

(2) 点击【生单】|【采购到货单(蓝字)】,打开【查询条件选择-采购到货单列表】窗口,点击【确定】按钮。

(3) 系统自动弹出【到货单生单列表】窗口,选择相应的到货单生单表头,点击【确定】按钮,系统自动生成采购入库单,【仓库】选择:运动 T 恤库,修改短袖女士 T 恤的数量为"348",点击【保存】按钮。

(4) 点击【审核】按钮,如图 4-135 所示。

图 4-135 【采购入库单】窗口

4. 填制采购专用发票

(1) 2024 年 1 月 12 日,G01 采购部戚诚登录企业应用平台,点击【业务工作】|【供应链】|【采购管理】|【采购发票】|【专用采购发票】,打开【专用发票】窗口。

(2) 点击【增加】|【生单】|【订单】,打开【查询条件选择-采购订单列表过滤】窗口,点击【确定】按钮。

(3) 系统自动弹出【拷贝并执行】窗口,选择要拷贝的采购订单,点击【确定】按钮,系统自动生成采购专用发票,【发票号】录入:44788377,点击【保存】按钮,如图 4-136 所示。

5. 采购结算(手工结算)

(1) 2024 年 1 月 12 日,G01 采购部戚诚登录企业应用平台,点击【业务工作】|【供应链】|【采购管理】|【采购结算】|【手工结算】,打开【手工结算】窗口。

图 4-136 【专用发票】窗口

(2) 点击【选单】按钮,打开【结算选单】窗口,点击【查询】按钮,打开【查询条件选择-采购手工结算】窗口,点击【确定】按钮,选择相应的采购发票和入库单,如图 4-137 所示。

图 4-137 【结算选单】窗口

(3) 点击【确定】按钮,系统回到【手工结算】窗口,输入合理损耗数量为"2",如图 4-138 所示。

图 4-138 【结算汇总】窗口

(4)点击【结算】按钮,系统提示"完成结算"。

6. 应付单据审核与制单

(1) 2024年1月12日,W02财务部李晓园登录企业应用平台,点击【业务工作】|【财务会计】|【应付款管理】|【应付单据处理】|【应付单据审核】,打开【应付单据查询条件】窗口。

(2)点击【确定】按钮,进入【应付单据列表】窗口,双击【选择】栏,点击【审核】按钮,如图4-139所示。

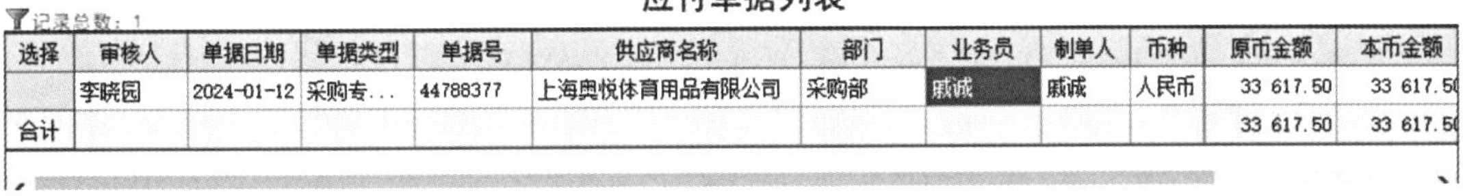

应付单据列表

选择	审核人	单据日期	单据类型	单据号	供应商名称	部门	业务员	制单人	币种	原币金额	本币金额
	李晓园	2024-01-12	采购专...	44788377	上海奥悦体育用品有限公司	采购部	戚诚	戚诚	人民币	33 617.50	33 617.50
合计										33 617.50	33 617.50

图4-139 【应付单据列表】窗口

(3)点击【制单处理】按钮,打开【制单查询】窗口,勾选【发票制单】。

(4)点击【确定】按钮,打开【采购发票制单】窗口,选择要制单的采购专用发票。

(5)点击【制单】按钮,生成一张凭证,点击【保存】按钮,凭证上出现"已生成"字样,如图4-140所示。

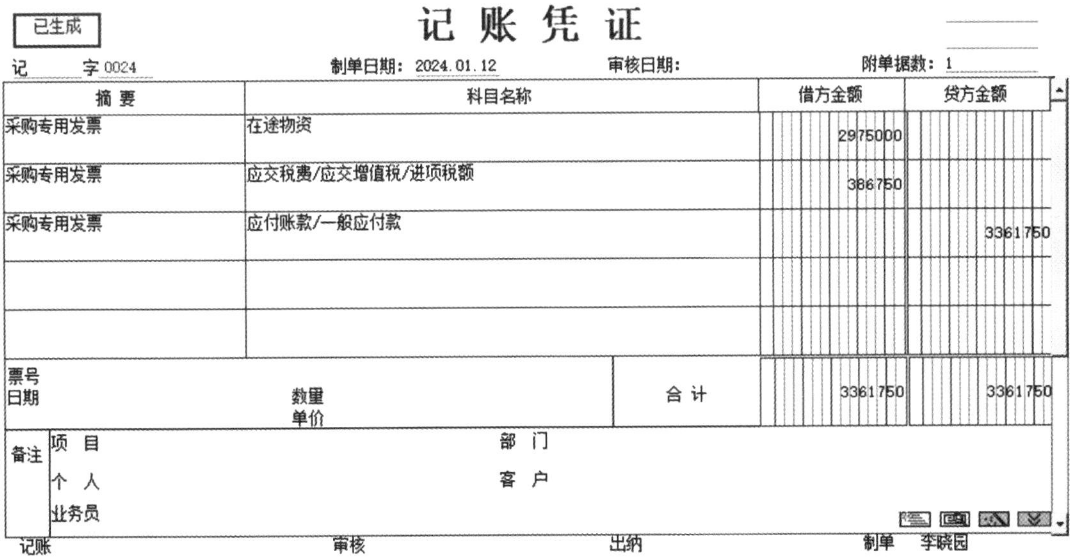

记 账 凭 证

已生成

记 字 0024　　制单日期:2024.01.12　　审核日期:　　附单据数:1

摘要	科目名称	借方金额	贷方金额
采购专用发票	在途物资	2975000	
采购专用发票	应交税费/应交增值税/进项税额	386750	
采购专用发票	应付账款/一般应付款		3361750
票号 日期	数量 单价	合计 3361750	3361750
备注	项目 部门 个人 客户 业务员		

记账　　　　　　审核　　　　　　出纳　　　　　　制单 李晓园

图4-140 【记账凭证】窗口

7. 核算采购成本

(1) 2024年1月12日,W02财务部李晓园登录企业应用平台,点击【业务工作】|【供应链】|【存货核算】|【业务核算】|【正常单据记账】,打开【查询条件选择】窗口。

(2)点击【确定】按钮,打开【正常单据记账列表】窗口,点击【全选】按钮,如图4-141

所示。

选择	日期	单据号	存货编码	存货名称	规格型号	存货代码	单据类型	仓库名称	收发类别
Y	2024-01-12	0000000008	0105	短袖女士T恤			采购入库单	运动T恤库	采购入库
Y	2024-01-12	0000000008	0106	短袖男士T恤			采购入库单	运动T恤库	采购入库
小计									

图 4-141 【正常单据记账列表】窗口

(3) 点击【记账】按钮,系统提示"记账成功",点击【确定】按钮。

(4) 点击【财务核算】|【生成凭证】,打开【生成凭证】窗口,点击【选择】按钮,打开【查询条件】窗口。

(5) 点击【确定】按钮,打开【未生成凭证单据一览表】窗口。

(6) 点击【选择】或【全选】按钮,点击【确定】按钮,返回【生成凭证】窗口,如图 4-142 所示。

选择	单据类型	单据号	摘要	科目类型	科目编码	科目名称	借方金额	贷方金额	借方数量	贷方数量	科目方向	存货编码	存货名称	存货代码
1	采购入库单	0000000008	采购入…	存货	1405	库存商品	14 000.00		348.00		1	0105	短袖女…	
				对方	1402	在途物资		14 000.00		348.00	2	0105	短袖女…	
				存货	1405	库存商品	15 750.00		350.00		1	0106	短袖男…	
				对方	1402	在途物资		15 750.00		350.00	2	0106	短袖男…	
合计							29 750.00	29 750.00						

图 4-142 【生成凭证】窗口

(7) 点击【生成】按钮,生成一张记账凭证,点击【保存】按钮,凭证上出现"已生成"字样,如图 4-143 所示。

记 账 凭 证

已生成
记 字 0025 制单日期:2024.01.12 审核日期: 附单据数:1

摘 要	科目名称	借方金额	贷方金额
采购入库单	库存商品	2975000	
采购入库单	在途物资		2975000
票号 日期	数量 单价	合计 2975000	2975000
备注	项目 部门 个人 客户 业务员		

记账   审核   出纳   制单 李晓园

图 4-143 【记账凭证】窗口

七、非合理损耗的采购业务

非合理损耗是不可预知的、非正常的,这部分损失不得记入存货的成本,其进项税额要转出,这部分损失先在"待处理财产损溢"中归集,查明原因后再进行处理。

【业务 4-7】 2024 年 1 月 13 日,采购部戚诚与南通特伦布户外用品有限公司签订采购合同。相关业务单据如图 4-144 所示。

2024 年 1 月 14 日,收到南通特伦布户外用品有限公司发来货物及发票,验收过程中发现 5 件春秋款男士运动服毁损,属于运输部门责任,已承诺赔偿。当日电汇支付货款。相关业务单据如图 4-145 至图 4-147 所示。

业务 4-7 非合理损耗的采购业务

购销合同

供货方:南通特伦布户外用品有限公司 合同号:CG0007
购买方:南通力宝美运动服饰有限公司 签订日期:2024 年 01 月 13 日

为保护买卖双方的合法权益,买卖双方根据《中华人民共和国民法典》合同编的有关规定,经友好协商,一致同意签订本合同并共同遵守:

一、货物名称、数量及金额。

金额单位:元

序号	货物名称	数量(套)	单价(不含税)	金额(不含税)	税率	税额
1	春秋款女士运动服	300	130.00	39 000.00	13%	5 070.00
2	春秋款男士运动服	300	140.00	42 000.00	13%	5 460.00
	合计			¥81 000.00		¥10 530.00

二、合同总金额:人民币玖万壹仟伍佰叁拾元整。
三、付款日期:2024 年 01 月 14 日。
四、交货日期:2024 年 01 月 14 日。
五、结算方式:电汇,按发货清单结算。
六、交货地点:南通市城港八组,南通特伦布户外用品有限公司。
七、发运方式:公路运输,运费由销售方承担。
八、本合同一式贰份,供需双方各执壹份。本合同自双方签字盖章后生效,至合同全部条款执行完毕后失效。

供货方(盖章):南通特伦布户外用品有限公司 购买方(盖章):南通力宝美运动服饰有限公司
地址:南通市城港八组 地址:南通市崇川区三香路 668 号
授权代表:沈一峰 授权代表:陈力宝
联系电话:0513-97877689 联系电话:0513-85358899

图 4-144 【业务 4-7】购销合同

电子发票（增值税专用发票）					发票号码：41102733
					开票日期：2024年01月14日

购买方信息	名称：南通力宝美运动服饰有限公司		销售方信息	名称：南通特伦布户外用品有限公司	
	统一社会信用代码/纳税人识别号：91320623400105378A			统一社会信用代码/纳税人识别号：91320602675461219M	

项目名称	单位	数量	单价	金额	税率/征收率	税额
*春秋款女士运动服	套	300	130.00	39000.00	13%	5070.00
*春秋款女士运动服	套	300	140.00	42000.00	13%	5460.00
合　　计				¥81000.00		¥10530.00
价税合计（大写）	⊗玖万壹仟伍佰叁拾元整			（小写）¥91530.00		
备注						

开票人：略

图4-145　【业务4-7】增值税专用发票

入　库　单

供应商：南通特伦布户外用品有限公司　　　2024年1月14日　　　编号：0008

验收仓库	存货编码	存货名称	单位	数量		单价	金额	备注
				应收	实收			
运动套装库	0101	春秋款女士运动服	套	300	300			
运动套装库	0102	春秋款男士运动服	套	300	295			
		合计		600	595			

部门经理：略　　　会计：略　　　仓库：略　　　经办人：略

图4-146　【业务4-7】入库单

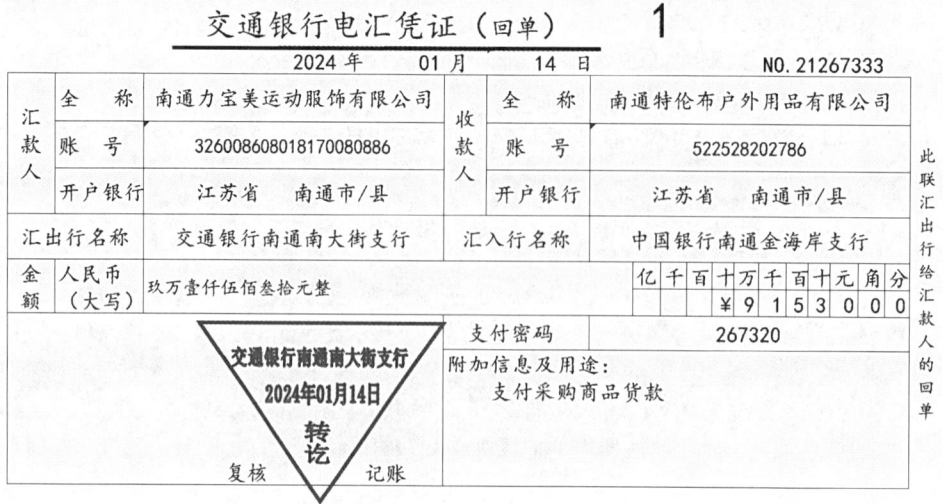

图4-147　【业务4-7】电汇凭证

操作步骤

1. 填制采购订单

（1）2024年1月13日，G01采购部戚诚登录企业应用平台，点击【业务工作】|【供应链】|【采购管理】|【采购订货】|【采购订单】，打开【采购订单】窗口。

（2）点击【增加】，在表头【订单编号】录入：CG0007，【采购类型】选择：正常采购，【供应商】选择：南通特伦布，税率修改为13，【部门】：采购部，【业务员】：戚诚；在表体第一行【存货编码】录入：0101，【数量】录入：300，【原币单价】录入：130，在表体第二行【存货编码】录入：0102，【数量】录入：300，【原币单价】录入：140，【计划到货日期】均为：2024-01-14，点击【保存】按钮。

（3）点击【审核】按钮，审核填制的采购订单，如图4-148所示。

图4-148 【采购订单】窗口

2. 生成采购到货单

（1）2024年1月14日，G01采购部戚诚登录企业应用平台，点击【业务工作】|【供应链】|【采购管理】|【采购到货】|【到货单】，打开【采购到货单】窗口。

（2）点击【增加】|【生单】|【采购订单】，打开【查询条件选择-采购订单列表过滤】窗口，点击【确定】按钮。

（3）系统自动弹出【拷贝并执行】窗口，选择要拷贝的采购订单，点击【确定】按钮，系统自动生成采购到货单，点击【保存】按钮。

（4）点击【审核】按钮。根据采购订单生成的采购到货单如图4-149所示。

图4-149 【到货单】窗口

3. 生成采购入库单

(1) 2024年1月14日,C01仓管部李军钧登录企业应用平台,点击【业务工作】|【供应链】|【库存管理】|【入库业务】|【采购入库单】,打开【采购入库单】窗口。

(2) 点击【生单】|【采购到货单(蓝字)】,打开【查询条件选择-采购到货单列表】窗口,点击【确定】按钮。

(3) 系统自动弹出【到货单生单列表】窗口,选择相应的到货单生单表头,点击【确定】按钮,系统自动生成采购入库单,【仓库】选择:运动套装库,修改春秋款男士运动服的数量为"295",点击【保存】按钮。

(4) 点击【审核】按钮,如图4-150所示。

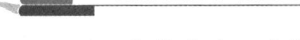

图4-150 【采购入库单】窗口

4. 填制采购专用发票

(1) 2024年1月14日,G01采购部戚诚登录企业应用平台,点击【业务工作】|【供应链】|【采购管理】|【采购发票】|【专用采购发票】,打开【专用发票】窗口。

(2) 点击【增加】|【生单】|【订单】,打开【查询条件选择-采购订单列表过滤】,点击【确定】按钮。

(3) 系统自动弹出【拷贝并执行】窗口,选择要拷贝的采购订单,点击【确定】按钮,系统自动生成采购专用发票,【发票号】录入:41102733,点击【保存】按钮,如图4-151所示。

图4-151 【专用发票】窗口

(4) 点击【现付】按钮,弹出【采购现付】窗口,【结算方式】选择:电汇,【原币金额】录入:

91 530.00,【票据号】录入:21267333,如图 4-152 所示。单击【确定】按钮,完成现付。

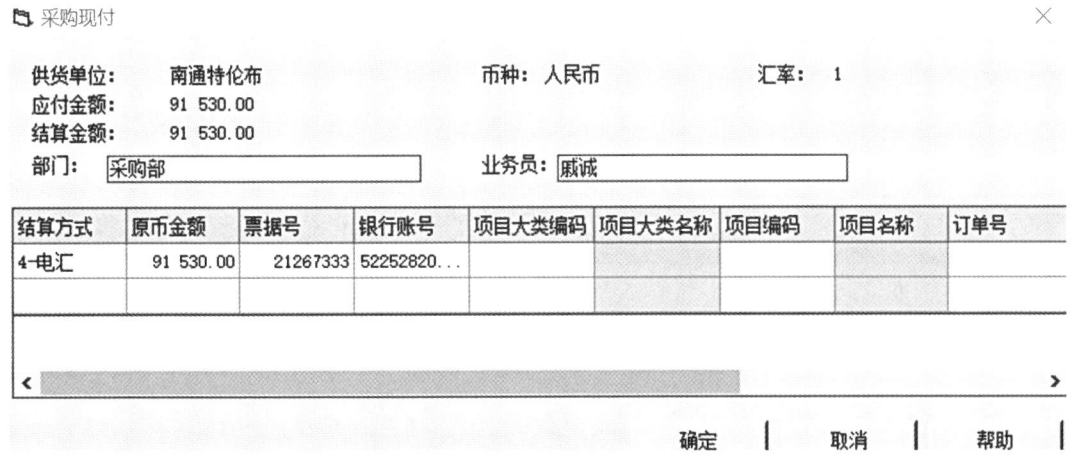

图 4-152 【采购现付】窗口

5. 采购结算

(1) 2024 年 1 月 14 日,G01 采购部戚诚登录企业应用平台,点击【业务工作】|【供应链】|【采购管理】|【采购结算】|【手工结算】,打开【手工结算】窗口。

(2) 点击【选单】按钮,打开【结算选单】窗口,点击【查询】按钮,打开【查询条件选择-采购手工结算】窗口,点击【确定】按钮,选择相应的采购发票和入库单,如图 4-153 所示。

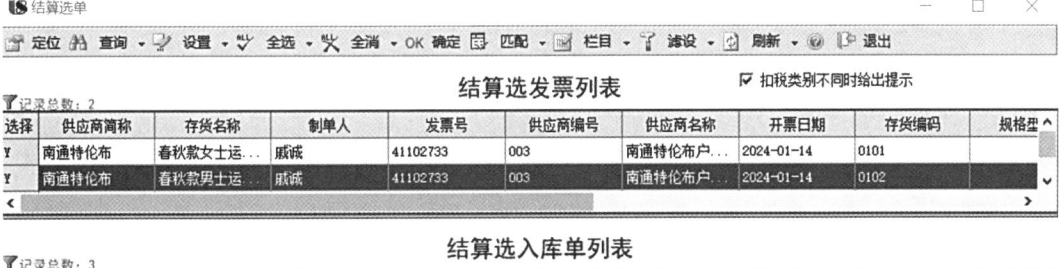

图 4-153 【结算选单】窗口

(3) 点击【确定】按钮,系统回到【手工结算】窗口,春秋款男士运动服的【非合理损耗数量】输入:5,【非合理损耗金额】输入:700,【非合理损耗类型】输入:01,如图 4-154 所示。

(4) 单击【结算】按钮,系统提示"完成结算"。

6. 应付单据审核与制单

(1) 2024 年 1 月 14 日,W02 财务部李晓园登录企业应用平台,点击【业务工作】|【财务会计】|【应付款管理】|【应付单据处理】|【应付单据审核】,打开【应付单据查询条件】窗口。

图 4-154 【手工结算】窗口

(2)勾选【包含已现结发票】,点击【确定】按钮,进入【应付单据列表】窗口,双击【选择】栏,点击【审核】按钮,如图 4-155 所示。

应付单据列表

选择	审核人	单据日期	单据类型	单据号	供应商名称	部门	业务员	制单人	原币金额	本币金额
	李晓园	2024-01-14	采购专...	41102733	南通特伦布户外用品有限...	采购部	戚诚	戚诚	91 530.00	91 530.0
合计									91 530.00	91 530.0

图 4-155 【应付单据列表】窗口

(3)点击【制单处理】按钮,打开【制单查询】窗口,勾选【现结制单】。
(4)点击【确定】按钮,打开【现结制单】窗口,选择要制单的采购专用发票。
(5)点击【制单】按钮,生成一张凭证,点击【保存】按钮,凭证上出现"已生成"字样,如图 4-156 所示。

记 账 凭 证

已生成

记 字 0026   制单日期: 2024.01.14   审核日期: 附单据数: 1

摘 要	科目名称	借方金额	贷方金额
现结	在途物资	8100000	
现结	应交税费/应交增值税/进项税额	1053000	
现结	银行存款		9153000
票号 日期	数量 单价	合计 9153000	9153000
备注	项 目 部 门 个 人 客 户 业务员		

记账   审核   出纳   制单 李晓园

图 4-156 【记账凭证】窗口

7. 核算采购成本

(1) 2024 年 1 月 14 日，W02 财务部李晓园登录企业应用平台，点击【业务工作】|【供应链】|【存货核算】|【业务核算】|【正常单据记账】，打开【查询条件选择】窗口。

(2) 点击【确定】按钮，打开【正常单据记账列表】窗口，点击【全选】按钮，如图 4-157 所示。

正常单据记账列表

记录总数：2

选择	日期	单据号	存货编码	存货名称	规格型号	存货代码	单据类型	仓库名称
Y	2024-01-14	0000000009	0101	春秋款女士运...			采购入库单	运动套装库
Y	2024-01-14	0000000009	0102	春秋款男士运...			采购入库单	运动套装库
小计								

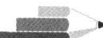

图 4-157 【正常单据记账列表】窗口

(3) 点击【记账】，系统提示"记账成功"，点击【确定】按钮。

(4) 点击【财务核算】|【生成凭证】，打开【生成凭证】窗口，点击【选择】按钮，打开【查询条件】窗口。

(5) 点击【确定】按钮，打开【未生成凭证单据一览表】窗口。

(6) 点击【选择】或【全选】按钮，点击【确定】按钮，返回【生成凭证】窗口，如图 4-158 所示。

凭证类别 记 记账凭证

选择	单据类型	单据号	摘要	科目类型	科目编码	科目名称	借方金额	贷方金额	借方数量	贷方数量	科目方向	存货编码	存货名称
1	采购入库单	0000000009	采购入...	存货	1405	库存商品	39 000.00		300.00		1	0101	春秋款...
				对方	1402	在途物资		39 000.00		300.00	2	0101	春秋款...
				存货	1405	库存商品	41 300.00		295.00		1	0102	春秋款...
				对方	1402	在途物资		41 300.00		295.00	2	0102	春秋款...
合计							80 300.00	80 300.00					

图 4-158 【生成凭证】窗口

(7) 点击【生成】，生成一张记账凭证，点击【保存】按钮，凭证上出现"已生成"字样，如图 4-159 所示。

已生成

记账凭证

记 字 0027　　制单日期：2024.01.14　　审核日期：　　附单据数：1

摘要	科目名称	借方金额	贷方金额
采购入库单	库存商品	8030000	
采购入库单	在途物资		8030000
票号 日期	数量 单价	合计 8030000	8030000

备注　项目　　部门

个人　　客户

业务员

记账　　审核　　出纳　　制单 李晓园

图 4-159 【记账凭证】窗口

(8) 2024年1月14日,W02财务部李晓园登录企业应用平台,点击【业务工作】|【财务会计】|【总账】|【凭证】|【填制凭证】,打开【填制凭证】窗口,填制如图4-160所示的凭证,单击【保存】按钮。

图 4-160 【记账凭证】窗口

任务三 采购暂估业务处理

暂估入库是指本月存货已经入库,但采购发票尚未收到,不能确定存货的入库成本。月底为了正确核算企业的库存成本,需要将这部分存货暂估入账,形成暂估凭证。对暂估入库业务,用友U8系统提供了三种不同的处理方法。

第一种,月初回冲。

进入下月后,存货核算系统自动生成与暂估入库单相同的"红字回冲单",同时登记相应的存货明细账,冲回存货明细账中上月的暂估入库。对"红字回冲单"制单,冲回上月的暂估凭证。

收到采购发票后,录入采购发票,对采购入库单和采购发票做采购结算。结算完毕后,进入存货核算系统,执行"结算成本处理"功能,系统根据发票自动生成一张"蓝字回冲单",其上的金额为发票上的报销金额。同时登记存货明细账,使库存增加。对"蓝字回冲单"制单,生成采购入库凭证。

第二种,单到回冲。

下月月初不做处理,采购发票收到后,先在采购管理中录入并进行采购结算,再到存货核算中进行"结算成本处理",系统自动生成"红字回冲单""蓝字回冲单",同时据以登记存货明细账。"红字回冲单"的入库金额为上月暂估金额,"蓝字回冲单"的入库金额为发票上的报销金额。在"存货核算""生成凭证"中,选择"红字回冲单""蓝字回冲单"制单,生成凭证,传递到总账。

第三种,单到补差。

下月月初不做处理,采购发票收到后,先在采购管理中录入并进行采购结算,再到存货核算中进行"结算成本处理"。如果报销金额与暂估金额的差额不为零,则产生调整单,一张采购入库单生成一张调整单,用户确定后,自动记入存货明细账;如果差额为零,则不生成调整单。最后对"调整单"制单,生成凭证,传递到总账。

对于暂估业务要注意的是,在月末暂估入库单记账前,要为所有的没有结算的入库单填入暂估单价,然后才能记账。

一、上月商品入库,本月收到发票

【业务4-8】 2024年1月14日,收到上月21日从上海天宁体育用品有限公司购买商品的发票。取得相关业务单据如图4-161所示。

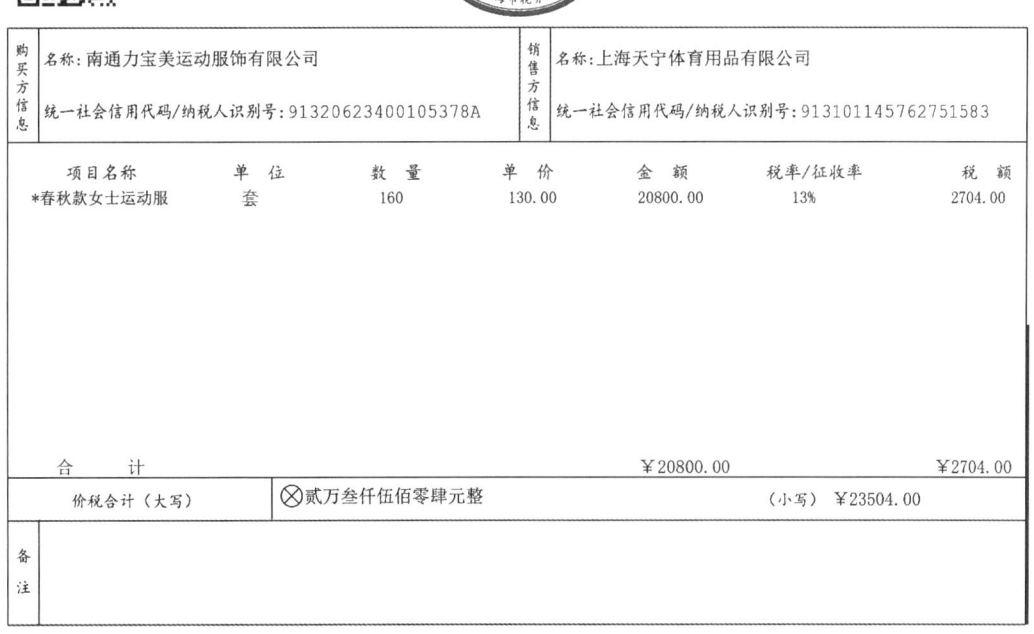

图4-161 【业务4-8】增值税专用发票

操作步骤

1. 填制采购专用发票

(1) 2024年1月14日,G01采购部戚诚登录企业应用平台,点击【业务工作】|【供应链】|【采购管理】|【采购发票】|【专用采购发票】,打开【专用发票】窗口。

(2) 点击【增加】|【生单】|【入库单】,打开【查询条件选择-采购入库单列表过滤】窗口,点击【确定】按钮。

（3）系统自动弹出【拷贝并执行】窗口，选择要拷贝的采购入库单，点击【确定】按钮，系统自动生成采购专用发票，【发票号】录入：21268111，点击【保存】按钮，如图4-162所示。

图4-162 【专用发票】窗口

2. 采购结算

（1）2024年1月14日，G01采购部戚诚登录企业应用平台，点击【业务工作】|【供应链】|【采购管理】|【采购结算】|【手工结算】，打开【手工结算】窗口。

（2）点击【选单】按钮，打开【结算选单】窗口，点击【查询】按钮，打开【查询条件选择-采购手工结算】窗口，点击【确定】按钮，选择相应的采购发票和入库单，如图4-163所示。

图4-163 【结算选单】窗口

（3）点击【确定】按钮，系统回到【手工结算】窗口，如图4-164所示。

图4-164 【结算汇总】窗口

(4)点击【结算】按钮,系统提示"完成结算"。

提示:

⊙ 对于上月末的暂估业务,执行采购结算后,还需要在存货核算系统执行暂估处理,以便根据采购发票价格改写账簿资料,确认采购成本。

3. 应付单据审核与制单

(1) 2024年1月14日,W02财务部李晓园登录企业应用平台,点击【业务工作】|【财务会计】|【应付款管理】|【应付单据处理】|【应付单据审核】,打开【应付单据查询条件】窗口。

(2)点击【确定】按钮,进入【应付单据列表】窗口,双击【选择】栏,点击【审核】按钮,如图4-165所示。

应付单据列表

选择	审核人	单据日期	单据类型	单据号	供应商名称	部门	业务员	制单人	币种	原币金额	本币金额	备注
	李晓园	2024-01-14	采购专...	21268111	上海天宁体育用品有限公司	采购部	戚诚	戚诚	人民币	23 504.00	23 504.00	
合计										23 504.00	23 504.00	

图4-165 【应付单据列表】窗口

(3)点击【制单处理】按钮,打开【制单查询】窗口,勾选【发票制单】。

(4)点击【确定】按钮,打开【采购发票制单】窗口,选择要制单的采购专用发票。

(5)点击【制单】按钮,生成一张凭证,点击【保存】按钮,凭证上出现"已生成"字样,如图4-166所示。

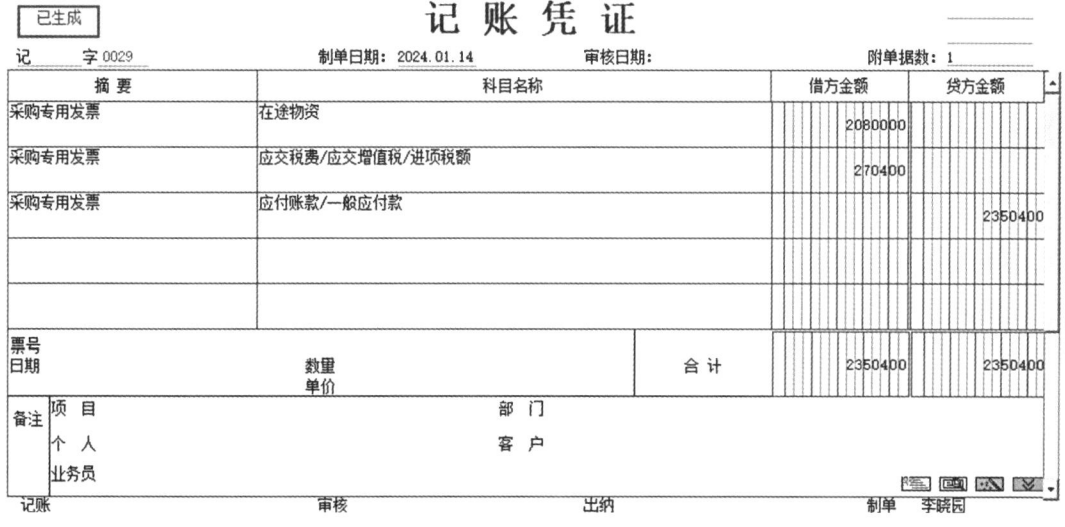

图4-166 【记账凭证】窗口

4. 结算成本处理

(1) 2024年1月14日,W02财务部李晓园登录企业应用平台,点击【业务工作】|【供应链】|【存货核算】|【业务核算】|【结算成本处理】,打开【暂估处理查询】窗口。

(2)【仓库名称】选中“运动套装库”,勾选【未全部结算完的单据是否显示】。

(3) 点击【确定】按钮,打开【结算成本处理】窗口。

(4) 点击【选择】按钮,选中要暂估结算的结算单,如图 4-167 所示,点击【暂估】按钮,系统提示“暂估处理完成”。

结算成本处理

○ 按数量分摊
◉ 按金额分摊

选择	结算单号	仓库编码	仓库名称	入库单号	入库日期	存货编码	存货名称	计量单位	数量	暂估单价	暂估金额	结算数量	结算单价
Y	0000000...	01	运动套装库	0000000001	2023-12-21	0101	春秋款女士...	套	160.00	130.00	20 800.00	160.00	130.00
合计									160.00		20 800.00	160.00	

图 4-167 【结算成本处理】窗口

5. 生成红蓝回冲单凭证

(1) 2024 年 1 月 14 日,W02 财务部李晓园登录企业应用平台,点击【业务工作】|【供应链】|【存货核算】|【财务核算】|【生成凭证】,打开【生成凭证】窗口,点击【选择】按钮,打开【查询条件】窗口。

(2) 点击【确定】按钮,打开【未生成凭证单据一览表】窗口,点击【选择】或【全选】按钮,如图 4-168 所示。

选择单据

输出 单据 全选 全消 确定 取消

□ 已结算采购入库单自动选择全部结算单上单据(包括入库单、发票、付款单),非本月采购入库单按蓝字报销单制单

未生成凭证单据一览表

选择	记账日期	单据日期	单据类型	单据号	仓库	收发类别	记账人	部门	部门编码	业务单号	业务类型	计价方式	备注	
1	2024-01-14	2023-12-21	红字回冲单	0000000001	运动套装库	采购入库	李晓园				普通采购	先进先出法		红
1	2024-01-14	2023-12-21	蓝字回冲单	0000000001	运动套装库	采购入库	李晓园				普通采购	先进先出法		蓝

图 4-168 【未生成凭证单据一览表】窗口

(3) 点击【确定】按钮,返回【生成凭证】窗口,如图 4-169 所示。

凭证类别 记 记账凭证

选择	单据类型	单据号	摘要	科目类型	科目编码	科目名称	借方金额	贷方金额	借方数量	贷方数量	科目方向	存货编码	存货名称	...	部...
1	红字回冲单	0000000001	红字回...	存货	1405	库存商品	-20 80...		-160.00		1	0101	春秋款...		
				应付暂估	220202	暂估应...		-20 80...		-160.00	2	0101	春秋款...		
	蓝字回冲单		蓝字回...	存货	1405	库存商品	20 800.00		160.00		1	0101	春秋款...		
				对方	1402	在途物资		20 800.00		160.00	2	0101	春秋款...		
合计							0.00	0.00							

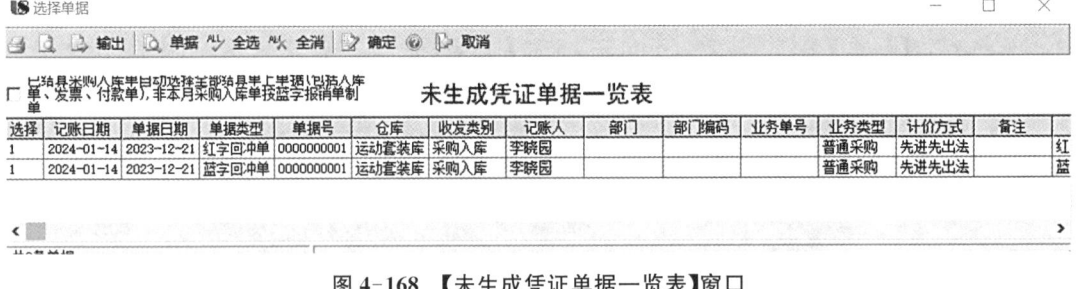

图 4-169 【生成凭证】窗口

(4) 点击【生成】按钮,生成两张记账凭证,分别点击【保存】按钮,如图 4-170 和图 4-171 所示。

已生成

记 账 凭 证

记 字 0030　　制单日期：2024.01.14　　审核日期：　　附单据数：1

摘 要	科目名称	借方金额	贷方金额
红字回冲单	库存商品	2080000	
红字回冲单	应付账款/暂估应付款		2080000
票号 日期　　数量 单价	合 计	2080000	2080000

备注　项 目　　部 门

个 人　　客 户

业务员

记账　　审核　　出纳　　制单　李晓园

图 4-170　红字回冲单

已生成

记 账 凭 证

记 字 0031　　制单日期：2024.01.14　　审核日期：　　附单据数：1

摘 要	科目名称	借方金额	贷方金额
蓝字回冲单	库存商品	2080000	
蓝字回冲单	在途物资		2080000
票号 日期　　数量 单价	合 计	2080000	2080000

备注　项 目　　部 门

个 人　　客 户

业务员

记账　　审核　　出纳　　制单　李晓园

图 4-171　蓝字回冲单

二、本月商品入库，发票下月送达

【业务 4-9】 2024 年 1 月 14 日(视同月末)，采购部戚诚与上海奥悦体育用品有限公司签订采购合同。当日到货入库，月末发票仍未收到。相关业务单据如图 4-172 和图 4-173 所示。

业务 4-9
本月商品入库，发票下月送达

购销合同

供货方:上海奥悦体育用品有限公司　　　　　　　　合同号:CG0008
购买方:南通力宝美运动服饰有限公司　　　　　　　签订日期:2024 年 01 月 14 日

为保护买卖双方的合法权益,买卖双方根据《中华人民共和国民法典》合同编的有关规定,经友好协商,一致同意签订本合同并共同遵守:

一、货物名称、数量及金额。　　　　　　　　　　　　　　　　　　　　　　金额单位:元

序号	货物名称	数量(件)	单价(不含税)	金额(不含税)	税率	税额
1	短袖男士T恤	400	45.00	18 000.00	13%	2 340.00
合计				¥18 000.00		¥2 340.00

二、合同总金额:人民币贰万零叁佰肆拾元整。
三、付款日期:2024 年 02 月 20 日。
四、交货日期:2024 年 01 月 14 日。
五、交货地点:上海市嘉定区公安路 49 号,上海天宁体育用品有限公司。
六、发运方式:公路运输,运费由销售方承担。
七、本合同一式贰份,供需双方各执壹份。本合同自双方签字盖章后生效,至本合同全部条款执行完毕后失效。

供货方(盖章):上海奥悦体育用品有限公司　　　购买方(盖章):南通力宝美运动服饰有限公司
地址:上海市长宁区昭化路 66 号　　　　　　　　地址:南通市崇川区三香路 668 号
授权代表:李道平　　　　　　　　　　　　　　　授权代表:陈力宝
联系电话:021-92231……　　　　　　　　　　　　联系电话:0513-85358899

图 4-172 【业务 4-9】购销合同

入库单

供应商:上海奥悦体育用品有限公司　　2024 年 01 月 14 日　　　　　　编号:0009

验收仓库	存货编码	存货名称	单位	数量 应收	数量 实收	单价	金额	备注
运动T恤库	0106	短袖男士T恤	件	400	400			
		合计		400	400			

部门经理:略　　　　会计:略　　　　仓库:略　　　　经办人:略

图 4-173 【业务 4-9】入库单

操作步骤

1. 填制采购订单

(1) 2024 年 1 月 14 日,G01 采购部戚诚登录企业应用平台,点击【业务工作】|【供应链】|【采购管理】|【采购订货】|【采购订单】,打开【采购订单】窗口。

(2) 点击【增加】,在表头【订单编号】录入:CG0008,【采购类型】选择:正常采购,【供应商】选择:上海奥悦,税率修改为 13,【部门】:采购部,【业务员】:戚诚;在表体第一行【存货编码】录入:0106,【数量】录入:400,【原币单价】录入:45,【计划到货日期】为:2024-01-14,点击【保存】按钮。

(3) 点击【审核】按钮,审核填制的采购订单,如图4-174所示。

图4-174 【采购订单】窗口

2. 生成采购到货单

(1) 2024年1月14日,G01采购部戚诚登录企业应用平台,点击【业务工作】|【供应链】|【采购管理】|【采购到货】|【到货单】,打开【采购到货单】窗口。

(2) 点击【增加】|【生单】|【采购订单】,打开【查询条件选择-采购订单列表过滤】窗口,点击【确定】按钮。

(3) 系统自动弹出【拷贝并执行】窗口,选择要拷贝的采购订单,点击【确定】按钮,系统自动生成采购到货单,点击【保存】按钮。

(4) 点击【审核】按钮。根据采购订单生成的采购到货单如图4-175所示。

图4-175 【到货单】窗口

3. 生成采购入库单

(1) 2024年1月14日,C01仓管部李军钧登录企业应用平台,点击【业务工作】|【供应链】|【库存管理】|【入库业务】|【采购入库单】,打开【采购入库单】窗口。

(2) 点击【生单】|【采购到货单(蓝字)】,打开【查询条件选择-采购到货单列表】窗口,点击【确定】按钮。

(3) 系统自动弹出【到货单生单列表】窗口,选择相应的到货单生单表头,点击【确定】按钮,系统自动生成采购入库单,【仓库】选择:运动T恤库,点击【保存】按钮。

(4) 点击【审核】按钮,如图4-176所示。

采购入库单

采购入库单打印模版

表体排序

◉ 蓝字 ○ 红字 合并显示 □

入库单号 0000000010　入库日期 2024-01-14　仓库 运动T恤库

订单号 CG0008　到货单号 0000000009　业务号

供货单位 上海贯悦　部门 采购部　业务员 戚彧

到货日期 2024-01-14　业务类型 普通采购　采购类型 正常采购

入库类别 采购入库　审核日期 2024-01-14　备注

	存货编码	存货名称	规格型号	主计量单位	数量	本币单价	本币金额
1	0106	短袖男士T恤		件	400.00	45.00	18 000.00
2							
3							
4							
5							
6							
7							
合计					400.00		18 000.00

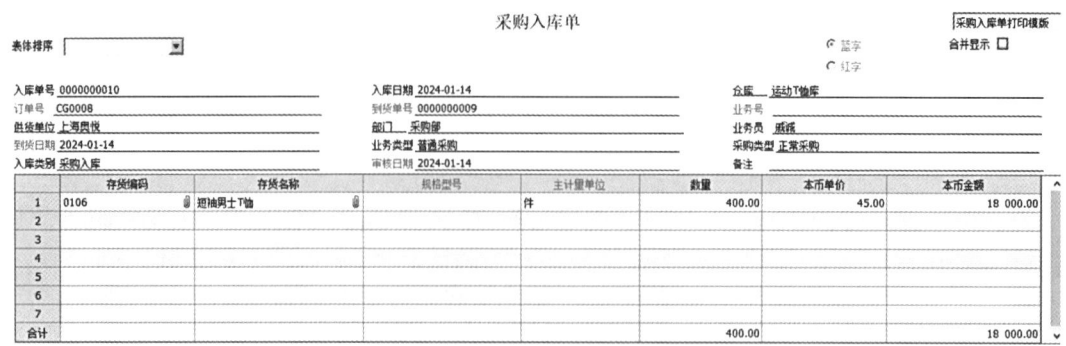

图 4-176 【采购入库单】窗口

4. 暂估成本录入

(1) 2024 年 1 月 14 日,W02 财务部李晓园登录企业应用平台,点击【业务工作】|【供应链】|【存货核算】|【业务核算】|【暂估成本录入】,打开【查询条件选择】窗口。

(2)【包括已有暂估金额的单据】选择【是】,点击【确定】按钮,打开【暂估成本录入】窗口,在【单价】中输入“45”,如图 4-177 所示。

暂估成本录入

售价成本

单据日期	单据号	仓库	存货编码	计量单位	存货名称	业务类型	采购类型	供应商	入库类别	数量	单价	金额	批号
2024-01-14	0000000010	运动T恤库	0106	件	短袖男士T恤	普通采购	正常采购	上海贯...	采购入库	400.00	45.00	18 000.00	
合计										400.00		18 000.00	

图 4-177 【暂估成本录入】窗口

(3) 点击【保存】按钮,系统提示“保存成功!”。

5. 正常单据记账

(1) 2024 年 1 月 14 日,W02 财务部李晓园登录企业应用平台,点击【业务工作】|【供应链】|【存货核算】|【业务核算】|【正常单据记账】,打开【查询条件选择】窗口。

(2) 点击【确定】按钮,打开【正常单据记账列表】窗口,点击【选择】按钮,如图 4-178 所示。

正常单据记账列表

记录总数: 1

选择	日期	单据号	存货编码	存货名称	规格型号	存货代码	单据类型	仓库名称	收发类别	数量	单价
Y	2024-01-14	0000000010	0106	短袖男士T恤			采购入库单	运动T恤库	采购入库	400.00	45.00
小计										400.00	

图 4-178 【正常单据记账列表】窗口

(3) 点击【记账】按钮,系统提示“记账成功!”。点击【确定】按钮。

6. 生成暂估凭证

(1) 2024 年 1 月 14 日,W02 财务部李晓园登录企业应用平台,点击【业务工作】|【供应链】|【存货核算】|【财务核算】|【生成凭证】,打开【生成凭证】窗口,点击【选择】按钮,打开【查询条件】窗口。

(2) 点击【确定】按钮，打开【未生成凭证单据一览表】窗口。

(3) 点击【选择】或【全选】窗口，点击【确定】按钮，返回【生成凭证】窗口，如图 4-179 所示。

凭证类别 记 记账凭证

选择	单据类型	单据号	摘要	科目类型	科目编码	科目名称	借方金额	贷方金额	借方数量	贷方数量	科目方向	存货编码	存货名称	存货代码
1	采购入库单	0000000010	采购入...	存货	1405	库存商品	18 000.00		400.00		1	0106	短袖男士T恤	
				应付暂估	220202	暂估应付款		18 000.00		400.00	2	0106	短袖男士T恤	
合计							18 000.00	18 000.00						

图 4-179 【生成凭证】窗口

(4) 点击【生成】按钮，生成一张记账凭证，点击【保存】按钮，凭证上出现“已生成”字样，如图 4-180 所示。

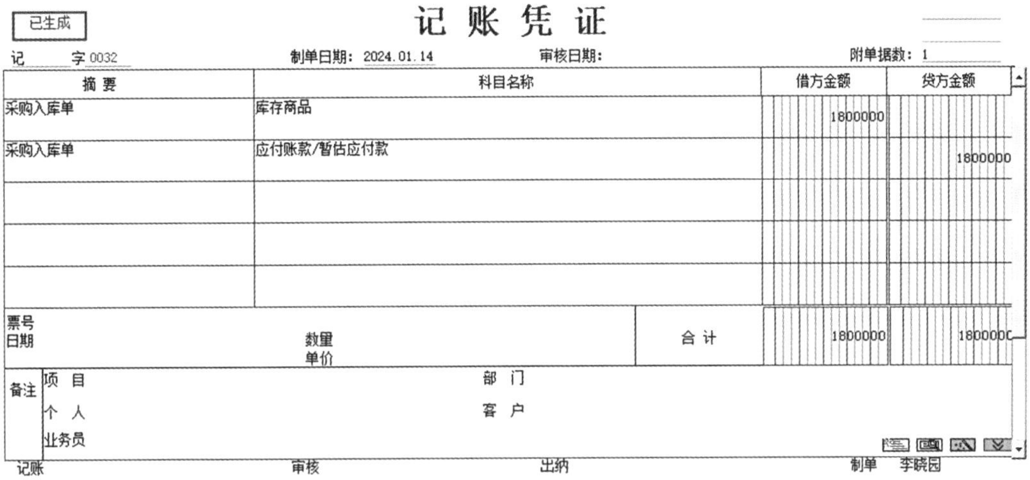

图 4-180 【记账凭证】窗口

任务四 采购退货业务处理

由于货物质量不合格、企业转产等原因，企业可能发生退货业务。针对退货业务发生的不同时机，用友 U8 系统采用了不同的解决方法。

第一种，采购结算前部分退货业务。

(1) 结算前的退货业务如果只是录入了到货单，则只需开具到货退货单，按照实际入库数量录入采购入库单。

(2) 如果退货时已经录入采购入库单，但还没有收到发票，则只需根据退货数量录入红字入库单，对红蓝入库单进行自动结算。

(3) 如果已经录入采购入库单，同时退货时已经收到采购发票，则需要根据退货数量录入红字采购入库单，并录入采购发票，其中发票上的数量＝原入库单数量－红字入库单数量。这时需要采用手工结算方式将红字采购入库单与原采购入库单、采购发票进行采购结算，以冲减原入库数量。

第二种,采购结算后部分退货业务。

结算后退货是指已经录入了采购入库单、采购发票,并且已经进行了采购结算后发生退货,此时需开具退货单,录入红字入库单、红字专用发票,并进行采购结算。

一、采购结算前部分退货业务

【业务 4-10】 2024 年 1 月 14 日,采购部戚诚与南通安力户外用品有限公司签订采购合同。取得相关业务单据如图 4-181 和图 4-182 所示。

2024 年 1 月 15 日,复检时发现 10 件短袖女士 T 恤存在瑕疵,经协商当日办理退货,并收到增值税专用发票。取得相关业务单据如图 4-183 和图 4-184 所示。

业务 4-10
采购结算前
部分退货业务

购销合同

供货方:南通安力户外用品有限公司　　　　　　　　合同号:CG0009
购买方:南通力宝美运动服饰有限公司　　　　　　　签订日期:2024 年 01 月 14 日

为保护买卖双方的合法权益,买卖双方根据《中华人民共和国民法典》合同编的有关规定,经友好协商,一致同意签订本合同并共同遵守:

一、货物名称、数量及金额。

金额单位:元

序号	货物名称	数量(件)	单价(不含税)	金额(不含税)	税率	税额
1	短袖女士T恤	200	40.00	8 000.00	13%	1 040.00
	合计			¥8 000.00		¥1 040.00

二、合同总金额:人民币玖仟零肆拾元整。
三、付款时间:2024 年 02 月 28 日。
四、交货日期:2024 年 01 月 14 日。
五、交货地点:南通市崇川区南宁路 8 号,南通安力户外用品有限公司。
六、发运方式:公路运输,运费由销售方承担。
七、本合同一式贰份,供需双方各执壹份。本合同自双方签字盖章后生效,至本合同全部条款执行完毕后失效。

供货方(盖章):南通安力户外用品有限公司　　购买方(盖章):南通力宝美运动服饰有限公司
地址:南通市崇川区南宁路 8 号　　　　　　　　地址:南通市崇川区三香路 668 号
授权代表:张聪　　　　　　　　　　　　　　　授权代表:陈力宝
联系电话:0513-90707678　　　　　　　　　　联系电话:0513-85358899

图 4-181 【业务 4-10】购销合同

入库单

供应商:南通安力户外用品有限公司　　2024 年 1 月 14 日　　编号:0010

验收仓库	存货编码	存货名称	单位	数量		单价	金额	备注
				应收	实收			
运动T恤库	0105	短袖女士T恤	件	200	200			
	合计			200	200			

部门经理:略　　会计:略　　仓库:略　　经办人:略

图 4-182 【业务 4-10】入库单 1

电子发票（增值税专用发票）

发票号码：17510788
开票日期：2024年01月15日

购买方信息	名称：南通力宝美运动服饰有限公司 统一社会信用代码/纳税人识别号：91320623400105378A		销售方信息	名称：南通安力户外用品有限公司 统一社会信用代码/纳税人识别号：913101145762751766	

项目名称	单位	数量	单价	金额	税率/征收率	税额
*短袖女士T恤	件	190	40.00	7600.00	13%	988.00
合　　计				¥7600.00		¥988.00

价税合计（大写）　⊗捌仟伍佰捌拾捌元整　（小写）¥8588.00

备注：

开票人：略

图 4-183 【业务 4-10】增值税专用发票

入库单

供应商：南通安力户外用品有限公司　　2024年1月15日　　编号：0011

验收仓库	存货编码	存货名称	单位	数量 应收	数量 实收	单价	金额	备注
运动T恤库	0105	短袖女士T恤	件	-10	-10			
		合计		-10	-10			

部门经理：略　　会计：略　　仓库：略　　经办人：略

图 4-184 【业务 4-10】入库单 2

操作步骤

1. 填制采购订单

（1）2024年1月14日，G01采购部戚诚登录企业应用平台，点击【业务工作】|【供应链】|【采购管理】|【采购订货】|【采购订单】，打开【采购订单】窗口。

（2）点击【增加】，在表头【订单编号】录入：CG0009，【采购类型】选择：正常采购，【供应商】选择：南通安力，税率修改为13，【部门】：采购部，【业务员】：戚诚；在表体第一行【存货编码】录入：0105，【数量】录入：200，【原币单价】录入：40，【计划到货日期】为：2024-01-14，点击【保存】按钮。

（3）点击【审核】按钮，审核填制的采购订单，如图 4-185 所示。

图 4-185 【采购订单】窗口

2. 生成采购到货单

(1) 2024 年 1 月 14 日,G01 采购部戚诚登录企业应用平台,点击【业务工作】|【供应链】|【采购管理】|【采购到货】|【到货单】,打开【采购到货单】窗口。

(2) 点击【增加】|【生单】|【采购订单】,打开【查询条件选择-采购订单列表过滤】窗口,点击【确定】按钮。

(3) 系统自动弹出【拷贝并执行】窗口,选择要拷贝的采购订单,点击【确定】按钮,系统自动生成采购到货单,点击【保存】按钮。

(4) 点击【审核】按钮,根据采购订单生成的采购到货单如图 4-186 所示。

图 4-186 【到货单】窗口

3. 生成采购入库单

(1) 2024 年 1 月 14 日,C01 仓管部李军钧登录企业应用平台,点击【业务工作】|【供应链】|【库存管理】|【入库业务】|【采购入库单】,打开【采购入库单】窗口。

(2) 点击【生单】|【采购到货单(蓝字)】,打开【查询条件选择-采购到货单列表】窗口,点击【确定】按钮。

(3) 系统自动弹出【到货单生单列表】窗口,选择相应的到货单生单表头,点击【确定】按钮,系统自动生成采购入库单,【仓库】选择:运动 T 恤库,点击【保存】按钮。

(4) 点击【审核】按钮,如图 4-187 所示。

4. 生成采购退货单

(1) 2024 年 1 月 15 日,G01 采购部戚诚登录企业应用平台,点击【业务工作】|【供应链】|

图 4-187 【采购入库单】窗口

【采购管理】|【采购到货】|【采购退货单】,打开【采购退货单】窗口。

(2) 点击【增加】|【生单】|【采购订单】,打开【查询条件选择-采购订单列表过滤】窗口,点击【确定】按钮。

(3) 系统自动弹出【拷贝并执行】窗口,选择要拷贝的采购订单,点击【确定】按钮,系统自动生成退货单,修改退货数量为"-10",点击【保存】按钮。

(4) 点击【审核】按钮,根据采购订单生成的采购退货单如图 4-188 所示。

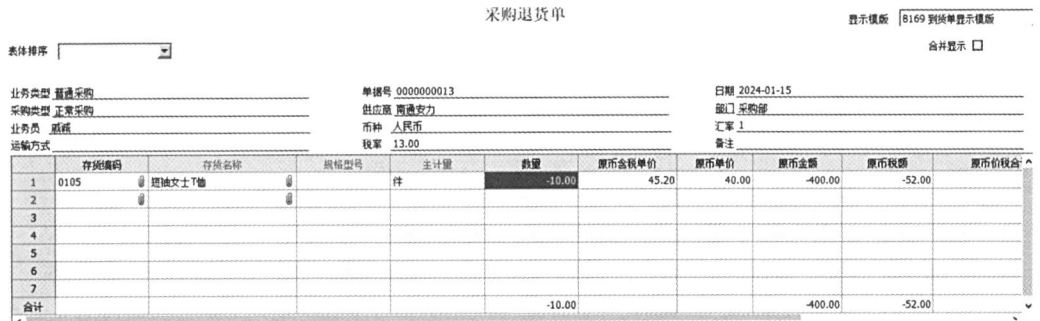

图 4-188 【采购退货单】窗口

提示:

⊙对于入库后的退货业务,需生成采购退货单。采购退货单是到货单的红字单据,它可参照采购订单、原到货单生成。已审核的采购退货单可以参照生成负向的采购入库单。

5. 生成红字采购入库单

(1) 2024 年 1 月 15 日,C01 仓管部李军钧登录企业应用平台,点击【业务工作】|【供应链】|【库存管理】|【入库业务】|【采购入库单】,打开【采购入库单】窗口。

(2) 点击【生单】|【采购到货单(红字)】,打开【查询条件选择-采购到货单列表】窗口,点击【确定】按钮。

(3) 系统自动弹出【到货单生单列表】窗口,选择相应的到货单生单表头,点击【确定】按钮,系统自动生成红字采购入库单,【仓库】选择:运动 T 恤库,点击【保存】按钮。

(4) 点击【审核】按钮,如图 4-189 所示。

图 4-189 红字采购入库单

6. 填制采购专用发票

(1) 2024 年 1 月 15 日,G01 采购部戚诚登录企业应用平台,点击【业务工作】|【供应链】|【采购管理】|【采购发票】|【专用采购发票】,打开【专用发票】窗口。

(2) 点击【增加】|【生单】|【入库单】,打开【查询条件选择-采购入库单列表过滤】窗口,点击【确定】按钮。

(3) 系统自动弹出【拷贝并执行】窗口,选择要拷贝的 1 月 14 日的采购入库单,点击【确定】按钮,系统自动生成采购专用发票,【发票号】录入:17510788,修改表体数量为"190",点击【保存】按钮,如图 4-190 所示。

图 4-190 【专用发票】窗口

7. 采购结算

(1) 2024 年 1 月 15 日,G01 采购部戚诚登录企业应用平台,点击【业务工作】|【供应链】|【采购管理】|【采购结算】|【手工结算】,打开【手工结算】窗口。

(2) 点击【选单】按钮,打开【结算选单】窗口,点击【查询】按钮,打开【查询条件选择-采购手工结算】窗口,点击【确定】按钮,选择相应的采购发票和入库单,如图 4-191 所示。

(3) 点击【确定】按钮,系统回到【手工结算】窗口,如图 4-192 所示。

(4) 点击【结算】按钮,系统提示"完成结算"。

8. 应付单据审核与制单

(1) 2024 年 1 月 15 日,W02 财务部李晓园登录企业应用平台,点击【业务工作】|【财务会计】|【应付款管理】|【应付单据处理】|【应付单据审核】,打开【应付单据查询条件】窗口。

结算选单

定位　查询　设置　全选　全消　OK 确定　匹配　栏目　滤设　刷新　退出

结算选发票列表　☑ 扣税类别不同时给出提示

记录总数：1

选择	供应商简称	存货名称	制单人	发票号	供应商编号	供应商名称	开票日期	存货编码	规格型号	币种	数量
Y	南通安力	短袖女士T恤	戚诚	17510788	004	南通安力户外...	2024-01-15	0105		人民币	190.00
合计											

结算选入库单列表

记录总数：3

选择	供应商简称	存货名称	仓库名称	入库单号	供货商编码	供应商名称	入库日期	仓库编码	制单人	币种	存货编码
	上海奥悦	短袖男士T恤	运动T恤库	0000000010	002	上海奥悦体育...	2024-01-14	02	李军钧	人民币	0106
Y	南通安力	短袖女士T恤	运动T恤库	0000000011	004	南通安力户外...	2024-01-14	02	李军钧	人民币	0105
Y	南通安力	短袖女士T恤	运动T恤库	0000000012	004	南通安力户外...	2024-01-15	02	李军钧	人民币	0105
合计											

图 4-191　【结算选单】窗口

结算汇总

单据类型	存货编号	存货名称	单据号	结算数量	发票数量	合理损耗数量	非合理损耗数量
采购发票	0105	短袖女士T恤	17510788		190.00		
采购入库单			0000000011	200.00			
采购入库单			0000000012	-10.00			
		合计		190.00	190.00	0.00	0.00

选择费用分摊方式：◉ 按金额　○ 按数量　☐ 相同供应商

费用名称	发票号	开票日期	供货单位	代垫单位	规格型号	计量单位

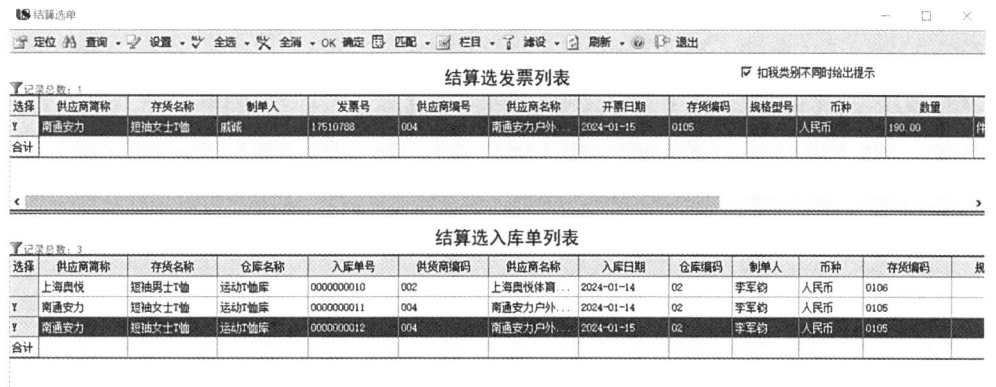

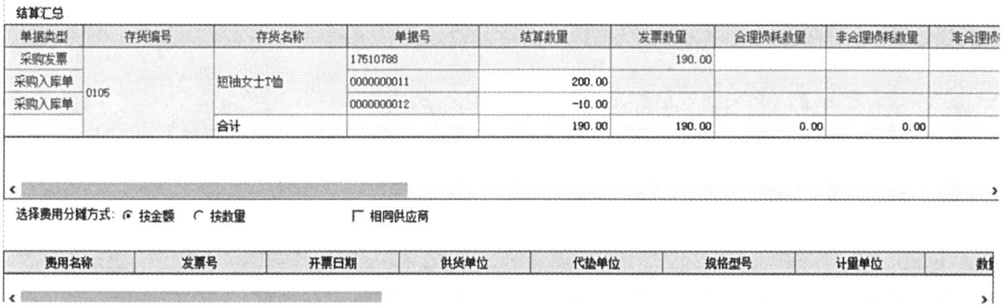

图 4-192　【手工结算】窗口

(2) 点击【确定】按钮，进入【应付单据列表】窗口，双击【选择】栏，点击【审核】按钮。

(3) 点击【制单处理】按钮，打开【制单查询】窗口，勾选【发票制单】。

(4) 点击【确定】按钮，打开【采购发票制单】窗口，选择要制单的采购专用发票。

(5) 点击【制单】按钮，生成一张凭证，点击【保存】按钮，如图 4-193 所示。

已生成

记账凭证

记 字 0033　制单日期：2024.01.15　审核日期：　附单据数：1

摘要	科目名称	借方金额	贷方金额
采购专用发票	在途物资	760000	
采购专用发票	应交税费/应交增值税/进项税额	98800	
采购专用发票	应付账款/一般应付款		858800
票号 日期　数量 单价	合 计	858800	858800

备注　项　目　部　门

个　人　客　户

业务员

记账　审核　出纳　制单　李晓园

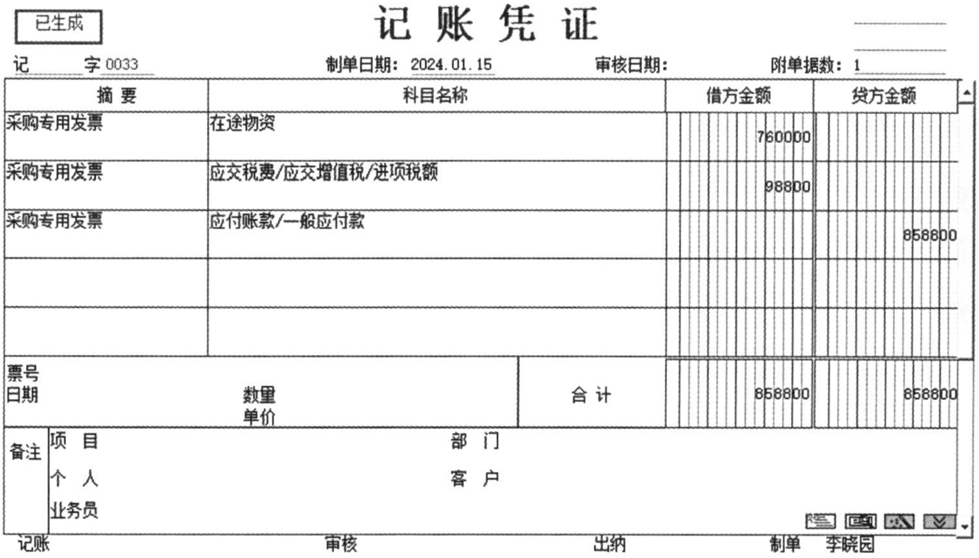

图 4-193　【记账凭证】窗口

9. 核算采购成本

(1) 2024 年 1 月 15 日，W02 财务部李晓园登录企业应用平台，点击【业务工作】|【供应链】|【存货核算】|【业务核算】|【正常单据记账】，打开【查询条件选择】窗口。

(2) 点击【确定】按钮，打开【正常单据记账列表】窗口，点击【全选】按钮，如图 4-194 所示。

正常单据记账列表

记录总数：2

选择	日期	单据号	存货编码	存货名称	单据类型	仓库名称	数量	单价	金额
Y	2024-01-14	0000000011	0105	短袖女士T恤	采购入库单	运动T恤库	200.00	40.00	8 000.00
Y	2024-01-15	0000000012	0105	短袖女士T恤	采购入库单	运动T恤库	-10.00	40.00	-400.00
小计							190.00		7 600.00

图 4-194 【正常单据记账列表】窗口

(3) 点击【记账】按钮，系统提示"记账成功"，点击【确定】按钮。

(4) 点击【财务核算】|【生成凭证】，打开【生成凭证】窗口，点击【选择】按钮，打开【查询条件】窗口。

(5) 点击【确定】按钮，打开【未生成凭证单据一览表】窗口。

(6) 点击【全选】按钮，点击【确定】按钮，返回【生成凭证】窗口，如图 4-195 所示。

凭证类别 记 记账凭证

选择	单据类型	单据号	摘要	科目类型	科目编码	科目名称	借方金额	贷方金额	借方数量	贷方数量	科目方向	存货编码	存货名称
1	采购入库单	0000000011	采购入...	存货	1405	库存商品	8 000.00		200.00		1	0105	短袖女士T恤
				对方	1402	在途物资		8 000.00		200.00	2	0105	短袖女士T恤
		0000000012		存货	1405	库存商品	-400.00		-10.00		1	0105	短袖女士T恤
				对方	1402	在途物资		-400.00		-10.00	2	0105	短袖女士T恤
合计							7 600.00	7 600.00					

图 4-195 【生成凭证】窗口

(7) 点击【合成】按钮，生成一张记账凭证，点击【保存】按钮，凭证上出现"已生成"字样，如图 4-196 所示。

已生成

记 账 凭 证

记 字 0034 制单日期：2024.01.15 审核日期： 附单据数：2

摘要	科目名称	借方金额	贷方金额
采购入库单	库存商品	760000	
采购入库单	在途物资		760000
票号 日期	数量 单价 合计	760000	760000

备注 项目 部门

个人 客户

业务员

记账 审核 出纳 制单 李晓园

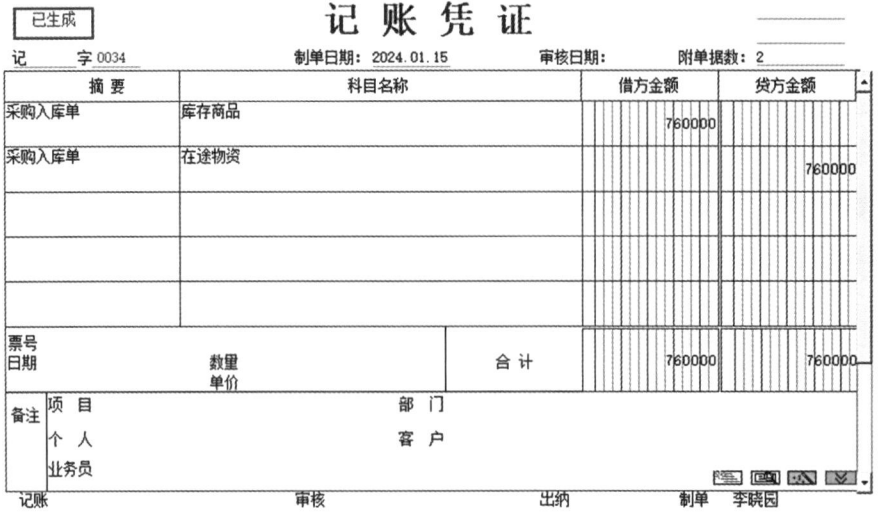

图 4-196 【记账凭证】窗口

二、采购结算后部分退货业务

【业务4-11】 2024年1月15日,合同号CG0002的货物"春秋款女士运动服"30件有瑕疵,已协商退货。与该业务相关的凭证,如图4-197至图4-199所示。

电子发票（增值税专用发票）

发票号码：44789000
开票日期：2024年01月15日

购买方信息	名称：南通力宝美运动服饰有限公司 统一社会信用代码/纳税人识别号：913206234001053 78A			销售方信息	名称：上海奥悦体育用品有限公司 统一社会信用代码/纳税人识别号：91310000747635696P		
项目名称	单 位	数 量	单 价	金 额	税率/征收率		税 额
*春秋款女士运动服	套	-30	130.00	-3900.00	13%		-507.00
合　　计				¥-3900.00			¥-507.00
价税合计（大写）	⊗（负数）肆仟肆佰零柒元整					（小写）	¥-4407.00
备注							

开票人：略

图4-197 【业务4-11】红字增值税专用发票

入 库 单

供应商：上海奥悦体育用品有限公司　　　　2024年1月15日　　　　编号：0012

验收仓库	存货编码	存货名称	单位	数 量		单价	金额	备注
				应收	实收			
运动套装库	0101	春秋款女士运动服	套	-30	-30			
		合计		-30	-30			

部门经理：略　　　　会计：略　　　　仓库：略　　　　经办人：略

图4-198 【业务4-11】入库单

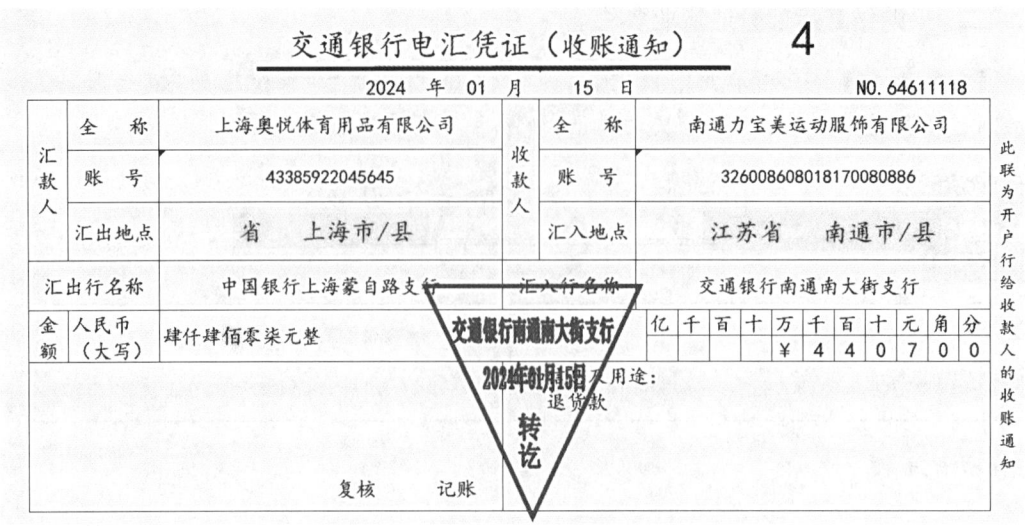

图 4-199 【业务 4-11】电汇收款凭证

操作步骤

1. 生成采购退货单

(1) 2024 年 1 月 15 日,G01 采购部戚诚登录企业应用平台,点击【业务工作】|【供应链】|【采购管理】|【采购到货】|【采购退货单】,打开【采购退货单】窗口。

(2) 点击【增加】|【生单】|【采购订单】,打开【查询条件选择-采购订单列表过滤】窗口,点击【确定】按钮。

(3) 系统自动弹出【拷贝并执行】窗口,选择要拷贝的采购订单 CG0002,表体部分选择:春秋款女士运动服,点击【确定】按钮,系统自动生成退货单,修改退货数量为"-30",点击【保存】按钮。

(4) 点击【审核】按钮,根据采购订单生成的采购退货单如图 4-200 所示。

图 4-200 【采购退货单】窗口

2. 生成红字采购入库单

(1) 2024 年 1 月 15 日,C01 仓管部李军钧登录企业应用平台,点击【业务工作】|【供应链】|【库存管理】|【入库业务】|【采购入库单】,打开【采购入库单】窗口。

(2) 点击【生单】|【采购到货单(红字)】,打开【查询条件选择-采购到货单列表】窗口,点击【确定】按钮。

(3) 系统自动弹出【到货单生单列表】窗口,选择相应的到货单生单表头,点击【确定】按钮,系统自动生成红字采购入库单,【仓库】选择:运动套装库,点击【保存】按钮。

(4) 点击【审核】按钮,如图4-201所示。

图4-201 红字采购入库单

3. 生成红字采购专用发票

(1) 2024年1月15日,G01采购部戚诚登录企业应用平台,点击【业务工作】|【供应链】|【采购管理】|【采购发票】|【红字专用采购发票】,打开【红字专用发票】窗口。

(2) 点击【增加】|【生单】|【入库单】,打开【查询条件选择-采购入库单列表过滤】窗口,点击【确定】按钮。

(3) 系统自动弹出【拷贝并执行】窗口,选择要拷贝的采购入库单,点击【确定】按钮,系统自动生成红字专用采购发票,【发票号】录入:44789000,点击【保存】按钮,如图4-202所示。

图4-202 红字采购专用发票

(4) 点击【现付】按钮,弹出【采购现付】窗口,【结算方式】选择:电汇,【原币金额】录入:-4 407,【票据号】录入:646611118,如图4-203所示。

(5) 点击【确定】按钮,发票上出现"已现付"字样。

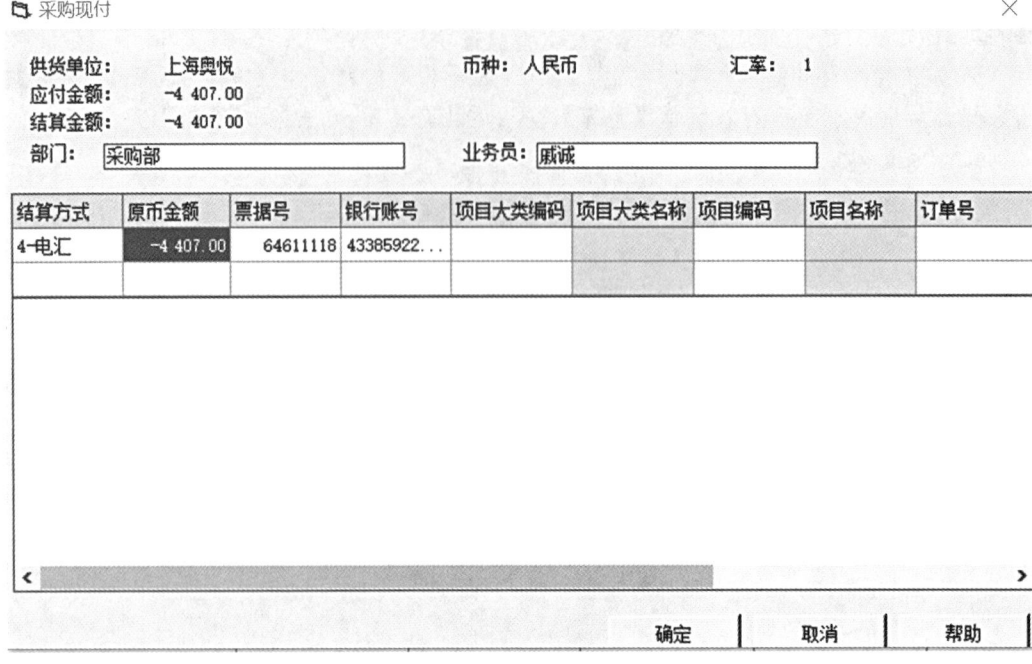

图 4-203 【采购现付】窗口

4. 采购结算

(1) 2024 年 1 月 15 日,G01 采购部戚诚登录企业应用平台,点击【业务工作】|【供应链】|【采购管理】|【采购结算】|【自动结算】,打开【查询条件选择-采购自动结算】窗口。

(2) 在【结算模式】中选择【入库单和发票】【红蓝入库单】【红蓝发票】。

(3) 点击【确定】按钮,系统提示"成功结算"。

5. 应付单据审核与制单

(1) 2024 年 1 月 15 日,W02 财务部李晓园登录企业应用平台,点击【业务工作】|【财务会计】|【应付款管理】|【应付单据处理】|【应付单据审核】,打开【应付单据查询条件】窗口,勾选【包含已现结发票】。

(2) 点击【确定】按钮,进入【应付单据列表】窗口,双击【选择】栏,点击【审核】按钮。

(3) 点击【制单处理】按钮,打开【制单查询】窗口,勾选【现结制单】。

(4) 点击【确定】按钮,打开【现结制单】窗口,选择要制单的采购专用发票。

(5) 点击【制单】按钮,生成一张凭证,点击【保存】按钮,凭证上出现"已生成"字样,如图 4-204 所示。

6. 核算采购成本

(1) 2024 年 1 月 15 日,W02 财务部李晓园登录企业应用平台,点击【业务工作】|【供应链】|【存货核算】|【业务核算】|【正常单据记账】,打开【查询条件选择】窗口。

(2) 点击【确定】按钮,打开【正常单据记账列表】窗口,点击【全选】按钮。

(3) 点击【记账】按钮,系统提示"记账成功"。点击【确定】按钮。

(4) 点击【财务核算】|【生成凭证】,打开【生成凭证】窗口,点击【选择】按钮,打开【查询条件】窗口。

记 账 凭 证

已生成

记　字 0035　　　制单日期：2024.01.15　　审核日期：　　附单据数：1

摘　要	科目名称	借方金额	贷方金额
现结	在途物资	390000	
现结	应交税费/应交增值税/进项税额	50700	
现结	银行存款		440700
	合　计	440700	440700

票号日期　　数量单价

备注　项目　　部门
　　　个人　　客户
　　　业务员

记账　　　审核　　　出纳　　　制单 李晓园

图 4-204 【记账凭证】窗口

（5）点击【确定】按钮，打开【未生成凭证单据一览表】窗口。

（6）点击【选择】或【全选】按钮，点击【确定】按钮，返回【生成凭证】窗口。

（7）点击【生成】按钮，生成一张记账凭证，点击【保存】按钮，凭证上出现"已生成"字样，如图 4-205 所示。

记 账 凭 证

已生成

记　字 0036　　　制单日期：2024.01.15　　审核日期：　　附单据数：1

摘　要	科目名称	借方金额	贷方金额
采购入库单	库存商品	390000	
采购入库单	在途物资		390000
	合　计	390000	390000

票号日期　　数量单价

备注　项目　　部门
　　　个人　　客户
　　　业务员

记账　　　审核　　　出纳　　　制单 李晓园

图 4-205 【记账凭证】窗口

业财一体信息化应用职业技能等级要求（初级）

工作领域	工作任务	职业技能要求	
3. 业财一体信息化平台典型财务处理	3.2 典型应收应付业务处理	3.2.1	能够依据企业采购业务流程，在信息化平台上熟练、准确地查找采购发票并完成审核，生成应付类凭证
		3.2.2	能够根据《企业会计准则》，依据采购部门需求，在信息化平台应付款管理模块中熟练、准确地填制付款单，并能匹配采购发票进行正确核销，生成付款类凭证
4. 业财一体信息化平台典型业务处理	4.1 典型采购业务处理	4.1.1	能够依据采购计划及签订的采购合同或协议，在信息化平台采购管理模块中熟练、准确地录入采购订单
		4.1.2	能够依据审核通过的采购订单，在信息化平台采购管理模块中完成手工填制采购到货单或参照生成采购到货单操作
		4.1.3	能够依据采购订单，在信息化平台库存管理模块中，完成手工填制采购入库单或参照生成采购入库单操作
		4.1.4	能够在信息化平台采购管理模块中，熟练、准确地进行手工填制或参照生成采购发票操作，并进行发票与入库单结算处理，生成采购结算单

项目五 销售管理系统业务处理

任务一 销售管理系统概述

一、销售管理系统的主要功能

销售业务是企业生成经营成果的实现过程,是企业经营活动的中心。销售管理系统主要提供对企业销售业务全流程的管理,通过销售订货、发货、开票,处理销售发货和销售退货业务,同时在发货处理时可以对客户信用额度、存货现存量、最低售价等进行检查和控制。系统支持普通销售、委托代销、分期收款、直运、零售、销售调拨等多种类型的销售业务,并提供销售账表的查询分析。具体功能包括以下几个方面。

1. 销售管理系统初始设置

销售管理系统初始设置包括设置销售管理系统业务处理所需要的各种业务选项及销售期初数据。

2. 销售业务管理

销售业务管理主要包括处理销售报价、销售订货、销售发货、销售开票、销售调拨、销售退回、委托代销、零售等业务。根据审核后的发票或发货单自动生成销售出库单,处理随同货物销售所发生的各种代垫费用,以及在货物销售过程中发生的各种销售支出。

财务共享助推企业财务数智化转型

3. 销售账表查询及销售分析

销售管理系统可以提供各种销售明细账、销售明细表及各种统计表,还提供各种销售分析及综合查询统计分析。

4. 提供销售管理与控制

销售管理系统提供对客户的分级管理,可以针对不同的客户制定不同的价格政策。可以对部门、业务员、客户设置信用额度和信用期限,从而加强对应收账款的控制和确保应收账款的及时收回,也可以对存货进行追踪管理。

二、普通销售业务处理流程

普通销售业务适用于大多数企业的日常销售业务。销售管理系统与其他系统集成应用,提供对销售报价、销售订货、销售发货、销售出库、销售开票、确认应收、销售收款结算、结转销售成本全过程的处理。

普通销售业务支持两种业务模式,即先发货后开票业务模式和开票后直接发货业务模式。这两种业务模式除了在销售发货时略有不同,其他业务处理流程是一样的,开票后直接发货的单据业务流程如图 5-1 所示。

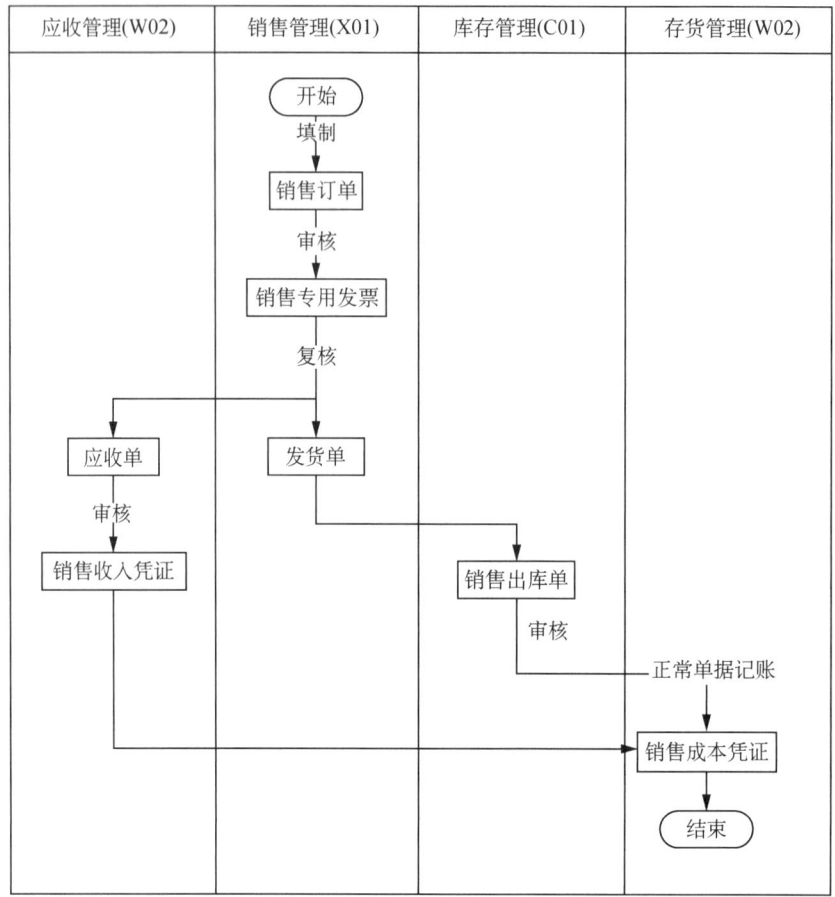

图 5-1 开票后直接发货的单据业务流程

普通销售业务基本操作处理流程如下：

(1) 销售订货。销售订货处理是指企业与客户签订销售合同,在销售管理系统中体现为销售订单。若客户经常采购某产品,或客户是本企业的经销商,则销售部门无须经过报价环节即可输入销售订单。如果前面已有客户的报价,也可以参照报价单生成销售订单。在销售业务流程中,销售订货环节是可选的。

已审核未关闭的销售订单可以参照生成销售发货单或销售发票。

(2) 销售发货。当客户订单交期来临时,相关人员应根据订单进行发货。销售发货是企业执行与客户签订的销售合同或销售订单,将货物发往客户所在地的行为,是销售业务的执行阶段。除了根据销售订单发货,销售管理系统也有直接发货的功能,即无须事先录入销售订单随时可以将产品发给客户。在销售业务流程中,销售发货处理是必需的。

先发货后开票业务模式中发货单由销售部门根据销售订单填制或手工输入,客户通过发货单取得货物所有权。发货单审核后,可以生成销售发票和销售出库单。

开票后直接发货业务模式中发货单由销售发票自动生成,发货单只做浏览,不能进行修改、删除、弃审等操作,但可以关闭、打开;销售出库单根据自动生成的发货单生成。

参照订单发货时,一张订单可多次发货,多张订单也可一次发货。如果不设置"超订量发货控制",可以超销售订单数量发货。

(3) 销售开票。销售开票是在销售过程中企业给客户开具销售发票及其所附清单的过程。它是销售收入确定、销售成本计算、应交销售税金确定和应收账款确定的依据,是销售业务的必要环节。

销售发票既可以直接填制,也可以参照销售订单或销售发货单生成。参照发货单开票时,多张发货单可以汇总开票,一张发货单也可以拆单生成多张销售发票。

(4) 销售出库。销售出库是销售业务处理的必要环节,在库存管理系统中用于存货出库数量的核算,在存货核算系统中用于存货出库成本核算(如果存货核算系统中销售成本的核算选择依据销售出库单)。

(5) 出库成本确定。销售出库(开票)之后,要进行出库成本的确定。对于用先进先出法、移动平均法、个别计价法这三种计价方式计价的存货,在存货核算系统进行单据记账时进行出库成本核算;而用全月平均法、计划价或售价法计价的存货在期末处理时进行出库成本核算。

(6) 应收账款确定及收款处理。及时进行应收账款确定及收款处理是财务核算工作的基本要求,应收账款确定及收款工作在应收款管理系统完成。应收款管理系统主要完成由经营业务转入的应收款项的处理,提供各项应收款项的相关信息,以明确应收账款款项来源,有效掌握收款核销情况,提供实时的催款依据,提高资金周转率。

三、销售管理系统与用友 U8 其他子系统的数据关系

销售管理系统与用友 U8 其他子系统的关系如图 5-2 所示。

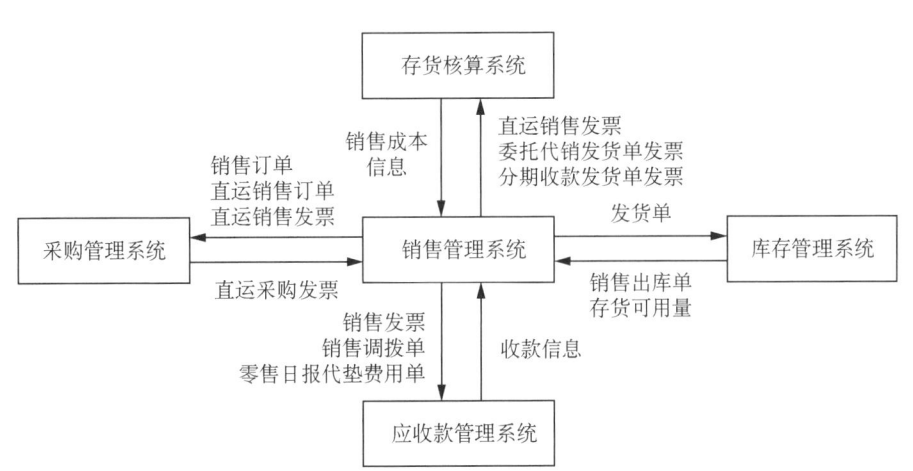

图 5-2 销售管理系统与用友 U8 其他子系统的数据关系

恪尽职守的"最美会计人"

采购管理系统中的采购订单可参照销售管理系统中的销售订单生成;在直运业务必有订单模式下,直运采购订单必须参照直运销售订单生成;如果直运业务非必有订单,那么直运采购发票和直运销售发票可相互参照。

根据选项设置,销售出库单既可以在销售管理系统生成,然后被传递到库存管理系统审核,也可以在库存管理系统参照销售管理系统的单据生成;库存管理系统为销售管理系统提

供可用于销售的存货可用量。

销售发票、销售调拨单、零售日报、代垫费用单在应收款管理中审核登记应收明细账,进行制单生成凭证;应收款管理系统进行收款并核销相应应收单据后回写收款核销信息。

直运销售发票、委托代销发货单发票、分期收款发货单发票在存货核算系统登记存货明细账,并制单生成凭证。

存货核算系统为销售管理系统提供销售成本信息。

任务二 普通销售业务处理

一、先发货后开票的销售业务

先发货后开票的销售业务是指根据销售订单或销售合同,向客户发出货物,发货之后根据发货单开票并结算的业务。先发货后开票的销售业务适用于普通销售、分期收款、委托代销业务。

【业务 5-1】 2024 年 1 月 15 日,销售部肖丽丽与南通文峰电子商务有限公司签订销售合同,货已发出。相关业务单据如图 5-3 至图 5-5 所示。

业务 5-1 先发货后开票的销售业务

购销合同

供货方:南通力宝美运动服饰有限公司　　　　　合同号:XS0001
购买方:南通文峰电子商务有限公司　　　　　　签订日期:2024 年 01 月 15 日
　　为保护买卖双方的合法权益,买卖双方根据《中华人民共和国民法典》合同编的有关规定,经友好协商,一致同意签订本合同并共同遵守:
　　一、货物名称、数量及金额。　　　　　　　　　　　　　　　　　　　　金额单位:元

序号	货物名称	数量(套)	单价(不含税)	金额(不含税)	税率	税额
1	春秋款女士运动服	250	260.00	65 000.00	13%	8 450.00
2	春秋款男士运动服	250	280.00	70 000.00	13%	9 100.00
	合计			¥135 000.00		¥17 550.00

　　二、合同总金额:人民币拾伍万贰仟伍佰伍拾元整。
　　三、付款时间:2024 年 2 月 1 日。
　　四、交货日期:2024 年 1 月 15 日。
　　五、交货地点:南通市青年路 5 号,南通文峰电子商务有限公司。
　　六、发运方式:公路运输,运费由购买方承担。
　　七、本合同一式贰份,供需双方各执壹份。本合同自双方签字盖章后生效,至本合同全部条款执行完毕后失效。

供货方(盖章):南通力宝美运动服饰有限公司　　购买方(盖章):南通文峰电子商务有限公司
地址:南通市崇州区三香路 668 号　　　　　　　　地址:南通市青年路 5 号
授权代表:陈力宝　　　　　　　　　　　　　　　授权代表:张丰
联系电话:0513-85358899　　　　　　　　　　　联系电话:0513-95086000

图 5-3 【业务 5-1】购销合同

购买方信息	名称：南通文峰电子商务有限公司			销售方信息	名称：南通力宝美运动服饰有限公司		
	统一社会信用代码/纳税人识别号：9132066208436295XQ				统一社会信用代码/纳税人识别号：913206234001053780A		

发票号码：05134667
开票日期：2024年01月15日

项目名称	单位	数量	单价	金额	税率/征收率	税额
*春秋款女士运动服	套	250	260.00	65000.00	13%	8450.00
*春秋款男士运动服	套	250	280.00	70000.00	13%	9100.00
合 计				¥135000.00		¥17550.00
价税合计（大写）	⊗拾伍万贰仟伍佰伍拾元整			（小写）¥152550.00		
备注						

开票人：略

图 5-4 【业务 5-1】增值税专用发票

出 库 单

提货单位：南通文峰电子商务有限公司　　2024年1月15日　　编号：0001

发出仓库	存货编码	存货名称	单位	数量		单价	金额	备注
				应发	实发			
运动套装库	0101	春秋款女士运动服	套	250	250			
运动套装库	0102	春秋款男士运动服	套	250	250			
		合计		500	500			

部门经理：略　　会计：略　　仓库：略　　经办人：略

会计联

图 5-5 【业务 5-1】出库单

操作步骤

1. 填制销售订单

（1）2024年1月15日，X01销售部肖丽丽登录企业应用平台，点击【业务工作】|【供应链】|【销售管理】|【销售订货】|【销售订单】，打开【销售订单】窗口。

（2）点击【增加】，在表头【订单号】录入：XS0001，【销售类型】选择：正常销售，按照购销合同录入订单信息，点击【保存】按钮。

（3）点击【审核】按钮，审核填制的销售订单，如图5-6所示。

图 5-6 【销售订单】窗口

> 提示：
> ⊙ 已保存的销售订单可以在订单列表中查询。没有被下游参照的订单可以在打开单据后执行弃审、修改、删除等操作。
> ⊙ 已经审核的销售订单可以在订单列表中，打开该销售订单，单击【变更】按钮，进行修改。

2. 生成发货单

（1）2024年1月15日，X01销售部肖丽丽登录企业应用平台，点击【业务工作】|【供应链】|【销售管理】|【销售发货】|【发货单】，打开【发货单】窗口。

（2）点击【增加】按钮，打开【查询条件选择-参照订单】窗口。

（3）点击【确定】按钮，打开【参照生单】窗口，选择要参照的订单，如图 5-7 所示。

图 5-7 【参照生单】窗口

（4）点击【确定】按钮，返回【发货单】窗口，表体【仓库名称】选择"运动套装库"，点击【保存】按钮。

（5）点击【审核】按钮，如图 5-8 所示。

图 5-8 【发货单】窗口

> **提示：**
>
> ⊙销售发货单可以手工输入，也可以参照销售订单生成。如果销售系统选项中设置了"普通销售必有订单"，则只能参照销售订单生成。

3. 生成销售出库单

（1）2024 年 1 月 15 日，C01 仓管部李军钧登录企业应用平台，点击【业务工作】|【供应链】|【库存管理】|【出库业务】|【销售出库单】，打开【销售出库单】窗口。

（2）点击【生单】|【销售生单】，打开【查询条件选择-销售发货单列表】窗口，点击【确定】按钮。

（3）打开【销售生单】窗口，选择相应的发货单，点击【确定】按钮，系统自动生成销售出库单，点击【保存】按钮。

（4）点击【审核】按钮，如图 5-9 所示。

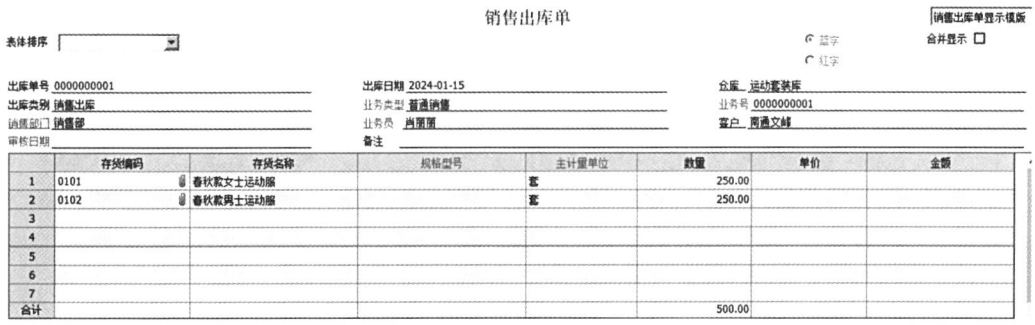

图 5-9 【销售出库单】窗口

> **提示：**
>
> ⊙如果在销售管理系统选项中设置了【销售生成出库单】，则系统根据销售发货单自动生成出库单。否则需要通过【生单】参照发货单生成。
>
> ⊙在库存管理系统中生成的销售出库单，可以在销售管理系统的账表查询中，通过联查单据查询该销售出库单。

4. 生成销售专用发票

(1) 2024 年 1 月 15 日,X01 销售部肖丽丽登录企业应用平台,点击【业务工作】|【供应链】|【销售管理】|【销售开票】|【销售专用发票】,打开【销售专用发票】窗口。

(2) 点击【增加】按钮,关闭系统弹出的【查询条件选择-参照订单】窗口,点击工具栏【生单】|【参照发货单】,系统弹出【查询条件选择-发票参照发货单】窗口。

(3) 点击【确定】按钮,系统弹出【参照生单】窗口,选择相应的发货单,如图 5-10 所示。

图 5-10 【参照生单】窗口

(4) 点击【确定】按钮,返回【销售专用发票】窗口,修改发票号为"05134667",点击【保存】按钮。

(5) 点击【复核】按钮,如图 5-11 所示。

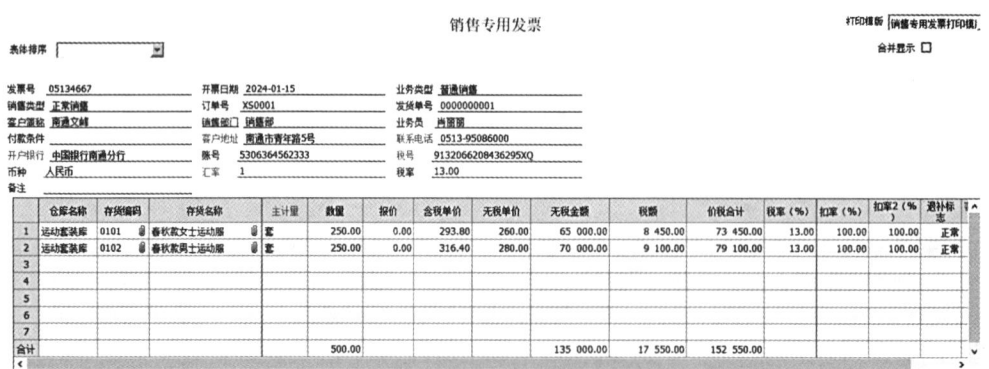

图 5-11 【销售专用发票】窗口

> **提示:**
> ⊙销售专用发票可以参照发货单自动生成,也可以手工输入。如果销售系统选项设置了【普通销售必有订单】,则不能手工输入。
> ⊙如果在销售管理系统选项中设置了【新增发票默认参照发货单生成】,则新增发票时,系统自动弹出【选择发货单】窗口。系统默认为【新增发票默认参照订单生成】。

5. 应收单据审核与制单

(1) 2024 年 1 月 15 日，W02 财务部李晓园登录企业应用平台，点击【业务工作】|【财务会计】|【应收款管理】|【应收单据处理】|【应收单据审核】，打开【应收单据查询条件】窗口，点击【确定】按钮，进入【应收单据列表】窗口，双击【选择】栏，点击【审核】按钮，如图 5-12 所示。

应收单据列表

记录总数：1

选择	审核人	单据日期	单据类型	单据号	客户名称	部门	业务员	制单人	币种	原币金额
	李晓园	2024-01-15	销售专…	05134667	南通文峰电子商务有限公司	销售部	肖丽丽	肖丽丽	人民币	152 550.00
合计										152 550.00

图 5-12 【应收单据列表】窗口

(2) 点击【制单处理】按钮，打开【制单查询】窗口，勾选【发票制单】，点击【确定】按钮，打开【销售发票制单】窗口，选择要制单的记录，点击【制单】按钮，生成一张凭证，点击【保存】按钮，凭证上出现“已生成”字样，如图 5-13 所示。

已生成

记 账 凭 证

记 字 0037　　制单日期：2024.01.15　　审核日期：　　附单据数：1

摘 要	科目名称	借方金额	贷方金额
销售专用发票	应收账款	15255000	
销售专用发票	主营业务收入		13500000
销售专用发票	应交税费/应交增值税/销项税额		1755000
票号 日期　　数量 单价	合 计	15255000	15255000

备注　项 目　　部 门

个 人　　客 户 南通文峰

业务员 肖丽丽

记账　　审核　　出纳　　制单 李晓园

图 5-13 【记账凭证】窗口

6. 结转销售成本

(1) 2024 年 1 月 15 日，W02 财务部李晓园登录企业应用平台，点击【业务工作】|【供应链】|【存货核算】|【业务核算】|【正常单据记账】，打开【查询条件选择】窗口。

(2) 点击【确定】按钮，打开【正常单据记账列表】窗口，点击【全选】按钮，如图 5-14 所示。

(3) 点击【记账】按钮，系统提示“记账成功”，点击【确定】按钮。

(4) 点击【财务核算】|【生成凭证】，打开【生成凭证】窗口，点击【选择】按钮，打开【查询条件】窗口。

(5) 点击【确定】按钮，打开【未生成凭证单据一览表】窗口。

正常单据记账列表

选择	日期	单据号	存货编码	存货名称	规格型号	存货代码	单据类型	仓库名称
Y	2024-01-15	05134667	0101	春秋款女士运…			专用发票	运动套装库
Y	2024-01-15	05134667	0102	春秋款男士运…			专用发票	运动套装库
小计								

记录总数：2

图 5-14 【正常单据记账列表】窗口

（6）点击【选择】或【全选】按钮，点击【确定】按钮，返回【生成凭证】窗口，如图 5-15 所示。

凭证类别 记 记账凭证

选择	单据类型	单据号	摘要	科目类型	科目编码	科目名称	借方金额	贷方金额	借方数量	贷方数量	科目方向	存货编码
1	专用发票	05134667	专用发票	对方	6401	主营业务成本	32 500.00		250.00		1	0101
				存货	1405	库存商品		32 500.00		250.00	2	0101
				对方	6401	主营业务成本	35 000.00		250.00		1	0102
				存货	1405	库存商品		35 000.00		250.00	2	0102
合计							67 500.00	67 500.00				

图 5-15 【生成凭证】窗口

（7）点击【生成】按钮，生成一张记账凭证，点击【保存】按钮，凭证上出现"已生成"字样，如图 5-16 所示。

记 账 凭 证

已生成

记 字 0038　　制单日期：2024.01.15　　审核日期：　　附单据数：1

摘要	科目名称	借方金额	贷方金额
专用发票	主营业务成本	6750000	
专用发票	库存商品		6750000
票号 日期	数量 单价	合计 6750000	6750000
备注	项目 个人 业务员	部门 客户	

记账　　　审核　　　出纳　　　制单 李晓园

图 5-16 【记账凭证】窗口

> **提示：**
> ⊙ 存货核算系统必须执行正常单据记账后，才能确认销售出库的成本，并生成结转销售成本的凭证。
> ⊙ 正常单据记账后，可以执行取消记账操作，恢复记账前状态。
> ⊙ 存货采用先进先出法、后进先出法等方法核算，可以随时结转成本。如果存货采用全月加权平均法，则只能在月末计算存货单位成本和结转销售成本。

二、开票后直接发货的现结销售业务

开票后直接发货业务是指根据销售订单或销售合同，向客户开具销售发票，客户依据发票到指定仓库提货，开票直接发货业务只适用于普通销售。

现结业务是指在销售货物的同时向客户收取货币资金的行为。在销售发票、销售调拨单和零售日报等销售结算单据中可以直接处理现结业务。

【业务 5-2】 2024 年 1 月 16 日，销售部肖丽丽与南京飞鹤国际购物中心签订销售合同，货已发出。取得相关业务单据如图 5-17 至图 5-20 所示。

业务 5-2 开票后直接发货的现结销售业务

购销合同

供货方：南通力宝美运动服饰有限公司　　　　　　　　　　合同号：XS0002
购买方：南京飞鹤国际购物中心　　　　　　　　　　　　　签订日期：2024 年 01 月 16 日

为保护买卖双方的合法权益，买卖双方根据《中华人民共和国民法典》合同编的有关规定，经友好协商，一致同意签订本合同并共同遵守：

一、货物名称、数量及金额。　　　　　　　　　　　　　　　　　　　　金额单位：元

序号	货物名称	数量（件）	单价（不含税）	金额（不含税）	税率	税额
1	长袖女士 T 恤	300	100.00	30 000.00	13%	3 900.00
2	长袖男士 T 恤	300	100.00	30 000.00	13%	3 900.00
	合计			¥60 000.00		¥7 800.00

二、合同总金额：人民币陆万柒仟捌佰元整。
三、付款时间：2024 年 01 月 16 日。
四、交货日期：2024 年 01 月 16 日。
五、结算方式：电汇。
六、交货地点：南京市秦淮区汉中路 8889 号，南京飞鹤国际购物中心。
七、发运方式：公路运输，运费由购买方承担。
八、本合同一式贰份，供需双方各执壹份。本合同自双方签字盖章后生效，至本合同全部条款执行完毕后失效。

供货方（盖章）：南通力宝美运动服饰有限公司　　购买方（盖章）：南京飞鹤国际购物中心
地址：南通市崇川区三春路 668 号　　　　　　　　地址：南京市秦淮区汉中路 8889 号
授权代表：陈力宝　　　　　　　　　　　　　　　授权代表：王小一
联系电话：0513-85358899　　　　　　　　　　　联系电话：025-94708898

图 5-17 【业务 5-2】购销合同

项目名称	单位	数量	单价	金额	税率/征收率	税 额
*长袖女士T恤	件	300	100.00	30000.00	13%	3900.00
*长袖男士T恤	件	300	100.00	30000.00	13%	3900.00
合 计				¥60000.00		¥7800.00
价税合计（大写）	⊗陆万柒仟捌佰元整				(小写)¥67800.00	
备注						

开票人：略

图 5-18 【业务 5-2】增值税专用发票

出 库 单

提货单位：南京飞鹤国际购物中心　　2024年1月16日　　　　　编号：0002

发出仓库	存货编码	存货名称	单位	数量 应发	数量 实发	单价	金额	备注
运动T恤仓	0103	长袖女士T恤	件	300	300			
运动T恤仓	0104	长袖男士T恤	件	300	300			
		合计		600	600			

部门经理：略　　会计：略　　仓库：略　　经办人：略

图 5-19 【业务 5-2】出库单

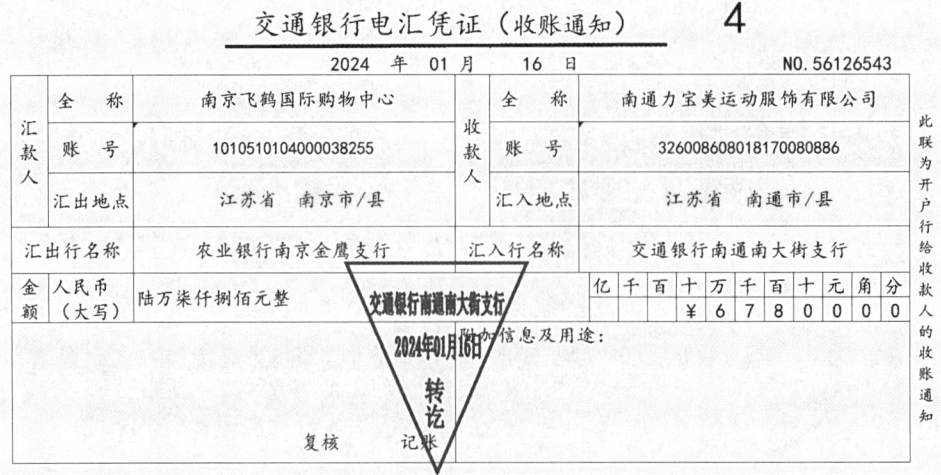

图 5-20 【业务 5-2】电汇收款凭证

操作步骤

1. 填制销售订单

(1) 2024年1月16日,X01销售部肖丽丽登录企业应用平台,点击【业务工作】|【供应链】|【销售管理】|【销售订货】|【销售订单】,打开【销售订单】窗口。

(2) 点击【增加】按钮,在表头【订单号】录入:XS0002,【销售类型】选择:正常销售,按照购销合同录入订单信息,点击【保存】按钮。

(3) 点击【审核】按钮,审核填制的销售订单,如图5-21所示。

图5-21 【销售订单】窗口

2. 生成销售专用发票

(1) 2024年1月16日,X01销售部肖丽丽登录企业应用平台,点击【业务工作】|【供应链】|【销售管理】|【销售开票】|【销售专用发票】,打开【销售专用发票】窗口。

(2) 点击【增加】按钮,系统弹出【查询条件选择-参照订单】窗口。

(3) 点击【确定】按钮,系统弹出【参照生单】窗口,选择相应的订单。

(4) 点击【确定】按钮,返回【销售专用发票】窗口,修改发票号为"05134668",表体仓库名称修改为"运动T恤库",点击【保存】按钮,如图5-22所示。

图5-22 【销售专用发票】窗口

(5) 单击【现结】按钮,打开【现结】窗口,按照电汇凭证的信息录入,如图 5-23 所示。

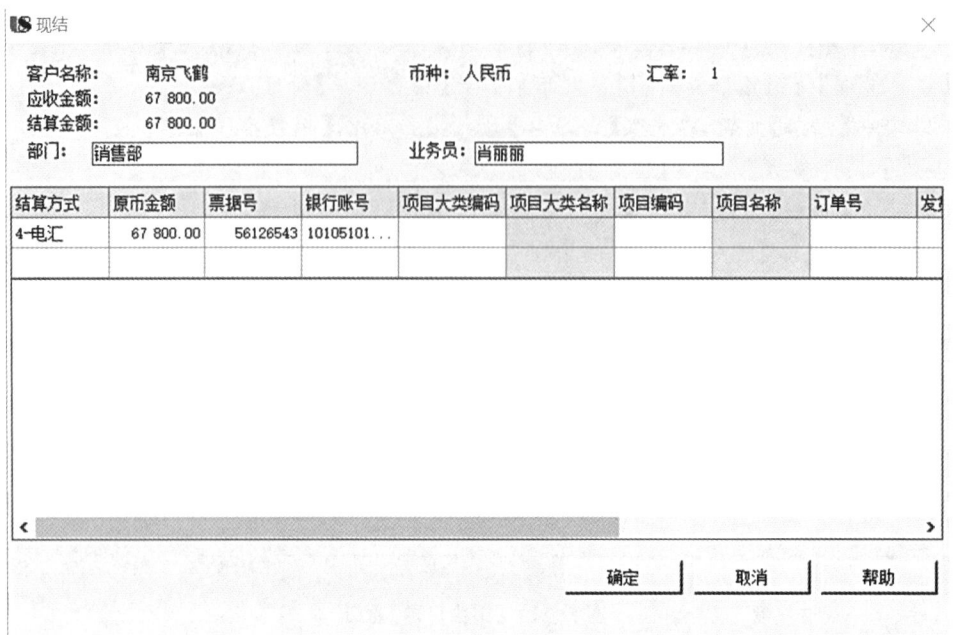

图 5-23 【现结】窗口

(6) 点击【确定】按钮,系统提示"发票已现结!",点击【确定】按钮,现结后的发票如图 5-24 所示。

图 5-24 【已现结发票】窗口

(7) 点击【复核】按钮,复核已现结的销售专用发票。

提示:

⊙ 系统自动生成发票后,如果直接点击【复核】按钮,则不能再进行现结处理,只能确认为应收账款。即如果需要现结处理,需先现结,后复核。

⊙ 已经现结或复核的发票不能直接修改。如果需要修改,可以先弃结和弃复,然后点击【修改】按钮。

3. 浏览发货单

(1) 点击【业务工作】|【供应链】|【销售管理】|【销售发货】|【发货单】,打开【发货单】窗口。

(2) 点击【末张】按钮,可以查看系统根据销售专用发票自动生成并审核的发货单,如图 5-25 所示。

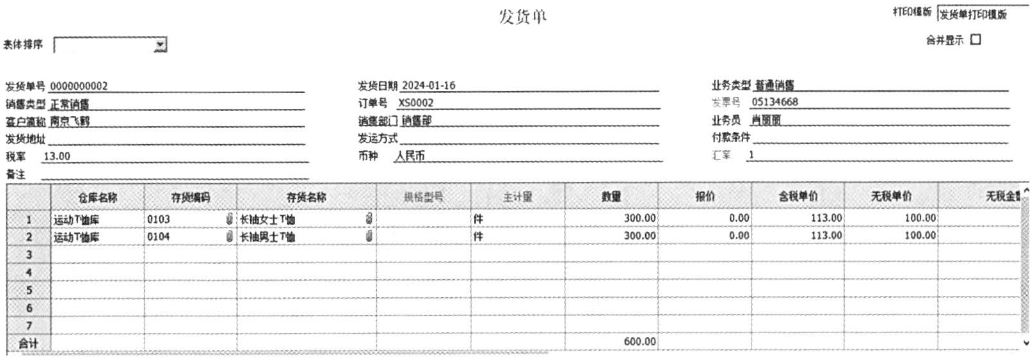

发货单

打印模版 发货单打印模版

表体排序 合并显示 □

发货单号 0000000002 发货日期 2024-01-16 业务类型 普通销售
销售类型 正常销售 订单号 XS0002 发票号 05134668
客户简称 南京飞鹤 销售部门 销售部 业务员 肖丽丽
发货地址 发运方式 付款条件
税率 13.00 币种 人民币 汇率 1
备注

	仓库名称	存货编码	存货名称	规格型号	主计量	数量	报价	含税单价	无税单价	无税金额
1	运动T恤库	0103	长袖女士T恤		件	300.00	0.00	113.00	100.00	
2	运动T恤库	0104	长袖男士T恤		件	300.00	0.00	113.00	100.00	
3										
4										
5										
6										
7										
合计						600.00				

图 5-25 【发货单】窗口

4. 生成销售出库单

(1) 2024 年 1 月 16 日,C01 仓管部李军钧登录企业应用平台,点击【业务工作】|【供应链】|【库存管理】|【出库业务】|【销售出库单】,打开【销售出库单】窗口。

(2) 点击【生单】|【销售生单】,打开【查询条件选择-销售发货单列表】,点击【确定】按钮。

(3) 打开【销售生单】窗口,选择相应的发货单,点击【确定】按钮,系统自动生成销售出库单,点击【保存】按钮。

(4) 点击【审核】按钮,如图 5-26 所示。

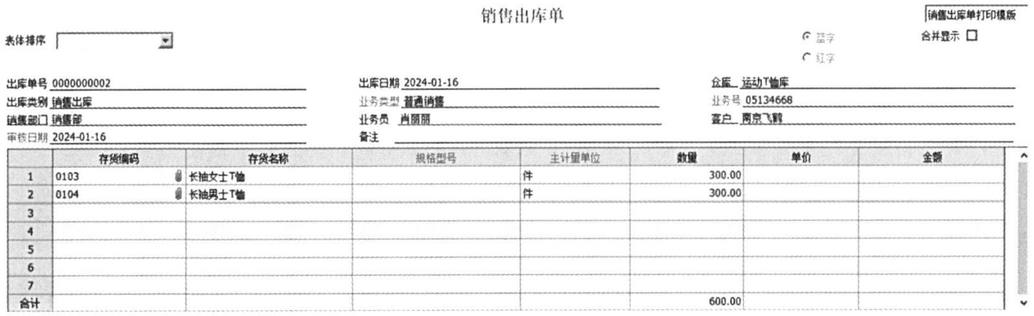

销售出库单

销售出库单打印模版

表体排序 ● 蓝字 ○ 红字 合并显示 □

出库单号 0000000002 出库日期 2024-01-16 仓库 运动T恤库
出库类别 销售出库 业务类型 普通销售 业务号 05134668
销售部门 销售部 业务员 肖丽丽 客户 南京飞鹤
审核日期 2024-01-16 备注

	存货编码	存货名称	规格型号	主计量单位	数量	单价	金额
1	0103	长袖女士T恤		件	300.00		
2	0104	长袖男士T恤		件	300.00		
3							
4							
5							
6							
7							
合计					600.00		

图 5-26 【销售出库单】窗口

5. 应收单据审核与制单

(1) 2024 年 1 月 16 日,W02 财务部李晓园登录企业应用平台,点击【业务工作】|【财务会计】|【应收款管理】|【应收单据处理】|【应收单据审核】,打开【应收单据查询条件】窗口,勾选【包含已现结发票】,点击【确定】按钮,进入【应收单据列表】窗口,双击【选择】栏,点击【审核】按钮,如图 5-27 所示。

应收单据列表

选择	审核人	单据日期	单据类型	单据号	客户名称	部门	业务员	制单人	币种	原币金额
	李晓园	2024-01-16	销售专...	05134668	南京飞鹤国际购物中心	销售部	肖丽丽	肖丽丽	人民币	67,800.00
合计										67,800.00

图 5-27 【应收单据列表】窗口

（2）点击【制单处理】按钮，打开【制单查询】窗口，勾选【现结制单】，点击【确定】按钮，打开【现结制单】窗口，选择要制单的记录，点击【制单】按钮，生成一张凭证，点击【保存】按钮，凭证上出现"已生成"字样，如图 5-28 所示。

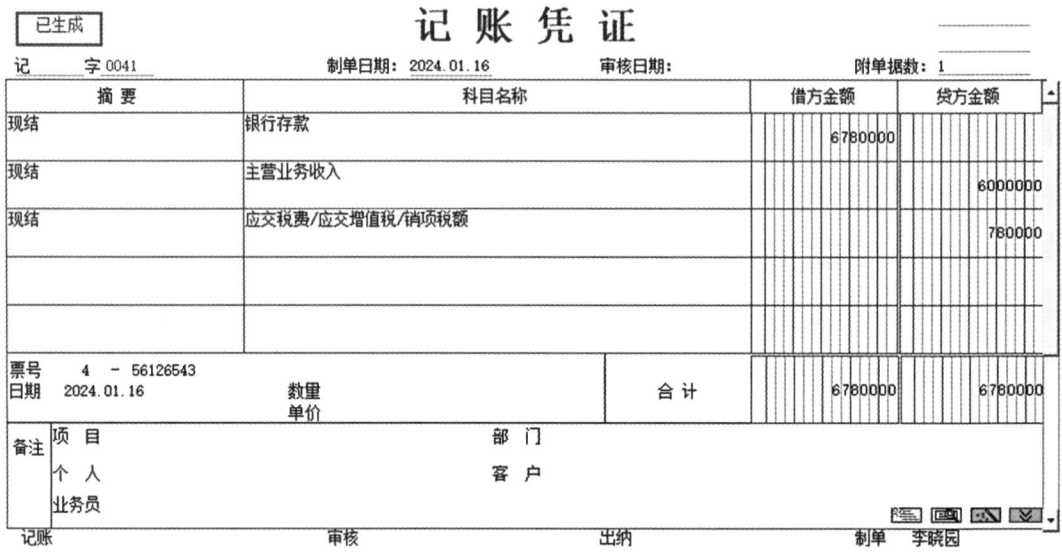

图 5-28 【记账凭证】窗口

6. 结转销售成本

（1）2024 年 1 月 16 日，W02 财务部李晓园登录企业应用平台，点击【业务工作】|【供应链】|【存货核算】|【业务核算】|【正常单据记账】，打开【查询条件选择】窗口。

（2）点击【确定】按钮，打开【正常单据记账列表】窗口，点击【全选】按钮，如图 5-29 所示。

正常单据记账列表

选择	日期	单据号	存货编码	存货名称	规格型号	存货代码	单据类型	仓库名称	收发类别
Y	2024-01-16	05134668	0103	长袖女士T恤			专用发票	运动T恤库	销售出库
Y	2024-01-16	05134668	0104	长袖男士T恤			专用发票	运动T恤库	销售出库
小计									

图 5-29 【正常单据记账列表】窗口

（3）点击【记账】按钮，系统提示"记账成功"，点击【确定】按钮。

（4）点击【财务核算】|【生成凭证】，打开【生成凭证】窗口，点击【选择】按钮，打开【查询

条件】窗口。

(5) 点击【确定】按钮,打开【未生成凭证单据一览表】窗口。

(6) 点击【选择】或【全选】按钮,点击【确定】按钮,返回【生成凭证】窗口,如图 5-30 所示。

选择	单据类型	单据号	摘要	科目类型	科目编码	科目名称	借方金额	贷方金额	借方数量	贷方数量	科目方向	存货编码	存货
1	专用发票	05134668	专用发票	对方	6401	主营业务成本	15 000.00		300.00		1	0103	长袖女
				存货	1405	库存商品		15 000.00		300.00	2	0103	长袖女
				对方	6401	主营业务成本	16 500.00		300.00		1	0104	长袖男
				存货	1405	库存商品		16 500.00		300.00	2	0104	长袖男
合计							31 500.00	31 500.00					

图 5-30 【生成凭证】窗口

(7) 点击【生成】按钮,生成一张记账凭证,点击【保存】按钮,如图 5-31 所示。

图 5-31 【记账凭证】窗口

三、带付款条件的销售业务

【业务 5-3】 2024 年 1 月 17 日,销售部肖丽丽与南京中连商场股份有限公司签订销售合同,货已发出。相关业务单据如图 5-32 至图 5-34 所示。

2024 年 1 月 18 日收到南京中连商场股份有限公司货款。相关业务单据如图 5-35 所示。

业务 5-3
带付款条件
的销售业务

购销合同

供货方:南通力宝美运动服饰有限公司　　　　　　　　　合同号:XS0003
购买方:南京中连商场股份有限公司　　　　　　　　　　签订日期:2024年01月17日

　　为保护买卖双方的合法权益,买卖双方根据《中华人民共和国民法典》合同编的有关规定,经友好协商,一致同意签订本合同并共同遵守:
　　一、货物名称、数量及金额。

金额单位:元

序号	货物名称	数量(件)	单价(不含税)	金额(不含税)	税率	税额
1	短袖女士T恤	300	85.00	25 500.00	13%	3 315.00
2	短袖男士T恤	300	95.00	28 500.00	13%	3 705.00
	合计			¥54 000.00		¥7 020.00

　　二、合同总金额:人民币陆万壹仟零贰拾元整。
　　三、交货日期:2024年01月17日。
　　四、结算方式:电汇,付款条件:2/10,1/20,N/30(现金折扣按货物的价款计算,不考虑增值税)。
　　五、交货地点:南京市秦淮区中山岭南路886号,南京中连商场股份有限公司。
　　六、发运方式:公路运输,运费由购买方承担。
　　七、本合同一式贰份,供需双方各执壹份。本合同自双方签字盖章后生效,至本合同全部条款执行完毕后失效。

供货方(盖章):南通力宝美运动服饰有限公司　　购买方(盖章):南京中连商场股份有限公司
地址:南通市崇川区三香路668号　　　　　　　　地址:南京市秦淮区中山岭南路886号
授权代表:陈力宝　　　　　　　　　　　　　　　授权代表:张琍兰
联系电话:0513-85358899　　　　　　　　　　　联系电话:025-94715287

图5-32 【业务5-3】购销合同

电子发票(增值税专用发票)

发票号码:05134669
开票日期:2024年01月17日

购买方信息	名称:南京中连商场股份有限公司		销售方信息	名称:南通力宝美运动服饰有限公司	
	统一社会信用代码/纳税人识别号:91320100134881640F			统一社会信用代码/纳税人识别号:91320623400105378A	

项目名称	单位	数量	单价	金额	税率/征收率	税额
*短袖女士T恤	件	300	85.00	25500.00	13%	3315.00
*短袖男士T恤	件	300	95.00	28500.00	13%	3705.00
合　　计				¥54000.00		¥7020.00
价税合计(大写)	⊗陆万壹仟零贰拾元整				(小写)¥61020.00	
备注						

开票人:略

图5-33 【业务5-3】增值税专用发票

出库单

提货单位：南京中连商场股份有限公司　　2024年1月17日　　编号：0003

发出仓库	存货编码	存货名称	单位	数量应发	数量实发	单价	金额	备注
运动T恤仓	0105	短袖女士T恤	件	300	300			
运动T恤仓	0106	短袖男士T恤	件	300	300			
合计				600	600			

部门经理：略　　会计：略　　仓库：略　　经办人：略

图5-34 【业务5-3】出库单

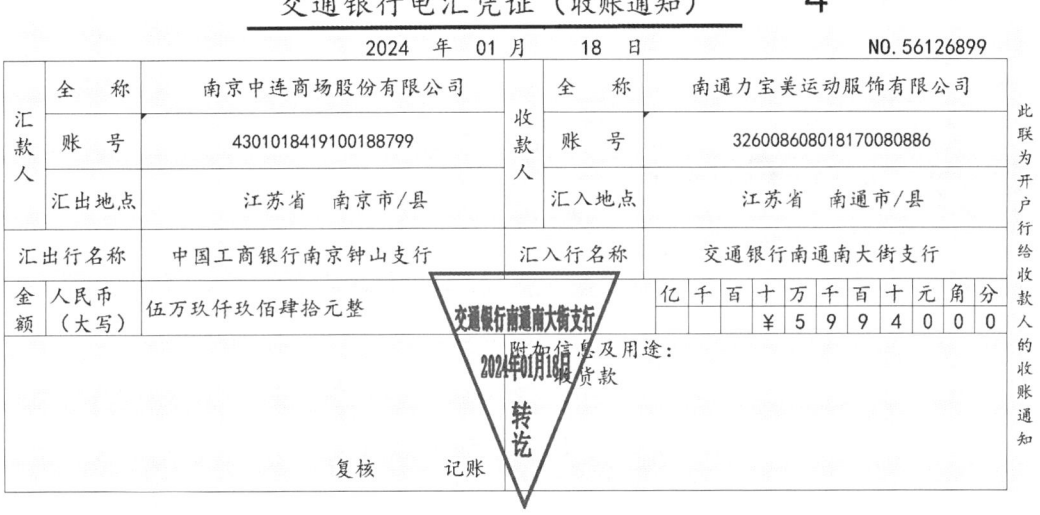

图5-35 【业务5-3】电汇收款凭证

操作步骤

1. 填制销售订单

(1) 2024年1月17日，X01销售部肖丽丽登录企业应用平台，点击【业务工作】|【供应链】|【销售管理】|【销售订货】|【销售订单】，打开【销售订单】窗口。

(2) 点击【增加】按钮，在表头【订单号】录入：XS0003，【销售类型】选择：正常销售，【付款条件】选择：2/10,1/20,n/30，按照购销合同录入订单信息，点击【保存】按钮。

(3) 点击【审核】按钮，审核填制的销售订单，如图5-36所示。

2. 生成销售专用发票

(1) 2024年1月17日，X01销售部肖丽丽登录企业应用平台，点击【业务工作】|【供应链】|【销售管理】|【销售开票】|【销售专用发票】，打开【销售专用发票】窗口。

(2) 点击【增加】按钮，系统弹出【查询条件选择-参照订单】窗口。

(3) 点击【确定】按钮，系统弹出【参照生单】窗口，选择相应的订单。

图 5-36 【销售订单】窗口

(4) 点击【确定】按钮,返回【销售专用发票】窗口,修改发票号为"05134669",表体仓库名称修改为"运动 T 恤库",点击【保存】按钮。

(5) 点击【复核】按钮,如图 5-37 所示。

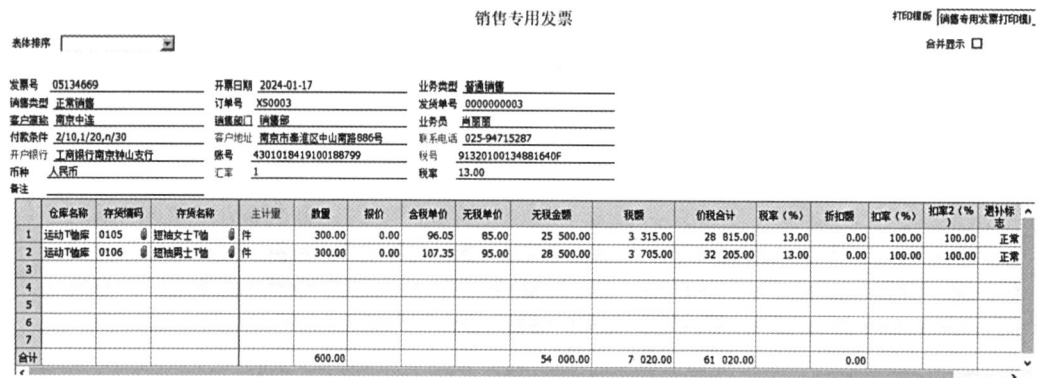

图 5-37 【销售专用发票】窗口

3. 浏览发货单

(1) 点击【业务工作】|【供应链】|【销售管理】|【销售发货】|【发货单】,打开【发货单】窗口。

(2) 单击【末张】按钮,可以查看系统根据销售专用发票自动生成并审核的发货单,如图 5-38 所示。

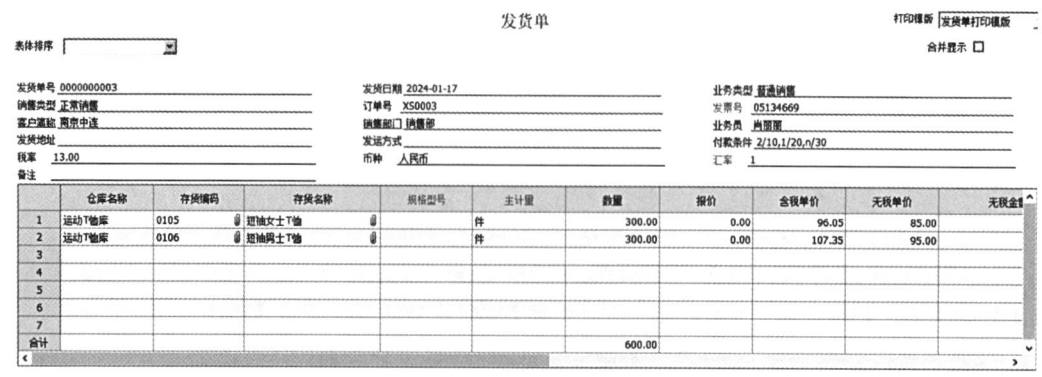

图 5-38 【发货单】窗口

4. 生成销售出库单

(1) 2024 年 1 月 17 日,C01 仓管部李军钧登录企业应用平台,点击【业务工作】|【供应链】|【库存管理】|【出库业务】|【销售出库单】,打开【销售出库单】窗口。

(2) 点击【生单】|【销售生单】,打开【查询条件选择-销售发货单列表】窗口,点击【确定】按钮。

(3) 打开【销售生单】窗口,选择相应的发货单,点击【确定】按钮,系统自动生成销售出库单,点击【保存】按钮。

(4) 点击【审核】按钮,如图 5-39 所示。

销售出库单

销售出库单打印模版

表体排序　　　◉ 蓝字　○ 红字　　合并显示 ☐

出库单号 0000000003　　出库日期 2024-01-17　　仓库 运动T恤库

出库类别 销售出库　　业务类型 普通销售　　业务号 05134669

销售部门 销售部　　业务员 肖丽丽　　客户 南京中连

审核日期 2024-01-17　　备注

	存货编码	存货名称	规格型号	主计量单位	数量	单价	金额
1	0105	短袖女士T恤		件	300.00		
2	0106	短袖男士T恤		件	300.00		
3							
4							
5							
6							
7							
合计					600.00		

图 5-39 【销售出库单】窗口

5. 应收单据审核与制单

(1) 2024 年 1 月 17 日,W02 财务部李晓园登录企业应用平台,点击【业务工作】|【财务会计】|【应收款管理】|【应收单据处理】|【应收单据审核】,打开【应收单据查询条件】窗口,点击【确定】按钮,进入【应收单据列表】窗口,双击【选择】栏,点击【审核】按钮,如图 5-40 所示。

应收单据列表

记录总数：1

选择	审核人	单据日期	单据类型	单据号	客户名称	部门	业务员	制单人	币种	原币金额
	李晓园	2024-01-17	销售专...	05134669	南京中连商场股份有限公司	销售部	肖丽丽	肖丽丽	人民币	61 020.00
合计										61 020.00

图 5-40 【应收单据列表】窗口

(2) 点击【制单处理】按钮,打开【制单查询】窗口,勾选【发票制单】,点击【确定】按钮,打开【销售发票制单】窗口,选择要制单的记录,点击【制单】按钮,生成一张凭证,点击【保存】按钮,如图 5-41 所示。

6. 结转销售成本

(1) 2024 年 1 月 17 日,W02 财务部李晓园登录企业应用平台,点击【业务工作】|【供应链】|【存货核算】|【业务核算】|【正常单据记账】,打开【查询条件选择】窗口。

(2) 点击【确定】按钮,打开【正常单据记账列表】窗口,点击【全选】按钮,如图 5-42 所示。

(3) 点击【记账】按钮,系统提示“记账成功”,点击【确定】按钮。

(4) 点击【财务核算】|【生成凭证】,打开【生成凭证】窗口,点击【选择】按钮,打开【查询

已生成

记 账 凭 证

记 字 0043 制单日期：2024.01.17 审核日期： 附单据数：1

摘 要	科目名称	借方金额	贷方金额
销售专用发票	应收账款	6102000	
销售专用发票	主营业务收入		5400000
销售专用发票	应交税费/应交增值税/销项税额		702000
票号 日期 数量 单价	合 计	6102000	6102000

备注 项 目 部 门
个 人 客 户 南京中连
业务员 肖丽丽

记账 审核 出纳 制单 李晓园

图 5-41 【记账凭证】窗口

正常单据记账列表

记录总数：2

选择	日期	单据号	存货编码	存货名称	规格型号	存货代码	单据类型	仓库名称	收发类别
Y	2024-01-17	05134669	0105	短袖女士T恤			专用发票	运动T恤库	销售出库
Y	2024-01-17	05134669	0106	短袖男士T恤			专用发票	运动T恤库	销售出库
小计									

图 5-42 【正常单据记账列表】窗口

条件】窗口。

(5) 点击【确定】按钮，打开【未生成凭证单据一览表】窗口。

(6) 点击【选择】或【全选】按钮，点击【确定】按钮，返回【生成凭证】窗口，如图 5-43 所示。

凭证类别 记 记账凭证

选择	单据类型	单据号	摘要	科目类型	科目编码	科目名称	借方金额	贷方金额	借方数量	贷方数量	科目方向	存货编码	存货名称
1	专用发票	0513...	专用发票	对方	6401	主营业务成本	12 000.00		300.00		1	0105	短袖女士T恤
				存货	1405	库存商品		12 000.00		300.00	2	0105	短袖女士T恤
				对方	6401	主营业务成本	13 500.00		300.00		1	0106	短袖男士T恤
				存货	1405	库存商品		13 500.00		300.00	2	0106	短袖男士T恤
合计							25 500.00	25 500.00					

图 5-43 【生成凭证】窗口

(7) 点击【生成】按钮，生成一张记账凭证，点击【保存】按钮，凭证上出现“已生成”字样，如图 5-44 所示。

图 5-44 【记账凭证】窗口

7. 填制收款单

(1) 2024 年 1 月 18 日, W03 财务部王明涛登录企业应用平台, 点击【业务工作】|【财务会计】|【应收款管理】|【收款单据处理】|【收款单据录入】, 打开【收款单】窗口。

(2) 点击【增加】按钮, 录入电汇凭证的相关信息, 在表体中款项类型选择"应收款", 点击【保存】按钮, 如图 5-45 所示。

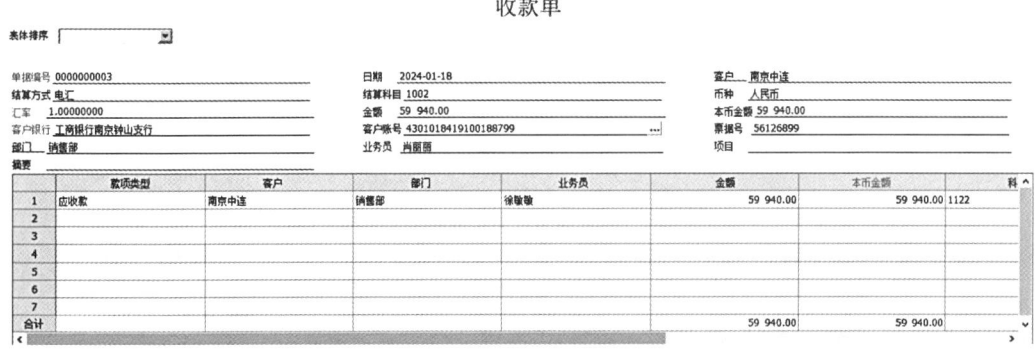

图 5-45 【收款单】窗口

8. 收款单据审核与制单

(1) 2024 年 1 月 18 日, W02 财务部李晓园登录企业应用平台, 点击【业务工作】|【财务会计】|【应收款管理】|【收款单据处理】|【收款单据审核】, 打开【收款单据查询条件】窗口。

(2) 点击【确定】按钮, 打开【收付款单列表】窗口, 双击【选择】栏, 如图 5-46 所示。

收付款单列表

选择	审核人	单据日期	单据类型	单据编号	客户名称	部门	业务员	结算方式	票据号	币种
Y		2024-01-18	收款单	0000000003	南京中连商场股份有限公司	销售部	徐敏敏	电汇	5612...	人民币
合计										

图 5-46 【收付款单列表】窗口

（3）点击【审核】按钮，弹出提示窗口完成审核，点击【确定】按钮。

（4）点击【核销处理】|【手工核销】，打开【核销条件】窗口，【客户】选择：003-南京中连商场股份有限公司，如图 5-47 所示。

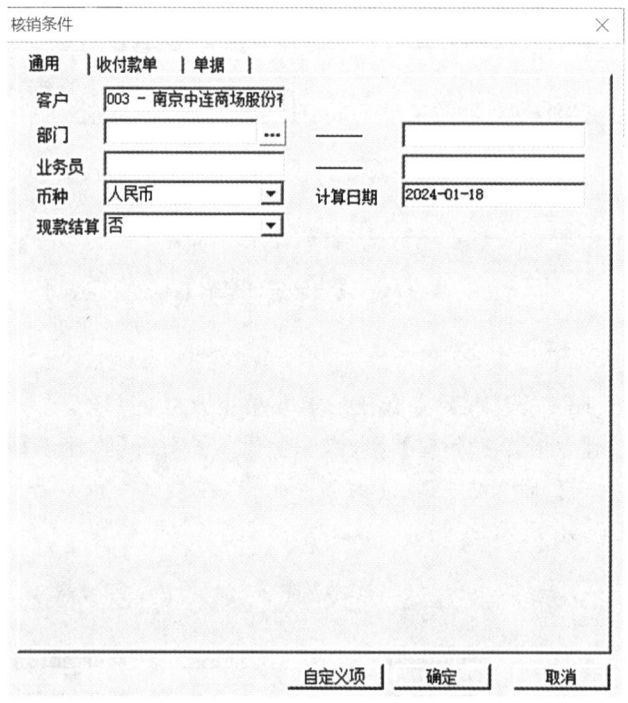

图 5-47 【核销条件】窗口

（5）点击【确定】按钮，打开【单据核销】窗口，【本次结算】输入：59 940.00，如图 5-48 所示，点击【保存】按钮。

单据日期	单据类型	单据编号	客户	款项类型	结算方式	币种	汇率	原币金额	原币余额	本次结算金额	订单号
2024-01-18	收款单	0000000003	南京中连	应收款	电汇	人民币	1.00000000	59 940.00	59 940.00	59 940.00	
合计									59 940.00	59 940.00	

单据日期	单据类型	单据编号	到期日	客户	币种	原币金额	原币余额	可享受折扣	本次折扣	本次结算	订单号
2024-01-17	销售专...	05134669	2024-02-16	南京中连	人民币	61 020.00	61 020.00	1 220.40	1 080.00	59 940.00	XS0003
合计						61 020.00	61 020.00	1 220.40	1 080.00	59 940.00	

图 5-48 【单据核销】窗口

(6) 点击【制单处理】按钮,打开【制单查询】窗口,勾选【收付款单制单】和【核销制单】,如图5-49所示。

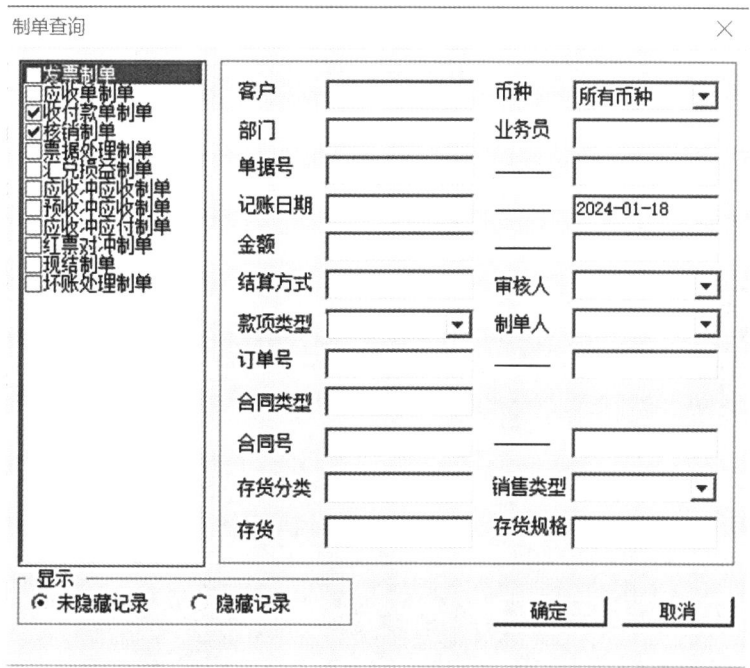

图5-49 【制单查询】窗口

(7) 点击【确定】按钮,打开【应收制单】窗口,点击【合并】按钮,如图5-50所示。

图5-50 【应收制单】窗口

(8) 点击【制单】按钮,生成一张凭证,点击【保存】按钮,凭证上出现"已生成"字样,如图5-51所示。

四、预收部分货款的销售业务

【业务5-4】 2024年1月19日,销售部肖丽丽与南通四季青酒店管理有限公司签订销售合同。相关业务单据如图5-52和图5-53所示。

2024年1月20日,向南通四季青酒店管理有限公司发出货物。相关业务单据如图5-54和图5-55所示。

业务5-4
预收部分货款的销售业务

记账凭证

已生成

记 字 0045　　　制单日期：2024.01.18　　　审核日期：　　　附单据数：2

摘要	科目名称	借方金额	贷方金额
收款单	银行存款		5994000
现金折扣	财务费用	108000	
销售专用发票	应收账款		6102000
票号 4 - 56126899 日期 2024.01.18	数量 单价	合计 6102000	6102000

备注　项目　　　　　部门
　　　个人　　　　　客户
　　　业务员

记账　　　审核　　　出纳　　　制单 李晓园

图 5-51 【记账凭证】窗口

购销合同

供货方：南通力宝美运动服饰有限公司　　　　　合同号：XS0004
购买方：南通四季青酒店管理有限公司　　　　　签订日期：2024 年 01 月 19 日

为保护买卖双方的合法权益，买卖双方根据《中华人民共和国民法典》合同编的有关规定，经友好协商，一致同意签订本合同并共同遵守：

一、货物名称、数量及金额。　　　　　　　　　　　　　　　　　　　　金额单位：元

序号	货物名称	数量(件)	单价(不含税)	金额(不含税)	税率	税额
1	长袖印花 T 恤	350	125.00	43 750.00	13%	5 687.50
2	短袖印花 T 恤	350	105.00	36 750.00	13%	4 777.50
	合计			¥80 500.00		¥10 465.00

二、合同总金额：人民币玖万零玖佰陆拾伍元整。
三、交货日期：2024 年 01 月 20 日。
四、付款日期：合同签订之日由购买方向供货方支付订金人民币伍仟元整，余款于 2024 年 02 月 20 日付清。
五、结算方式：电汇。
六、交货地点：南通市濠西路 1 号，南通四季青酒店管理有限公司。
七、发运方式：公路运输，运费由购买方承担。
八、本合同一式贰份，供需双方各执壹份。本合同自双方签字盖章后生效，至本合同全部条款执行完毕后失效。

供货方(盖章)：南通力宝美运动服饰有限公司　　　购买方(盖章)：南通四季青酒店管理有限公司
地址：南通市崇川区三香路 668 号　　　　　　　地址：南通市濠西路 1 号
授权代表：陈力宝　　　　　　　　　　　　　　授权代表：李广海
联系电话：0513-85358899　　　　　　　　　　联系电话：0513-95160209

图 5-52 【业务 5-4】购销合同

交通银行电汇凭证（收账通知） 4

2024 年 01 月 19 日　　　　　　　　NO.56126988

汇款人	全称	南通四季青酒店管理有限公司	收款人	全称	南通力宝美运动服饰有限公司
	账号	10716601049921551		账号	3260086080018170080886
	汇出地点	江苏省 南通市/县		汇入地点	江苏省 南通市/县
	汇出行名称	农业银行南通高店支行		汇入行名称	交通银行南通南大街支行

| 金额 | 人民币（大写） | 伍仟元整 | 亿千百十万千百十元角分 ￥ 5 0 0 0 0 0 0 |

附加信息及用途：

复核　　　记账

图 5-53 【业务 5-4】电汇收款凭证

电子发票（增值税专用发票）

发票号码：05134670　　开票日期：2024年01月20日

购买方信息	名称：南通四季青酒店管理有限公司	销售方信息	名称：南通力宝美运动服饰有限公司
	统一社会信用代码/纳税人识别号：91320602767355499H		统一社会信用代码/纳税人识别号：91320623400105378A

项目名称	单位	数量	单价	金额	税率/征收率	税额
*长袖印花T恤	件	350	125.00	43750.00	13%	5687.50
*短袖印花T恤	件	350	105.00	36750.00	13%	4777.50
合　计				￥80500.00		￥10465.00
价税合计（大写）	⊗玖万零玖佰陆拾伍元整			（小写）￥90965.00		
备注						

开票人：略

图 5-54 【业务 5-4】增值税专用发票

出　库　单

提货单位：南通四季青酒店管理有限公司　　2024年1月20日　　编号：0004

发出仓库	存货编码	存货名称	单位	数量 应发	数量 实发	单价	金额	备注
运动T恤仓	0107	长袖印花T恤	件	350	350			
运动T恤仓	0108	短袖印花T恤	件	350	350			
		合计		700	700			

部门经理：略　　会计：略　　仓库：略　　经办人：略

图 5-55 【业务 5-4】出库单

操作步骤

1. 填制销售订单

(1) 2024年1月19日,X01销售部肖丽丽登录企业应用平台,点击【业务工作】|【供应链】|【销售管理】|【销售订货】|【销售订单】,打开【销售订单】窗口。

(2) 点击【增加】按钮,在表头【订单号】录入:XS0004,【销售类型】选择:正常销售,按照购销合同录入订单信息,点击【保存】按钮。

(3) 点击【审核】按钮,审核填制的销售订单,如图5-56所示。

图5-56 【销售订单】窗口

2. 填制收款单

(1) 2024年1月19日,W03财务部王明涛登录企业应用平台,点击【业务工作】|【财务会计】|【应收款管理】|【收款单据处理】|【收款单据录入】,打开【收款单】窗口。

(2) 点击【增加】按钮,录入电汇凭证的相关信息,在表体中,款项类型选择"预收款",点击【保存】按钮,如图5-57所示。

图5-57 【收款单】窗口

3. 收款单审核与制单

(1) 2024年1月19日,W02财务部李晓园登录企业应用平台,点击【业务工作】|【财务会计】|【应收款管理】|【收款单据处理】|【收款单据审核】,打开【收款单据查询条件】窗口。

(2) 点击【确定】按钮,打开【收付款单列表】窗口,双击【选择】栏,如图5-58所示。

收付款单列表

选择	审核人	单据日期	单据类型	单据编号	客户名称	部门	业务员	结算方式	票据号	币种	原币金额
Y		2024-01-19	收款单	0000000004	南通四季青酒店管理有限公司	销售部	肖丽丽	电汇	5612...	人民币	5 000.00
合计											5 000.00

图 5-58 【收付款单列表】窗口

(3) 点击【审核】按钮,弹出提示窗口完成审核,点击【确定】按钮。

(4) 点击【制单处理】按钮,打开【制单查询】窗口,勾选【收付款单制单】,如图 5-59 所示。

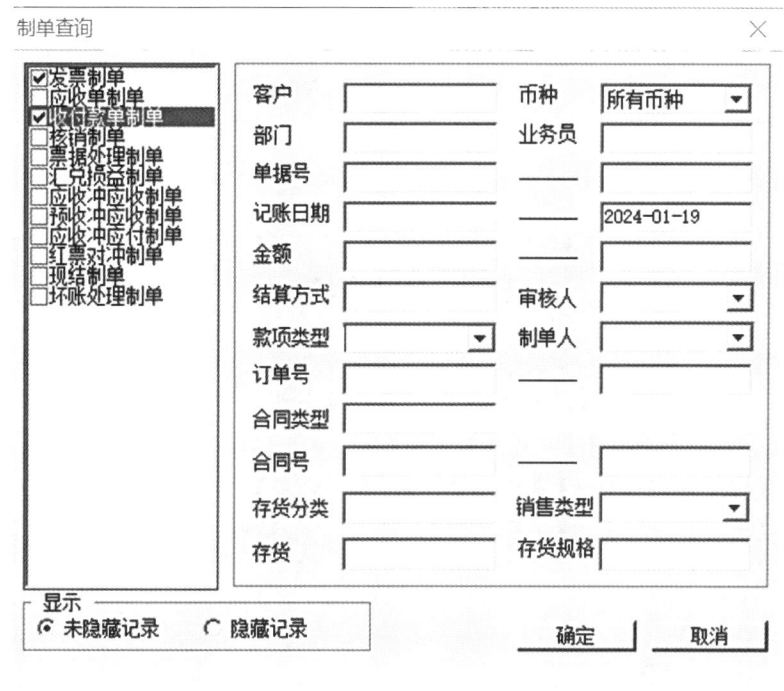

图 5-59 【制单查询】窗口

(5) 点击【确定】按钮,打开【收付款单制单】窗口,选择要制单的收款单,如图 5-60 所示。

收付款单制单

凭证类别 记账凭证　　制单日期 2024-01-19

选择标志	凭证类别	单据类型	单据号	日期	客户编码	客户名称	部门	业务员	金额
1	记账凭证	收款单	0000000004	2024-01-19	004	南通四...	销售部	肖丽丽	5 000.00

图 5-60 【收付款单制单】窗口

(6) 点击【制单】按钮,生成一张凭证,点击【保存】按钮,凭证上出现"已生成"字样,如图 5-61 所示。

图 5-61 【记账凭证】窗口

4. 生成发货单

(1) 2024 年 1 月 20 日,X01 销售部肖丽丽登录企业应用平台,点击【业务工作】|【供应链】|【销售管理】|【销售发货】|【发货单】,打开【发货单】窗口。

(2) 点击【增加】按钮,打开【查询条件选择-参照订单】窗口。

(3) 点击【确定】按钮,打开【参照生单】窗口,选择要参照的订单。

(4) 点击【确定】按钮,返回【发货单】窗口,在表体【仓库名称】选择"运动 T 恤库",点击【保存】按钮。

(5) 点击【审核】按钮,如图 5-62 所示。

图 5-62 【发货单】窗口

5. 生成销售出库单

(1) 2024 年 1 月 20 日,C01 仓管部李军钧登录企业应用平台,点击【业务工作】|【供应

链】|【库存管理】|【出库业务】|【销售出库单】,打开【销售出库单】窗口。

(2) 点击【生单】|【销售生单】,打开【查询条件选择-销售发货单列表】窗口,点击【确定】按钮。

(3) 打开【销售生单】窗口,选择相应的发货单,点击【确定】按钮,系统自动生成销售出库单,点击【保存】按钮。

(4) 点击【审核】按钮,如图5-63所示。

图5-63 【销售出库单】窗口

6. 生成销售专用发票

(1) 2024年1月20日,X01销售部肖丽丽登录企业应用平台,点击【业务工作】|【供应链】|【销售管理】|【销售开票】|【销售专用发票】,打开【销售专用发票】窗口。

(2) 点击【增加】按钮,关闭系统弹出的【查询条件选择-参照订单】窗口,点击工具栏【生单】|【参照发货单】,系统弹出【查询条件选择-发票参照发货单】窗口。

(3) 点击【确定】按钮,系统弹出【参照生单】窗口,选择相应的发货单。

(4) 点击【确定】按钮,返回【销售专用发票】窗口,修改发票号为"05134670",点击【保存】按钮。

(5) 点击【复核】按钮,如图5-64所示。

图5-64 【销售专用发票】窗口

7. 应收单据审核与制单

(1) 2024年1月20日,W02财务部李晓园登录企业应用平台,点击【业务工作】|【财务

会计】|【应收款管理】|【应收单据处理】|【应收单据审核】，打开【应收单据查询条件】窗口，点击【确定】按钮，进入【应收单据列表】窗口，双击【选择】栏，点击【审核】按钮，如图 5-65 所示。

应收单据列表

记录总数：1

选择	审核人	单据日期	单据类型	单据号	客户名称	部门	业务员	制单人	币种	原币金额	本币
	李晓园	2024-01-20	销售专...	05134670	南通四季青酒店管理有限公司	销售部	肖丽丽	肖丽丽	人民币	90 965.00	
合计										90 965.00	

图 5-65 【应收单据列表】窗口

(2) 点击【制单处理】按钮，打开【制单查询】窗口，勾选【发票制单】，点击【确定】按钮，打开【销售发票制单】窗口，选择要制单的记录，点击【制单】按钮，生成一张凭证，点击【保存】按钮，凭证上出现“已生成”字样，如图 5-66 所示。

已生成

记账凭证

记 字 0047 制单日期：2024.01.20 审核日期： 附单据数：1

摘要	科目名称	借方金额	贷方金额
销售专用发票	应收账款	9096500	
销售专用发票	主营业务收入		8050000
销售专用发票	应交税费/应交增值税/销项税额		1046500
票号 日期	数量 单价 合计	9096500	9096500

备注 项目 部门

个人 客户 南通四季青

业务员 肖丽丽

记账 审核 出纳 制单 李晓园

图 5-66 【记账凭证】窗口

8. 预收冲应收

(1) 点击【应收款管理】|【转账】|【预收冲应收】，打开【预收冲应收】窗口，点击【预收款】按钮，【客户】选择：004-南通四季青酒店管理有限公司，点击【过滤】按钮，表体第二行【转账金额】输入：5 000.00，如图 5-67 所示。

(2) 点击【应收款】按钮，【客户】选择：004-南通四季青酒店管理有限公司，点击【过滤】按钮，【转账金额】输入：5 000.00，如图 5-68 所示。

(3) 点击【确定】按钮，系统提示“是否立即制单”，点击【是】按钮，生成一张记账凭证，点击【保存】按钮，凭证上出现“已生成”字样，如图 5-69 所示。

项目五 销售管理系统业务处理

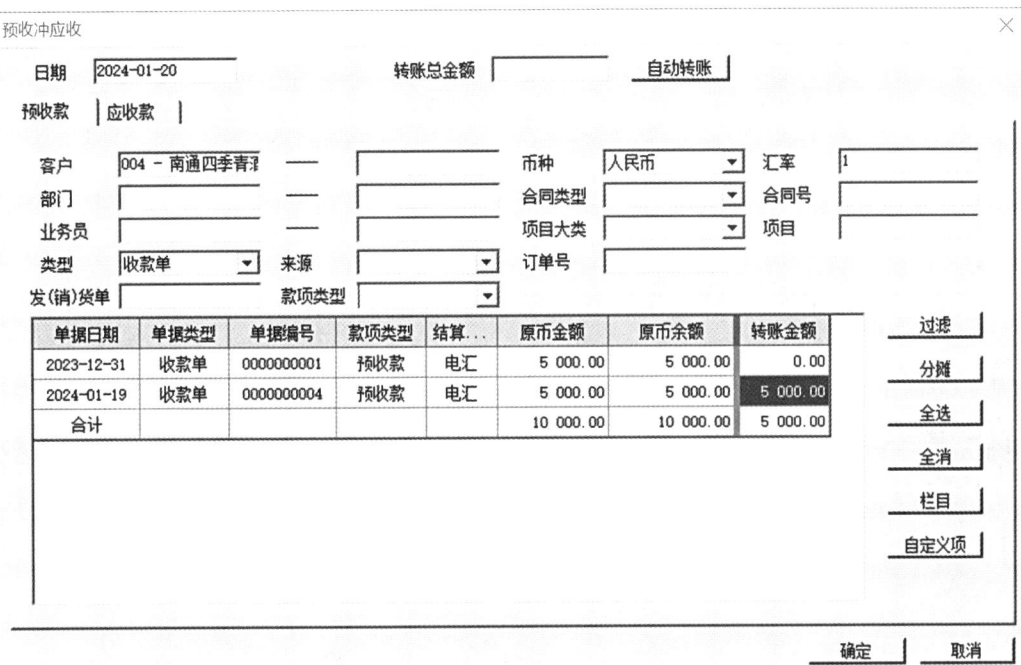

图 5-67 【预收冲应收】窗口

图 5-68 【预收冲应收】窗口

已生成

记 账 凭 证

记 字 0048　　制单日期：2024.01.20　　审核日期：　　附单据数：1

摘 要	科目名称	借方金额	贷方金额
预收冲应收	合同负债		500000
销售专用发票	应收账款		500000
票号 日期	数量 单价	合 计	

备注　项 目　　部 门

个 人　　客 户 南通四季青

业务员 肖丽丽

记账　　审核　　出纳　　制单 李晓园

图 5-69 【记账凭证】窗口

9. 结转销售成本

(1) 2024 年 1 月 20 日，W02 财务部李晓园登录企业应用平台，点击【业务工作】|【供应链】|【存货核算】|【业务核算】|【正常单据记账】，打开【查询条件选择】窗口。

(2) 点击【确定】按钮，打开【正常单据记账列表】窗口，点击【全选】按钮，如图 5-70 所示。

正常单据记账列表

记录总数：2

选择	日期	单据号	存货编码	存货名称	单据类型	仓库名称	收发类别	数量	单价
Y	2024-01-20	05134670	0107	长袖印花T恤	专用发票	运动T恤库	销售出库	350.00	
Y	2024-01-20	05134670	0108	短袖印花T恤	专用发票	运动T恤库	销售出库	350.00	
小计								700.00	

图 5-70 【正常单据记账列表】窗口

(3) 点击【记账】按钮，系统提示“记账成功”，点击【确定】按钮。

(4) 点击【财务核算】|【生成凭证】，打开【生成凭证】窗口，点击【选择】按钮，打开【查询条件】窗口。

(5) 点击【确定】按钮，打开【未生成凭证单据一览表】窗口。

(6) 点击【选择】或【全选】按钮，点击【确定】按钮，返回【生成凭证】窗口，如图 5-71 所示。

凭证类别 记 记账凭证

选择	单据类型	单据号	摘要	科目类型	科目编码	科目名称	借方金额	贷方金额	借方数量	贷方数量	科目方向	存货编码	存货名称
1	专用发票	0513...	专用发票	对方	6401	主营业务成本	21 000.00		350.00		1	0107	长袖印花T恤
				存货	1405	库存商品		21 000.00		350.00	2	0107	长袖印花T恤
				对方	6401	主营业务成本	18 200.00		350.00		1	0108	短袖印花T恤
				存货	1405	库存商品		18 200.00		350.00	2	0108	短袖印花T恤
合计							39 200.00	39 200.00					

图 5-71 【生成凭证】窗口

(7) 点击【生成】按钮,生成一张记账凭证,点击【保存】按钮,凭证上出现"已生成"字样,如图 5-72 所示。

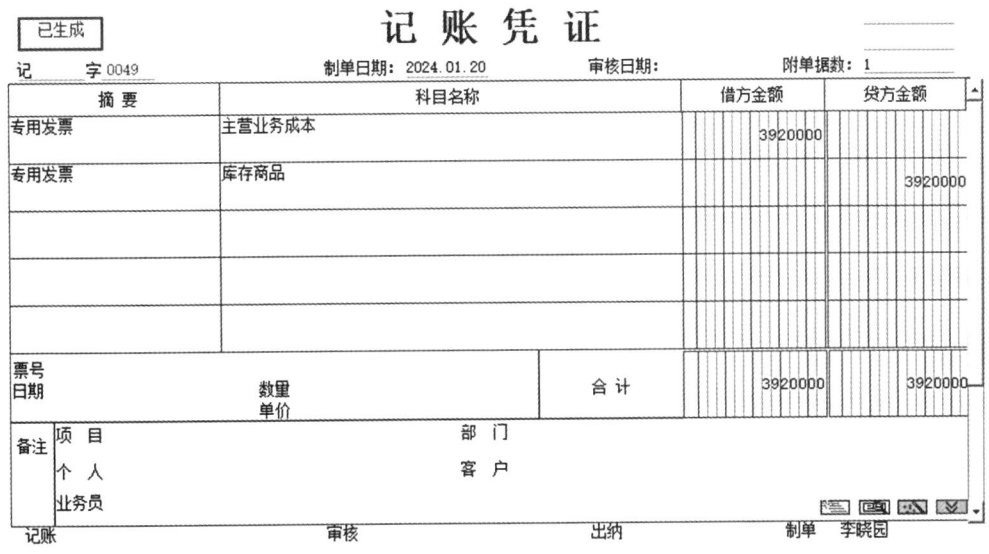

图 5-72 【记账凭证】窗口

五、分批发货及代垫运费的销售业务

代垫费用是指在销售业务中,随货物销售所发生的暂时代垫,将来需向对方单位收取的费用项目(如运杂费、保险费等)。代垫费用实际上形成了用户对客户的应收款。代垫费用的收款核销由应收款管理系统来处理,销售管理系统仅对代垫费用的发生情况进行登记。

【业务 5-5】 2024 年 1 月 21 日,销售部肖丽丽与南京飞鹤国际购物中心签订销售合同,发出第一批商品。相关业务单据如图 5-73 和图 5-74 所示。

2024 年 1 月 22 日,发出剩余商品,开具发票,发生代垫运费一笔。相关业务单据如图 5-75 至图 5-77 所示。

2024 年 1 月 23 日,收到货款及代垫运费。相关业务单据如图 5-78 所示。

业务 5-5 分批发货及代垫运费的销售业务

购销合同

供货方:南通力宝美运动服饰有限公司　　　　　　　　　合同号:XS0005
购买方:南京飞鹤国际购物中心　　　　　　　　　　　　签订日期:2024 年 01 月 16 日

为保护买卖双方的合法权益,买卖双方根据《中华人民共和国民法典》合同编的有关规定,经友好协商,一致同意签订本合同并共同遵守:

一、货物名称、数量及金额。

金额单位:元

序号	货物名称	数量(件)	单价(不含税)	金额(不含税)	税率	税额
1	男士春秋户外冲锋衣	400	320.00	128 000.00	13%	16 640.00
2	女士春秋户外冲锋衣	400	300.00	120 000.00	13%	15 600.00
	合计			¥248 000.00		¥32 240.00

二、合同总金额:人民币贰拾捌万零贰佰肆拾元整。
三、付款时间:2024年01月23日。
四、交货日期:供货方于01月21日发出两种商品各50%,01月22日发出剩余商品。
五、结算方式:电汇。
六、交货地点:南京市秦淮区汉中路8889号,南京飞鹤国际购物中心。
七、发运方式:公路运输,运费由供货方垫付。
八、本合同一式贰份,供需双方各执壹份。本合同自双方签字盖章后生效,至本合同全部条款执行完毕后失效。

供货方(盖章):南通力宝美运动服饰有限公司
地址:南通市崇川区三春路668号
授权代表:陈力宝
联系电话:0513-85358899

购买方(盖章):南京飞鹤国际购物中心
地址:南京市秦淮区汉中路8889号
授权代表:王小一
联系电话:025-94708898

图 5-73 【业务 5-5】购销合同

图 5-74 【业务 5-5】出库单1

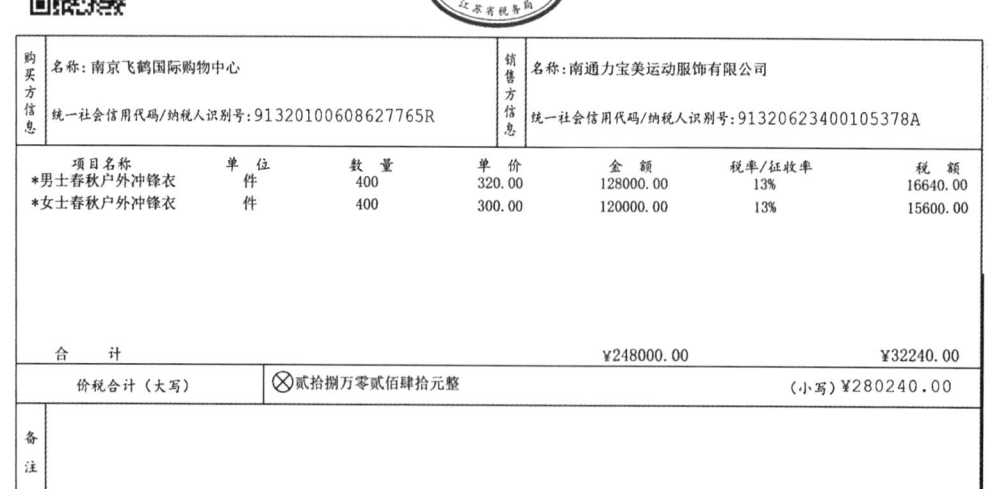

图 5-75 【业务 5-5】增值税专用发票

出 库 单

提货单位：南京飞鹤国际购物中心　　　2024年1月22日　　　编号：0006

发出仓库	存货编码	存货名称	单位	数量应收	数量实收	单价	金额	备注
户外冲锋衣仓	0109	男士春秋户外冲锋衣	件	200	200			
户外冲锋衣仓	0110	女士春秋户外冲锋衣	件	200	200			
		合计		400	400			

部门经理：略　　　会计：略　　　仓库：略　　　经办人：略

图 5-76 【业务 5-5】出库单 2

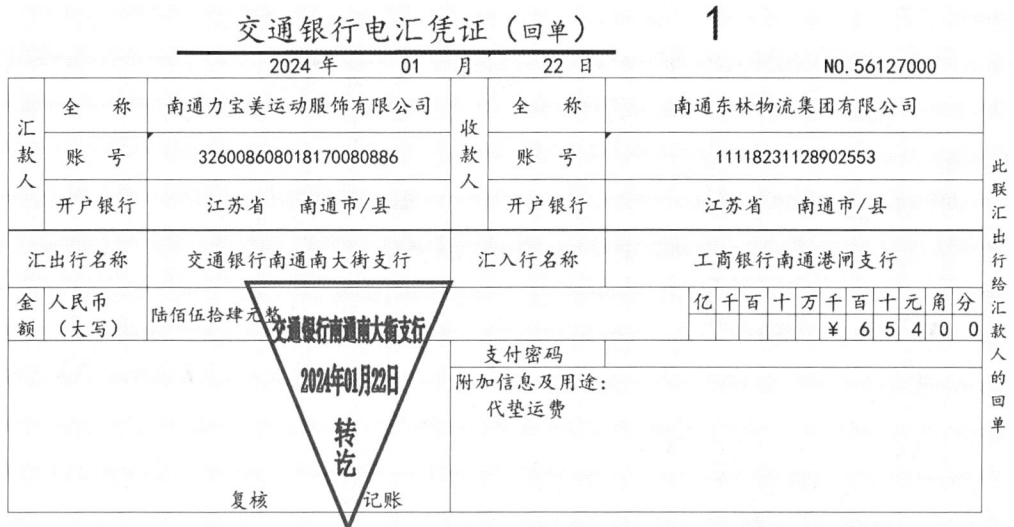

图 5-77 【业务 5-5】银行电汇凭证

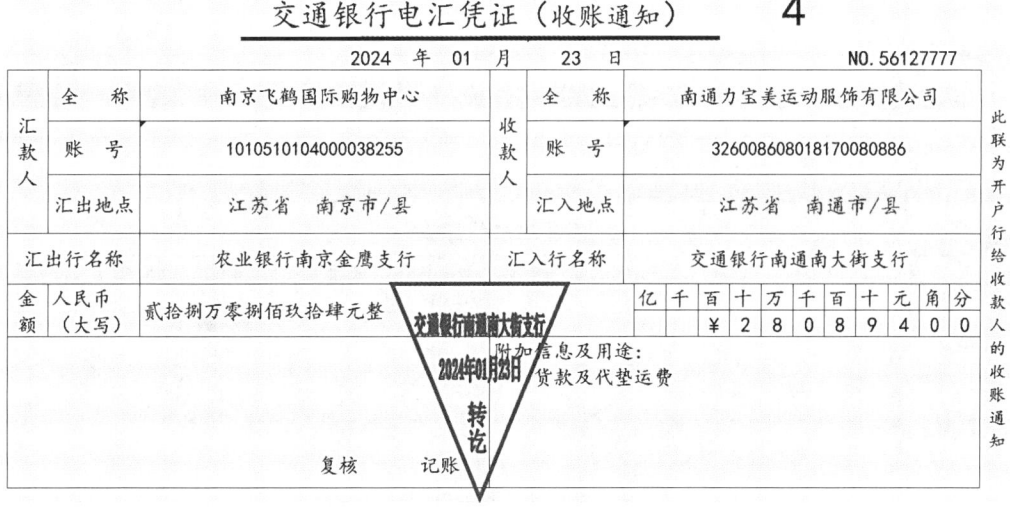

图 5-78 【业务 5-5】电汇收款凭证

操作步骤

1. 填制销售订单

(1) 2024年1月21日,X01销售部肖丽丽登录企业应用平台,点击【业务工作】|【供应链】|【销售管理】|【销售订货】|【销售订单】,打开【销售订单】窗口。

(2) 点击【增加】按钮,在表头【订单号】录入:XS0005,【销售类型】选择:正常销售,按照购销合同录入订单信息,点击【保存】按钮。

(3) 点击【审核】按钮,审核填制的销售订单,如图5-79所示。

图5-79 【销售订单】窗口

2. 生成第一批货物发货单

(1) 2024年1月21日,X01销售部肖丽丽登录企业应用平台,点击【业务工作】|【供应链】|【销售管理】|【销售发货】|【发货单】,打开【发货单】窗口。

(2) 点击【增加】按钮,打开【查询条件选择-参照订单】窗口。

(3) 点击【确定】按钮,打开【参照生单】窗口,选择要参照的订单,如图5-80所示。

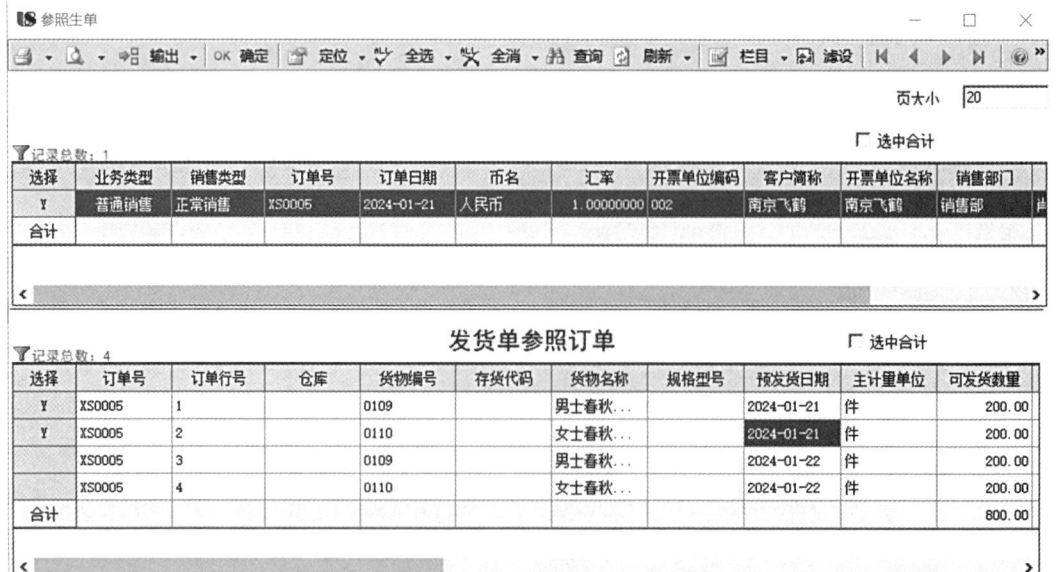

图5-80 【参照生单】窗口

(4)点击【确定】按钮,返回【发货单】窗口,在表体【仓库名称】选择"户外冲锋衣库",点击【保存】按钮。

(5)点击【审核】按钮,如图5-81所示。

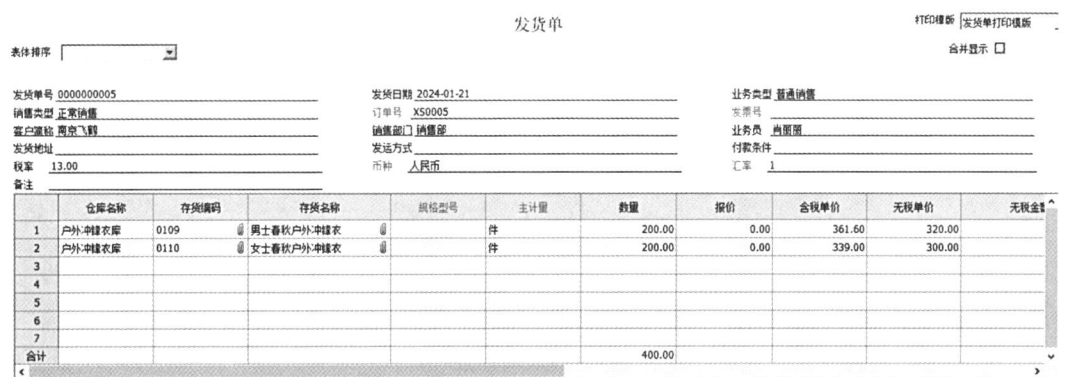

图5-81 【发货单】窗口

3. 生成第一批货物销售出库单

(1)2024年1月21日,C01仓管部李军钧登录企业应用平台,点击【业务工作】|【供应链】|【库存管理】|【出库业务】|【销售出库单】,打开【销售出库单】窗口。

(2)点击【生单】|【销售生单】,打开【查询条件选择-销售发货单列表】窗口,点击【确定】按钮。

(3)打开【销售生单】窗口,选择相应的发货单,点击【确定】按钮,系统自动生成销售出库单,点击【保存】按钮。

(4)点击【审核】按钮,如图5-82所示。

图5-82 【销售出库单】窗口

4. 生成第二批货物发货单

(1)2024年1月22日,X01销售部肖丽丽登录企业应用平台,点击【业务工作】|【供应链】|【销售管理】|【销售发货】|【发货单】,打开【发货单】窗口。

(2)点击【增加】按钮,打开【查询条件选择-参照订单】窗口。

(3)点击【确定】按钮,打开【参照生单】窗口,选择要参照的订单。

(4)点击【确定】按钮,返回【发货单】窗口,在表体【仓库名称】选择"户外冲锋衣库",点击【保存】按钮。

(5) 点击【审核】按钮,如图5-83所示。

图5-83 【发货单】窗口

5. 生成第二批货物销售出库单

(1) 2024年1月22日,C01仓管部李军钧登录企业应用平台,点击【业务工作】|【供应链】|【库存管理】|【出库业务】|【销售出库单】,打开【销售出库单】窗口。

(2) 点击【生单】|【销售生单】,打开【查询条件选择-销售发货单列表】窗口,点击【确定】按钮。

(3) 打开【销售生单】窗口,选择相应的发货单,点击【确定】按钮,系统自动生成销售出库单,点击【保存】按钮。

(4) 点击【审核】按钮,如图5-84所示。

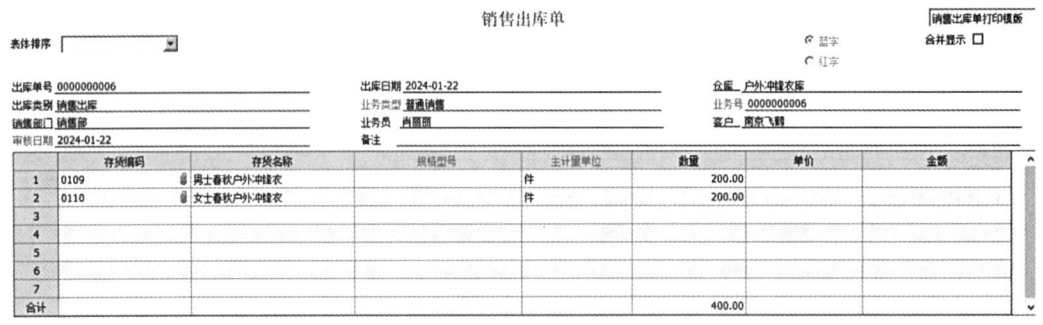

图5-84 【销售出库单】窗口

6. 生成销售专用发票

(1) 2024年1月22日,X01销售部肖丽丽登录企业应用平台,点击【业务工作】|【供应链】|【销售管理】|【销售开票】|【销售专用发票】,打开【销售专用发票】窗口。

(2) 点击【增加】按钮,点击工具栏【生单】|【参照发货单】,系统弹出【查询条件选择-发票参照发货单】窗口。

(3) 点击【确定】按钮,系统弹出【参照生单】窗口,选择相应的发货单,如图5-85所示。

(4) 点击【确定】按钮,返回【销售专用发票】窗口,修改发票号为"05134671",点击【保存】按钮。

图 5-85 【参照生单】窗口

(5) 点击【复核】按钮,如图 5-86 所示。

图 5-86 【销售专用发票】窗口

(6) 在销售专用发票界面,点击【代垫】按钮,或执行【代垫费用】|【代垫费用单】命令,打开【代垫费用单】窗口。

(7) 在【代垫费用单】表体输入费用项目和金额,点击【保存】按钮,点击【审核】按钮,如图 5-87 所示。

图 5-87 【代垫费用单】窗口

**提示：**

⊙ 代垫费用单可以在销售专用发票界面,点击【代垫】按钮,调出"代垫费用单",也可以通过执行【销售管理】|【代垫费用】|【代垫费用单】命令。

⊙ 代垫费用单保存后自动生成其他应收单并传递到应收款管理系统。

⊙ 销售管理系统只能录入代垫费用,但不能制单,其凭证需要到应收款管理系统审核后才能制单。

7. 应收单据审核与制单

(1) 2024年1月22日,W02财务部李晓园登录企业应用平台,点击【业务工作】|【财务会计】|【应收款管理】|【应收单据处理】|【应收单据审核】,打开【应收单据查询条件】窗口,点击【确定】按钮,进入【应收单据列表】窗口,双击【选择】栏,点击【审核】按钮,如图5-88所示。

应收单据列表

选择	审核人	单据日期	单据类型	单据号	客户名称	部门	业务员	制单人	币种	原币金额	本币金额
	李晓园	2024-01-22	其他应收单	0000000001	南京飞鹤国际购物中心	销售部	肖丽丽	肖丽丽	人民币	654.00	654.00
	李晓园	2024-01-22	销售专...	05134671	南京飞鹤国际购物中心	销售部	肖丽丽	肖丽丽	人民币	280 240.00	280 240.00
合计										280 894.00	280 894.00

图5-88 【应收单据列表】窗口

(2) 点击【制单处理】按钮,打开【制单查询】窗口,勾选【发票制单】【应收单制单】,点击【确定】按钮,打开【应收制单】窗口,点击【全选】按钮,点击【制单】按钮,生成两张凭证,点击【保存】按钮,如图5-89所示。

记 账 凭 证

已生成　　　　　　　　　制单日期:2024.01.22　　审核日期:　附单据数:1

记　字0050

摘要	科目名称	借方金额	贷方金额
销售专用发票	应收账款	28024000	
销售专用发票	主营业务收入		24800000
销售专用发票	应交税费/应交增值税/销项税额		3224000
票号 日期	— 数量 单价	合计 28024000	28024000

备注　项　目　　　　　　　部　门
　　　个　人　　　　　　　客　户　南京飞鹤
　　　业务员　肖丽丽

记账　　　　　审核　　　　　　出纳　　　制单　晓园

图5-89 【记账凭证】窗口

(3) 单击【下张凭证】按钮,在第二行科目名称栏选择"银行存款",输入辅助项,如图 5-90 所示。

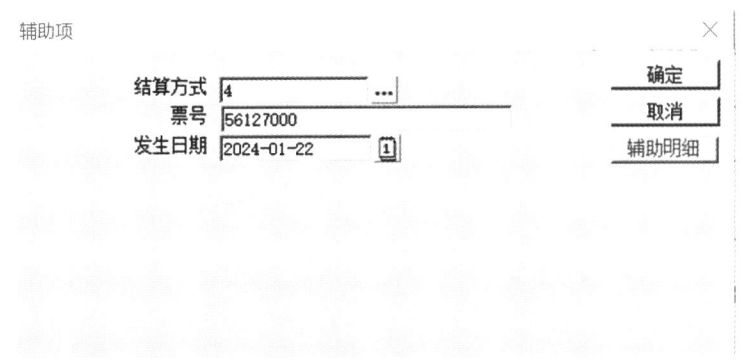

图 5-90 【辅助项】窗口

(4) 点击【确定】按钮,点击【保存】按钮,第二张凭证如图 5-91 所示。

图 5-91 【记账凭证】窗口

8. 结转销售成本

(1) 2024 年 1 月 22 日,W02 财务部李晓园登录企业应用平台,点击【业务工作】|【供应链】|【存货核算】|【业务核算】|【正常单据记账】,打开【查询条件选择】窗口。

(2) 点击【确定】按钮,打开【正常单据记账列表】窗口,点击【全选】按钮,如图 5-92 所示。

(3) 点击【记账】按钮,系统提示"记账成功",点击【确定】按钮。

(4) 点击【财务核算】|【生成凭证】,打开【生成凭证】窗口,点击【选择】按钮,打开【查询条件】窗口。

正常单据记账列表

选择	日期	单据号	存货编码	存货名称	单据类型	仓库名称	收发类别	数量
Y	2024-01-22	05134671	0109	男士春秋户外…	专用发票	户外冲锋衣库	销售出库	200.00
Y	2024-01-22	05134671	0110	女士春秋户外…	专用发票	户外冲锋衣库	销售出库	200.00
Y	2024-01-22	05134671	0109	男士春秋户外…	专用发票	户外冲锋衣库	销售出库	200.00
Y	2024-01-22	05134671	0110	女士春秋户外…	专用发票	户外冲锋衣库	销售出库	200.00
小计								800.00

图 5-92 【正常单据记账列表】窗口

(5) 点击【确定】按钮,打开【未生成凭证单据一览表】窗口。

(6) 点击【选择】或【全选】按钮,点击【确定】按钮,返回【生成凭证】窗口,如图 5-93 所示。

选择	单据类型	单据号	摘要	科目类型	科目编码	科目名称	借方金额	贷方金额	借方数量	贷方数量	科目方向	存货编码	存货名称
1	专用发票	0513…	专用发票	对方	6401	主营业务成本	24 000.00		200.00		1	0109	男士春秋…
				存货	1405	库存商品		24 000.00		200.00	2	0109	男士春秋…
				对方	6401	主营业务成本	20 000.00		200.00		1	0110	女士春秋…
				存货	1405	库存商品		20 000.00		200.00	2	0110	女士春秋…
				对方	6401	主营业务成本	24 000.00		200.00		1	0109	男士春秋…
				存货	1405	库存商品		24 000.00		200.00	2	0109	男士春秋…
				对方	6401	主营业务成本	20 000.00		200.00		1	0110	女士春秋…
				存货	1405	库存商品		20 000.00		200.00	2	0110	女士春秋…
合计							88 000.00	88 000.00					

图 5-93 【生成凭证】窗口

(7) 点击【生成】按钮,生成一张记账凭证,点击【保存】按钮,如图 5-94 所示。

记 账 凭 证

已生成

记 字 0052　　制单日期:2024.01.22　　审核日期:　　附单据数:1

摘要	科目名称	借方金额	贷方金额
专用发票	主营业务成本	8800000	
专用发票	库存商品		8800000
	合　计	8800000	8800000

票号
日期　　数量　　单价

备注　项目　　　　　　　　部门
　　　个人　　　　　　　　客户
　　　业务员

记账　　　审核　　　出纳　　　制单 李晓园

图 5-94 【记账凭证】窗口

9. 填制收款单

(1) 2024年1月23日，W03财务部王明涛登录企业应用平台，点击【业务工作】|【财务会计】|【应收款管理】|【收款单据处理】|【收款单据录入】，打开【收款单】窗口。

(2) 点击【增加】按钮，录入电汇凭证的相关信息，在表体中，款项类型选择"应收款"，点击【保存】按钮，如图5-95所示。

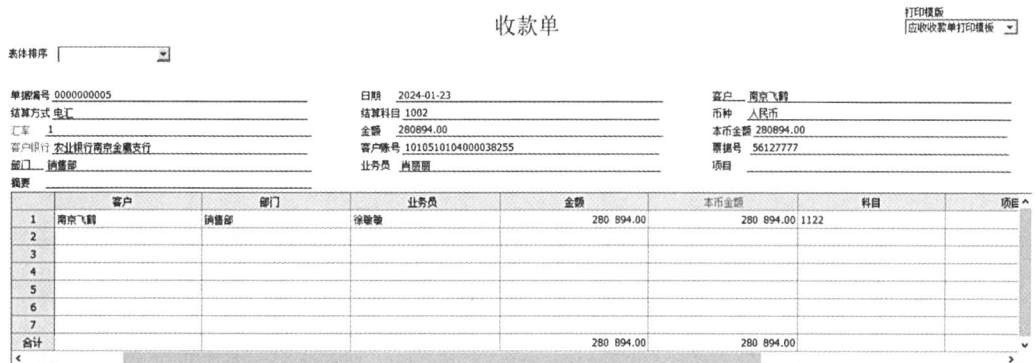

图5-95 【收款单】窗口

10. 收款单审核与制单

(1) 2024年1月23日，W02财务部李晓园登录企业应用平台，点击【业务工作】|【财务会计】|【应收款管理】|【收款单据处理】|【收款单据审核】，打开【收款单据查询条件】窗口。

(2) 点击【确定】按钮，打开【收付款单列表】窗口，双击【选择】栏，如图5-96所示。

选择	审核人	单据日期	单据类型	单据编号	客户名称	部门	业务员	结算方式	票据号	币种	原币金额
Y		2024-01-23	收款单	0000000005	南京飞鹤国际购物中心	销售部	肖丽丽	电汇	5612...	人民币	280 894.00
合计											280 894.00

图5-96 【收付款单列表】窗口

(3) 点击【审核】按钮，弹出提示窗口完成审核，点击【确定】按钮。

(4) 点击【核销处理】|【手工核销】，打开【核销条件】窗口，【客户】选择：002。

(5) 点击【确定】按钮，打开【单据核销】窗口，【本次结算】分别输入：654、280240，如图5-97所示，点击【保存】按钮。

单据日期	单据类型	单据编号	客户	款项类型	结算方式	币种	汇率	原币金额	原币余额	本次结算金额	订单号
2024-01-23	收款单	0000000005	南京飞鹤	应收款	电汇	人民币	1.00000000	280 894.00	280 894.00	280 894.00	
合计									280 894.00	280 894.00	

单据日期	单据类型	单据编号	到期日	客户	币种	原币金额	原币余额	可享受折扣	本次折扣	本次结算	订单号
2024-01-22	其他应收单	0000000001	2024-01-22	南京飞鹤	人民币	654.00	654.00	0.00	0.00	654.00	
2024-01-22	销售专	05134711	2024-01-22	南京飞鹤	人民币	280 240.00	280 240.00	0.00	0.00	280 240.00	XS0005
合计						280 894.00	280 894.00	0.00		280 894.00	

图5-97 【单据核销】窗口

(6) 点击【制单处理】按钮,打开【制单查询】窗口,勾选【收付款单制单】和【核销制单】。

(7) 点击【确定】按钮,打开【应收制单】窗口,点击【合并】按钮,如图 5-98 所示。

图 5-98 【应收制单】窗口

(8) 点击【制单】按钮,生成一张凭证,点击【保存】按钮,如图 5-99 所示。

图 5-99 【记账凭证】窗口

任务三 销售退货业务处理

销售退货是指客户因质量、品种、数量不符合规定要求而将已购货物退回的行为。

先发货后开票销售业务模式下的退货处理流程,参照销售订单生成退货单,参照退货单生成红字销售发票。开票后直接发货销售业务模式下的退货流程,参照销售订单生成红字销售发票,复核后的红字销售发票自动生成相应的退货单。

业务 5-6
销售退货
业务

【业务 5-6】 2024 年 1 月 25 日,销售给南京飞鹤国际购物中心的货物中有 30 件长袖女士 T 恤有质量问题(合同编号 XS0002)。经协商我公司同意退货,并于当日收到货物。相关业务单据如图 5-100 所示。

2024 年 1 月 26 日,开具红字增值税专用发票,支付退货款。相关业务单据如图 5-101 和图 5-102 所示。

出库单

提货单位：南京飞鹤国际购物中心　　2024年1月25日　　编号：0007

发出仓库	存货编码	存货名称	单位	数量		单价	金额	备注
				应发	实发			
运动T恤仓	0103	长袖女士T恤	件	-30	-30			
合计				-30	-30			

部门经理：略　　会计：略　　仓库：略　　经办人：略

图5-100 【业务5-6】出库单

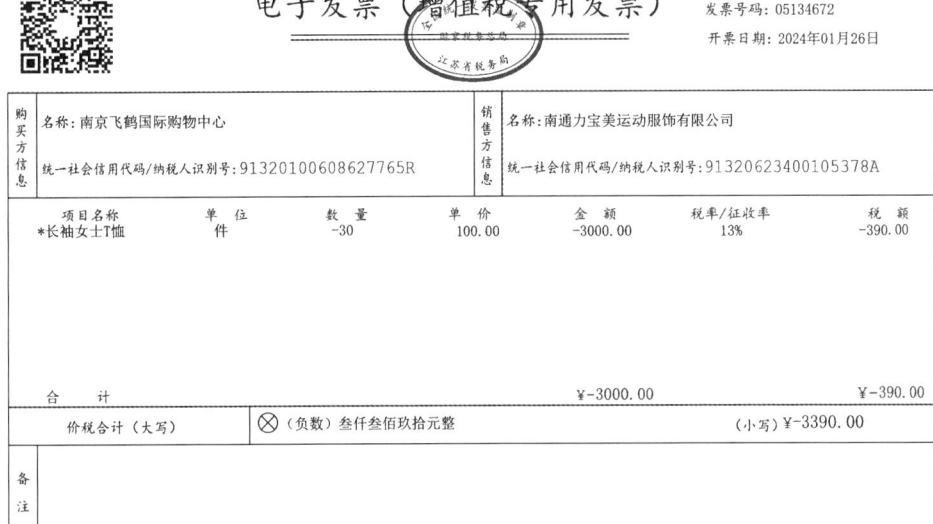

图5-101 【业务5-6】红字增值税专用发票

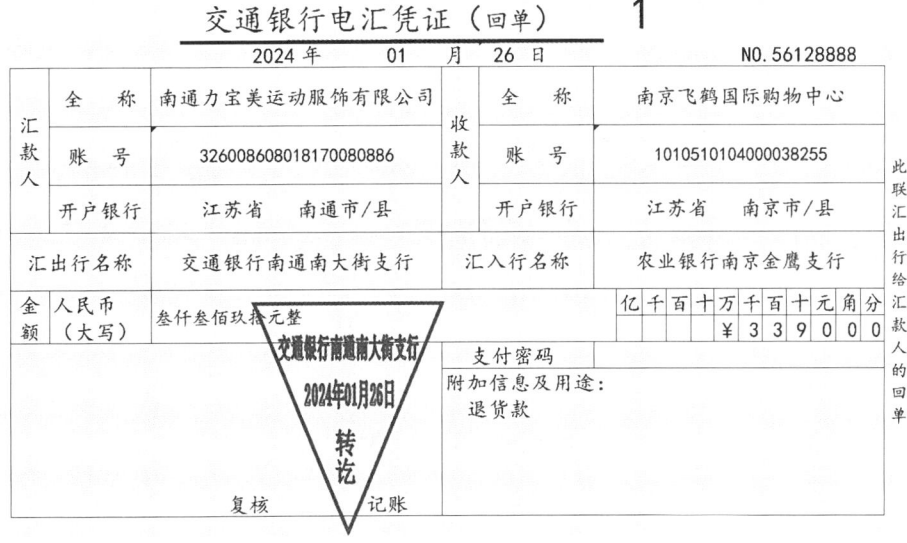

图5-102 【业务5-6】电汇付款凭证

操作步骤

1. 填制退货单

(1) 2024 年 1 月 25 日，X01 销售部肖丽丽登录企业应用平台，点击【业务工作】|【供应链】|【销售管理】|【销售发货】|【退货单】，打开【退货单】窗口。

(2) 点击【增加】按钮，弹出【查询条件选择-退货单参照发货单】窗口，点击【取消】按钮。

(3) 执行【生单】|【参照订单】命令，打开【查询条件选择-参照订单】窗口。

(4) 点击【确定】按钮，打开【参照生单】窗口，选择编号为 XS0002 销售订单，如图 5-103 所示。

图 5-103 【参照生单】窗口

(5) 点击【确定】按钮，系统自动生成一张退货单，在表体中，删除第二行数据，【仓库名称】选择：运动 T 恤库，【数量】修改为：-30.00，点击【保存】按钮，点击【审核】按钮，如图 5-104 所示。

图 5-104 【退货单】窗口

2. 生成红字销售出库单

(1) 2024年1月25日,C01仓管部李军钧登录企业应用平台,点击【业务工作】|【供应链】|【库存管理】|【出库业务】|【销售出库单】,打开【销售出库单】窗口。

(2) 点击【生单】|【销售生单】,打开【查询条件选择-销售发货单列表】窗口,点击【确定】按钮。

(3) 系统自动弹出【销售生单】窗口,选择相应的发货单,如图5-105所示。

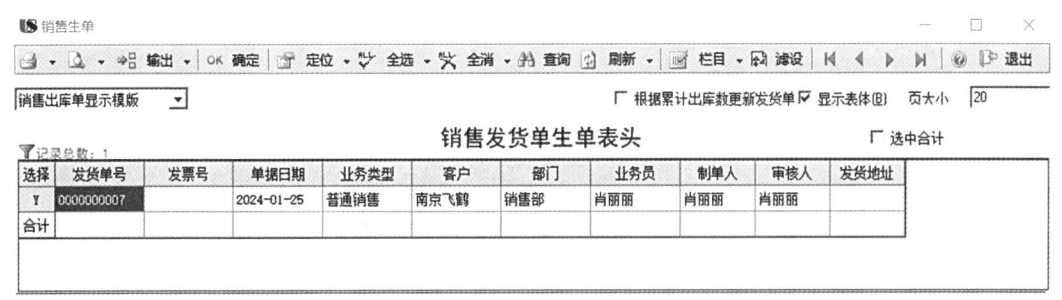

图 5-105　【销售生单】窗口

(4) 点击【确定】按钮,系统自动生成销售出库单,点击【保存】按钮,点击【审核】按钮,如图5-106所示。

图 5-106　红字销售出库单

3. 生成红字销售专用发票

(1) 2024年1月26日,X01销售部肖丽丽登录企业应用平台,点击【业务工作】|【供应链】|【销售管理】|【销售开票】|【红字专用销售发票】,打开【红字销售专用发票】窗口。

(2) 点击【增加】按钮,关闭系统弹出的【查询条件选择-参照订单】窗口,执行【生单】|【参照发货单】,打开【查询条件选择-发票参照发货单】窗口,【发货单类型】选择:红字记录,如图5-107所示。

(3) 点击【确定】按钮,系统自动弹出【参照生单】窗口,选择要参照的单据,如图5-108所示。

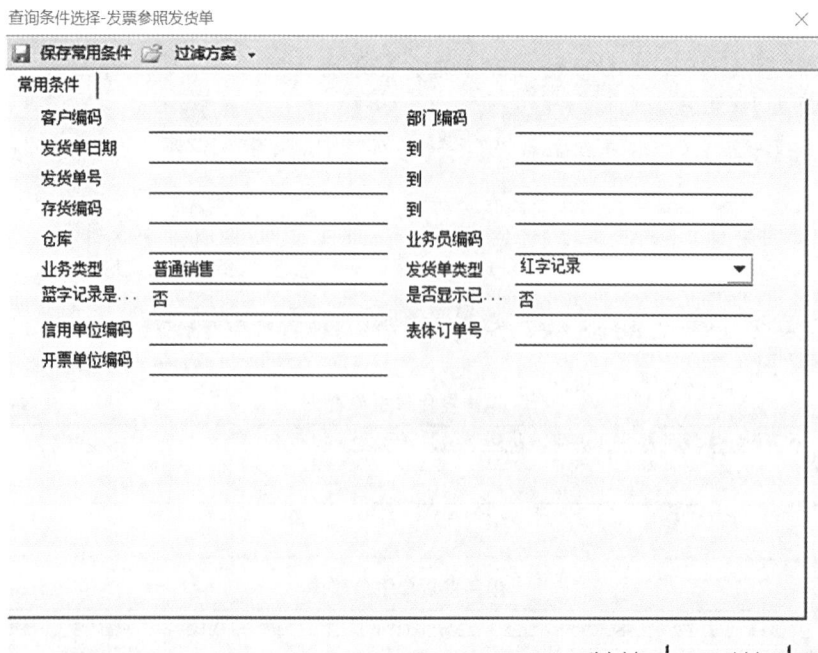

图 5-107 【查询条件选择-发票参照发货单】窗口

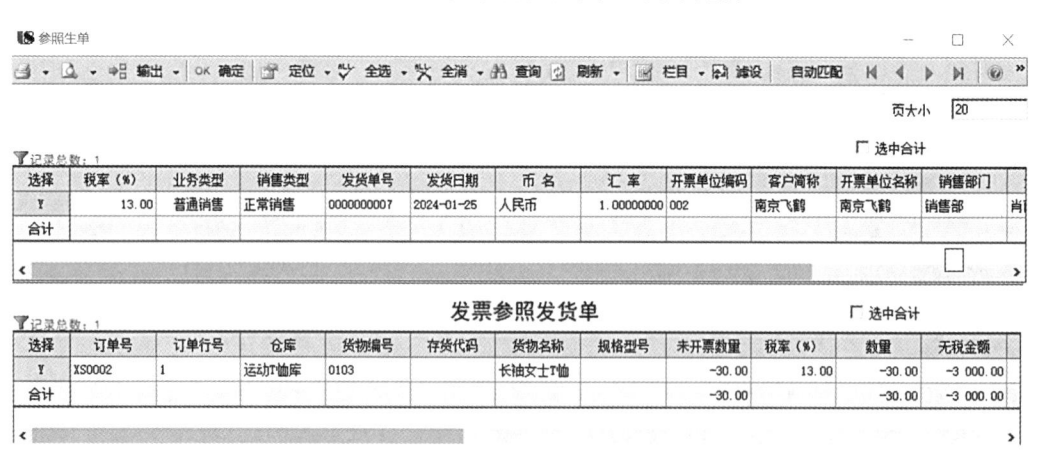

图 5-108 【参照生单】窗口

(4)点击【确定】按钮,系统自动生成红字销售专用发票,【发票号】录入:05134672,点击【保存】按钮。

(5)点击【现结】按钮,打开【现结】窗口,输入电汇凭证信息,如图 5-109 所示。

(6)点击【确定】按钮,点击【复核】按钮,如图 5-110 所示。

4. 应收单据审核与制单

(1)2024 年 1 月 26 日,W02 财务部李晓园登录企业应用平台,点击【业务工作】|【财务会计】|【应收款管理】|【应收单据处理】|【应收单据审核】,打开【应收单据查询条件】窗口,勾选【包含已现结发票】,点击【确定】按钮,进入【应收单据列表】窗口,双击【选择】栏,点击【审核】按钮,如图 5-111 所示。

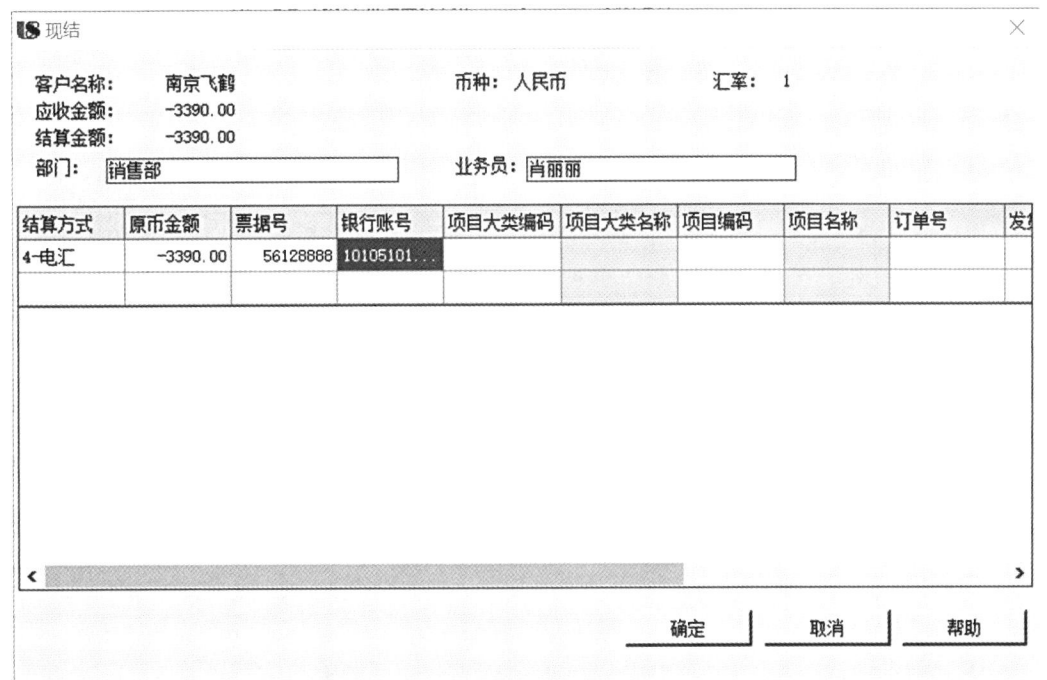

图 5-109 【现结】窗口

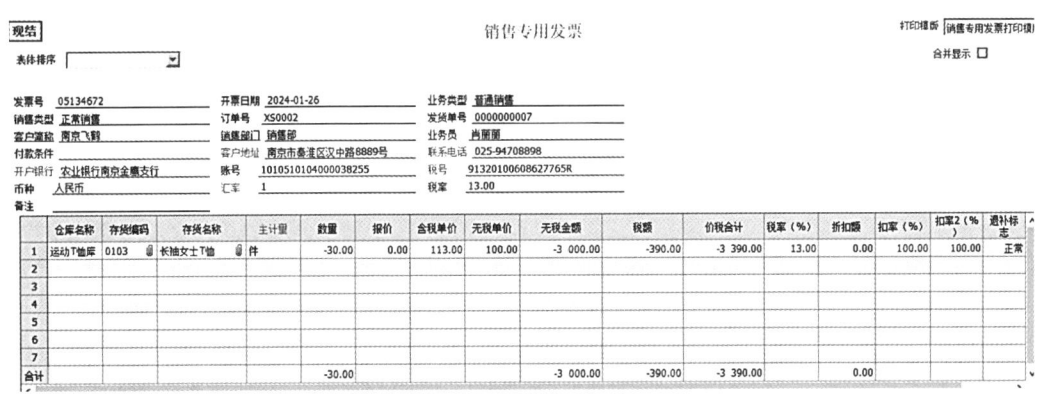

图 5-110 已现结红字销售专用发票

图 5-111 【应收单据列表】窗口

(2)点击【制单处理】按钮,打开【制单查询】窗口,勾选【现结制单】,点击【确定】按钮,打开【现结制单】窗口,选择要制单的记录,点击【制单】按钮,生成一张凭证,点击【保存】按钮,凭证上出现"已生成"字样,如图 5-112 所示。

已生成

记 账 凭 证

记 字 0054　　制单日期：2024.01.26　　审核日期：　　附单据数：1

摘 要	科目名称	借方金额	贷方金额
现结	银行存款	339000	
现结	主营业务收入		300000
现结	应交税费/应交增值税/销项税额		39000
票号 4 - 56128888 日期 2024.01.26　　数量 单价	合 计	339000	339000

备注　项 目　　部 门
　　　个 人　　客 户
　　　业务员

记账　　审核　　出纳　　制单 李晓园

图 5-112 【记账凭证】窗口

5. 冲减销售成本

(1) 2024 年 1 月 26 日，W02 财务部李晓园登录企业应用平台，点击【业务工作】|【供应链】|【存货核算】|【业务核算】|【正常单据记账】，打开【查询条件选择】窗口。

(2) 点击【确定】按钮，打开【正常单据记账列表】窗口，点击【全选】按钮，如图 5-113 所示。

正常单据记账列表

记录总数：1

选择	日期	单据号	存货编码	存货名称	规格型号	存货代码	单据类型	仓库名称
Y	2024-01-26	05134672	0103	长袖女士T恤			专用发票	运动T恤库
小计								

图 5-113 【正常单据记账列表】窗口

(3) 点击【记账】按钮，系统弹出【手工输入单价列表】窗口，输入单价“50”，如图 5-114 所示，点击【确定】按钮，系统提示“记账成功”。

未记账单据一览表

输出 全选 确定 栏目

手工输入单价列表

记录总数：1

选择	存货编码	存货名称	存货代码	规格型号	部门编码	仓库编码	仓库名称	部门名称	单价
Y	0103	长袖女士T恤				02	运动T恤库		50.00
小计									

图 5-114 【手工输入单价列表】窗口

提示：

⊙“长袖女士 T 恤”是前期销售业务 XS0002 的商品，原结转的成本单价＝15 000÷300＝50(元)，因此红字销售出库单记账单价为 50 元。

(4) 点击【财务核算】|【生成凭证】,打开【生成凭证】窗口,点击【选择】按钮,打开【查询条件】窗口。

(5) 点击【确定】按钮,打开【未生成凭证单据一览表】窗口。

(6) 点击【选择】或【全选】按钮,点击【确定】按钮,返回【生成凭证】窗口,如图 5-115 所示。

图 5-115 【生成凭证】窗口

(7) 点击【生成】按钮,生成一张记账凭证,点击【保存】按钮,如图 5-116 所示。

图 5-116 【记账凭证】窗口

任务四 销售账表统计分析

一、查询本月销售统计表

销售统计表能够查询销售金额、折扣、成本、毛利等数据,其中存货成本数据来源于存货核算系统;销售金额、折扣来自销售管理系统的各种销售发票。

操作步骤

【业务 5-7】 2024 年 1 月 31 日,A01 总经理刘慧清在企业应用平台中执行【业务工作】

业务 5-7
销售账表
统计分析

|【供应链】|【销售管理】|【报表】|【统计表】|【销售统计表】,打开【查询条件选择-销售统计表】窗口,点击【确定】按钮,如图 5-117 所示。

销售统计表

开票日期: 2024-01-01 2024-01-31 结算日期 2024-01-01 2024-01-31

部门名称	业务员名称	存货名称	数量	单价	金额	税额	价税合计	折扣	成本	毛利	毛利率
销售部	肖丽丽	长袖男士T恤	300.00	100.00	30 000.00	3 900.00	33 900.00		16 500.00	13 500.00	45.00%
销售部	肖丽丽	长袖女士T恤	270.00	100.00	27 000.00	3 510.00	30 510.00		13 500.00	13 500.00	50.00%
销售部	肖丽丽	男士春秋户外冲锋衣	400.00	320.00	128 000.00	16 640.00	144 640.00		48 000.00	80 000.00	62.50%
销售部	肖丽丽	女士春秋户外冲锋衣	400.00	300.00	120 000.00	15 600.00	135 600.00		40 000.00	80 000.00	66.67%
销售部	肖丽丽	短袖男士T恤	300.00	95.00	28 500.00	3 705.00	32 205.00		13 500.00	15 000.00	52.63%
销售部	肖丽丽	短袖女士T恤	300.00	85.00	25 500.00	3 315.00	28 815.00		12 000.00	13 500.00	52.94%
销售部	肖丽丽	长袖印花T恤	350.00	125.00	43 750.00	5 687.50	49 437.50		21 000.00	22 750.00	52.00%
销售部	肖丽丽	短袖印花T恤	350.00	105.00	36 750.00	4 777.50	41 527.50		18 200.00	18 550.00	50.48%
销售部	肖丽丽	春秋款男士运动服	250.00	280.00	70 000.00	9 100.00	79 100.00		35 000.00	35 000.00	50.00%
销售部	肖丽丽	春秋款女士运动服	250.00	260.00	65 000.00	8 450.00	73 450.00		32 500.00	32 500.00	50.00%
总计			3 170.00	181.23	574 500.00	74 685.00	649 185.00		250 200.00	324 300.00	56.45%

图 5-117 【销售统计表】窗口

二、查询本月发货统计表

发货统计表可以统计存货的期初、发货、开票和结存等各项业务数据。其中根据发货单和退货单统计发货数量,根据销售发票、零售日报及其对应的红字发票统计结算数据。

操作步骤

2024 年 1 月 31 日,A01 总经理刘慧清在企业应用平台中执行【业务工作】|【供应链】|【销售管理】|【报表】|【统计表】|【发货统计表】,打开【查询条件选择-发货统计表】窗口,点击【确定】按钮,如图 5-118 所示。

发货统计表

日期: 2024-01-01 2024-01-31

部门	客户	业务员	存货名称	期初数量	期初金额	期初税额	期初价税合计	期初折扣	发货数量	发货金额	发货税额	发货价税合计
销售部	南京飞鹤国际购物中心	肖丽丽	长袖男士T恤						300.00	30 000.00	3 900.00	33 900.00
销售部	南京飞鹤国际购物中心	肖丽丽	长袖女士T恤						270.00	27 000.00	3 510.00	30 510.00
销售部	南京飞鹤国际购物中心	肖丽丽	男士春秋户外冲…						400.00	128 000.00	16 640.00	144 640.00
销售部	南京飞鹤国际购物中心	肖丽丽	女士春秋户外冲…						400.00	120 000.00	15 600.00	135 600.00
销售部	(小计)南京飞鹤国际购物中心								1 370.00	305 000.00	39 650.00	344 650.00
销售部	南京中连商场股份有限公司	肖丽丽	短袖男士T恤						300.00	28 500.00	3 705.00	32 205.00
销售部	南京中连商场股份有限公司	肖丽丽	短袖女士T恤						300.00	25 500.00	3 315.00	28 815.00
销售部	(小计)南京中连商场股份有…								600.00	54 000.00	7 020.00	61 020.00
销售部	南通四季青酒店管理有限公司	肖丽丽	长袖印花T恤						350.00	43 750.00	5 687.50	49 437.50
销售部	南通四季青酒店管理有限公司	肖丽丽	短袖印花T恤						350.00	36 750.00	4 777.50	41 527.50
销售部	(小计)南通四季青酒店管理…								700.00	80 500.00	10 465.00	90 965.00
销售部	南通文峰电子商务有限公司	肖丽丽	春秋款男士运动服						250.00	70 000.00	9 100.00	79 100.00
销售部	南通文峰电子商务有限公司	肖丽丽	春秋款女士运动服						250.00	65 000.00	8 450.00	73 450.00
销售部	(小计)南通文峰电子商务有…								500.00	135 000.00	17 550.00	152 550.00
(小计)…									3 170.00	574 500.00	74 685.00	649 185.00
总计									3 170.00	574 500.00	74 685.00	649 185.00

图 5-118 【发货统计表】窗口

三、查询本月销售综合统计表

销售综合统计表可以查询企业的订货、发货、开票、出库和汇款等统计数据。它综合了销售订单、销售发货单、销售发票和销售出库单的相关信息。

操作步骤

2024 年 1 月 31 日,A01 总经理刘慧清在企业应用平台中执行【业务工作】|【供应链】|

【销售管理】|【报表】|【统计表】|【销售综合统计表】，打开【查询条件选择-销售综合统计表】窗口，点击【确定】按钮，如图 5-119 所示。

图 5-119 【销售综合统计表】窗口

四、查询本月销售收入明细账

销售收入明细账可以查询各类销售发票的明细数据。与销售收入统计表相比，销售收入明细账提供的销售发票的查询信息更为详尽，包括票号、日期、数量、单价等，可以兼顾财务和业务的不同需要。

操作步骤

2024 年 1 月 31 日，A01 总经理刘慧清在企业应用平台中执行【业务工作】|【供应链】|【销售管理】|【报表】|【明细表】|【销售收入明细账】，打开【查询条件选择-销售收入明细账】窗口，点击【确定】按钮，如图 5-120 所示。

图 5-120 【销售收入明细账】窗口

五、查询本月销售成本明细账

销售成本明细账可以查询各种销售存货的销售成本情况。销售出库单、出库调整单、销售发票提供销售成本明细账的数据来源。销售成本明细账比销售收入统计表提供的存货销售成本的信息更为详尽。

操作步骤

2024年1月31日,A01总经理刘慧清在企业应用平台中执行【业务工作】|【供应链】|【销售管理】|【报表】|【明细表】|【销售成本明细账】,打开【查询条件选择-销售成本明细账】窗口,点击【确定】按钮,如图5-121所示。

销售成本明细账

会计月	部门	客户	业务员	单据号	数量	单价	成本
1	销售部	南京飞鹤国际购物中心	肖丽丽	05134668	600.00	52.50	31 500.00
1	销售部	南京飞鹤国际购物中心	肖丽丽	05134671	800.00	110.00	88 000.00
1	销售部	南京飞鹤国际购物中心	肖丽丽	05134672	-30.00	50.00	-1 500.00
1	销售部	南京中连商场股份有限公司	肖丽丽	05134669	600.00	42.50	25 500.00
1	销售部	南通四季青酒店管理有限公司	肖丽丽	05134670	700.00	56.00	39 200.00
1	销售部	南通文峰电子商务有限公司	肖丽丽	05134667	500.00	135.00	67 500.00
1	(小计)销售部				3 170.00	78.93	250 200.00
	(小计)1				3 170.00	78.93	250 200.00
	总计				3 170.00	78.93	250 200.00

图5-121 【销售成本明细账】窗口

六、销售结构分析

销售结构分析可以按照不同分组条件,例如客户、业务员、存货等在任意时间段的销售构成情况进行分析。按照存货分别可以统计发出的货物占整个发货数量的百分比、各类发出货物的销售收入占全部销售收入的百分比、发出货物的销售额占销售总金额的百分比等数据。

操作步骤

2024年1月31日,A01总经理刘慧清在企业应用平台中执行【业务工作】|【供应链】|【销售管理】|【报表】|【销售分析】|【销售结构分析】,打开【查询条件选择-销售结构分析】窗口,点击【确定】按钮,如图5-122所示。

销售结构分析

日期: 2024-01-01 2024-01-31

客户	存货名称	发货数量	发货数量%	发货金额	发货金额%	退货数	退货数量%	退货金额	销售数量	销售数量%	销售金额	销售金额%	销售收入	销售收入%	销售成本
南京飞鹤国际购…	长袖男士T恤	300.00	9.46%	33 900.00	5.22%				300.00	9.46%	33 900.00	5.22%	30 000.00	5.22%	16 500.00
南京飞鹤国际购…	长袖女士T恤	270.00	8.52%	30 510.00	4.70%	-30.00	100.00%	-3 39…	270.00	8.52%	30 510.00	4.70%	27 000.00	4.70%	13 500.00
南京飞鹤国际购…	男士春秋户…	400.00	12.62%	144 640.00	22.28%				400.00	12.62%	144 640.00	22.28%	128 000.00	22.28%	48 000.00
南京飞鹤国际购…	女士春秋户…	400.00	12.62%	135 600.00	20.89%				400.00	12.62%	135 600.00	20.89%	120 000.00	20.89%	50 000.00
南京中连商场股…	短袖男士T恤	300.00	9.46%	32 205.00	4.96%				300.00	9.46%	32 205.00	4.96%	28 500.00	4.96%	13 500.00
南京中连商场股…	短袖女士T恤	300.00	9.46%	28 815.00	4.44%				300.00	9.46%	28 815.00	4.44%	25 500.00	4.44%	12 000.00
南通四季青酒店…	长袖印花T恤	350.00	11.04%	49 437.50	7.62%				350.00	11.04%	49 437.50	7.62%	43 750.00	7.62%	21 000.00
南通四季青酒店…	短袖印花T恤	350.00	11.04%	41 527.50	6.40%				350.00	11.04%	41 527.50	6.40%	36 750.00	6.40%	18 200.00
南通文峰电子商…	春秋款男士…	250.00	7.89%	79 100.00	12.18%				250.00	7.89%	79 100.00	12.18%	70 000.00	12.18%	35 000.00
南通文峰电子商…	春秋款女士…	250.00	7.89%	73 450.00	11.31%				250.00	7.89%	73 450.00	11.31%	65 000.00	11.31%	32 500.00
总计		3 170.00	100.00%	649 185.00	100.00%	-30.00	100.00%	-3 39…	3 170.00	100.00%	649 185.00	100.00%	574 500.00	100.00%	250 200.00

图5-122 【销售结构分析】窗口

七、销售毛利分析

销售毛利分析可以统计货物在不同期间的毛利变动及其影响因素。

操作步骤

2024年1月31日,A01总经理刘慧清在企业应用平台中执行【业务工作】|【供应链】|【销售管理】|【报表】|【销售分析】|【销售毛利分析】,打开【查询条件选择-销售毛利分析】窗口,点击【确定】按钮,如图5-123所示。

销售毛利分析

前期：　　　　　　　　　　　　　　本期：

部门	存货名称	前期			本期				毛利
		前期数量	前期售价	前期成本	前期毛利	本期数量	本期售价	本期成本	本期毛利	
销售部	长袖男士T恤					300.00	100.00	55.00	13 500.00	13 500.00
销售部	长袖女士T恤					270.00	100.00	50.00	13 500.00	13 500.00
销售部	长袖印花T恤					350.00	125.00	60.00	22 750.00	22 750.00
销售部	春秋款男士运动服					250.00	280.00	140.00	35 000.00	35 000.00
销售部	春秋款女士运动服					250.00	260.00	130.00	32 500.00	32 500.00
销售部	短袖男士T恤					300.00	95.00	45.00	15 000.00	15 000.00
销售部	短袖女士T恤					300.00	85.00	40.00	13 500.00	13 500.00
销售部	短袖印花T恤					350.00	105.00	52.00	18 550.00	18 550.00
销售部	男士春秋户外冲锋衣					400.00	320.00	120.00	80 000.00	80 000.00
销售部	女士春秋户外冲锋衣					400.00	300.00	100.00	80 000.00	80 000.00
(小计)销…						3 170.00	181.23	792.00	324 300.00	324 300.00
总计						3 170.00	181.23	792.00	324 300.00	324 300.00

图5-123　【销售毛利分析】窗口

八、商品周转率分析

商品周转率分析是用来分析某时间范围内某部门所经营商品的周转速度。如果选择周转率类别为发货周转率,则周转指发货;如果选择周转率类别为销售周转率,则周转指销售周转。

操作步骤

2024年1月31日,A01总经理刘慧清在企业应用平台中执行【业务工作】|【供应链】|【销售管理】|【报表】|【综合分析】|【商品周转率分析】,打开【查询条件选择-商品周转率分析】窗口,点击【确定】按钮,如图5-124所示。

商品周转率分析

日期：　　　2024-01-01　　　　2024-01-31

存货名称	规格型号	周转数量	周转次数	周转天数	月周转次数
春秋款女士运动服		250.00	0.28	112.32	0.27
春秋款男士运动服		250.00	0.25	126.35	0.24
长袖女士T恤		270.00	0.30	102.46	0.29
长袖男士T恤		300.00	0.38	81.33	0.37
短袖女士T恤		300.00	0.34	90.57	0.33
短袖男士T恤		300.00	0.31	98.42	0.30
长袖印花T恤		350.00	0.72	43.21	0.69
短袖印花T恤		350.00	0.51	60.93	0.49
男士春秋户外冲锋衣		400.00	0.38	82.09	0.37
女士春秋户外冲锋衣		400.00	0.36	85.19	0.35
总计		3 170.00	3.83	882.87	3.70

图5-124　【商品周转率分析】窗口

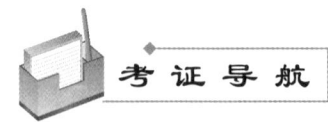

业财一体信息化应用职业技能等级要求(初级)

工作领域	工作任务	职业技能要求	
3. 业财一体信息化平台典型财务处理	3.2 典型应收应付业务处理	3.2.3	能够依据企业销售业务流程,在信息化平台上熟练、准确地查找销售发票并完成审核,生成应收类凭证
		3.2.4	能够根据《企业会计准则》,依据销售部门需求,在信息化平台应收款管理模块中熟练、准确地填制收款单,并能进行正确核销,生成收款类凭证
4. 业财一体信息化平台典型业务处理	4.2 典型销售业务处理	4.2.1	能够依据与客户签订的销售合同或协议,在信息化平台销售管理模块中熟练、准确地填制销售订单
		4.2.2	能够在信息化平台销售管理模块中,熟练、准确地手工填制销售发货单或依据销售订单生成销售发货单
		4.2.3	能够在信息化平台库存管理模块中,依据销售发货单熟练的生成销售出库单
		4.2.4	能够在信息化平台销售管理模块中,熟练、准确地完成销售发票的填制

项目六 库存管理系统业务处理

任务一 库存管理系统概述

一、库存管理系统主要功能

库存管理系统主要从实物方面对存货的入库、出库和结余加以反映和监督。能够满足采购入库、销售出库、产成品入库、材料出库、其他出入库、盘点管理和形态转换等业务需要。可进行各种统计分析，输出存货收发存的汇总情况，具体功能包括以下几个方面。

1. 库存管理系统初始设置

库存管理系统初始设置包括设置库存管理系统业务处理所需要的各种业务选项及录入库存期初数据。

2. 库存日常业务处理

库存管理系统的主要功能是对采购入库、销售出库及库存管理系统填制的各种出入库单据进行审核，并对存货的出入库数量进行管理。处理仓库间的调拨业务、盘点业务、组装拆卸业务、形态转换业务等。

戴尔零库存
管理模式

3. 库存控制及管理

库存管理系统支持批次跟踪、保质期管理、委托代销商品管理、不合格品管理、现存量管理、安全库存管理，对超储、短缺、呆滞积压、超额领料等情况进行报警。

4. 库存账簿及统计分析

库存管理系统可以提供出入库流水账、库存台账、受托代销商品备查簿、委托代销商品备查簿、呆滞积压存货备查簿供用户查询，同时提供各种统计汇总表。

二、库存管理系统业务类型及处理

库存管理系统中库存业务类型主要包括入库业务、出库业务和其他业务三种类型。

1. 入库业务处理

库存管理系统主要是对各种入库业务进行单据的填制和审核。库管理系统中的审核具有多层含义，既可表示通常意义上的审核，也可用单据是否审核来表示实物的出入库行为，即在入库单上的所有存货均办理了入库手续后，对入库单进行审核。

库存管理系统的入库业务主要包括以下几类。

1) 采购入库

采购业务员将采购回来的存货交到仓库时，仓库保管员对所购存货进行验收确定，填制采购入库单。采购入库单生成的方式有四种：参照采购订单、参照采购到货单、检验入库、直接填制。采购入库单的审核相当于仓库保管员对采购的实际到货情况进行质量、数量的检验和签收。

2）产成品入库

产成品入库单是管理工业企业的产成品入库、退回业务的单据。工业企业对原材料及半成品进行一系列的加工后，形成可销售的商品，然后验收入库。只有工业企业才有产成品入库单，商业企业没有此单据。产成品的总成本和单位成本一般在入库时是无法确定的，因此，在填制产成品入库单时，一般只有数量，没有单价和金额。

3）其他入库

其他入库是指除了采购入库、产成品入库的其他入库，如调拨入库、盘盈入库、组装拆卸入库、形态转换入库等业务形成的入库。

需要注意的是，调拨入库、盘盈入库、组装拆卸入库、形态转换入库等业务可以自动形成相应的入库单，除此之外的其他入库单由用户填制。

2. 出库业务处理

1）销售出库

在销售管理系统中填制的销售发票、发货单、销售调拨单、零售日报，经复核后均可以参照生成销售出库单。根据选项设置，销售出库单可以在库存管理系统填制、生成，也可以在销售管理系统生成后传递到库存管理系统，再由库存管理系统进行审核。

2）材料出库

材料出库单是工业企业领用材料时所填制的出库单据，材料出库单也是进行日常业务处理和记账的主要原始单据之一。只有工业企业才有材料出库单，商业企业没有此单据。

3）其他出库

其他出库指除销售出库、材料出库之外的其他出库业务，如维修、办公耗用、调拨出库、盘亏出库、组装拆卸出库、形态转换出库等。

需要注意的是，调拨出库、盘亏出库、组装出库、拆卸出库、形态转换出库等业务可以自动形成相应的出库单，除此之外的其他出库单由用户填制。

3. 其他业务处理

1）库存调拨

库存管理系统提供了调拨单用于处理仓库之间存货的转库业务或部门之间的存货调拨业务。如果调拨单上的转出部门和转入部门不同，就表示是部门之间的调拨业务；如果转出部门和转入部门相同，但转出仓库和转入仓库不同，就表示是仓库之间的转库业务。

2）盘点

库存管理系统提供了盘点单用来定期对仓库中的存货进行盘点。存货盘点报告表是证明企业存货盘盈、盘亏和毁损并据以调整存货实存数的书面凭证，经企业领导批准后，即可作为原始凭证入账。本功能可对各仓库或批次中的全部或部分存货进行盘点，盘盈、盘亏的结果可自动生成出入库单。

三、库存管理系统与用友 U8 其他子系统的数据关系

库存管理系统既可以和采购管理系统、销售管理系统、存货核算系统集成使用，也可以单

独使用。在集成应用模式下,库存管理系统与用友 U8 其他子系统的关系如图 6-1 所示。

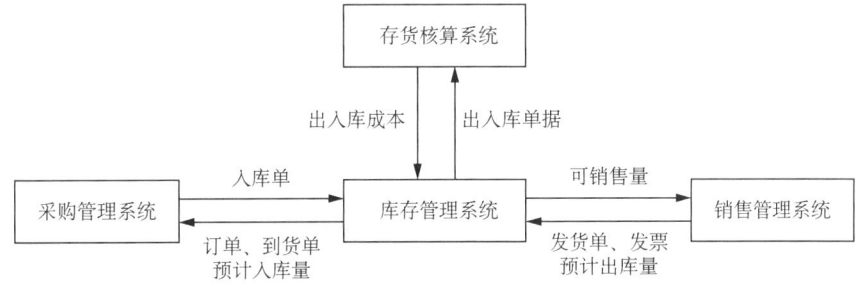

图 6-1　库存管理系统与用友 U8 其他子系统的关系

库存管理系统可以参照采购管理系统的采购订单、采购到货单生成采购入库单,库存管理系统将入库情况反馈到采购管理系统。采购管理系统向库存管理系统提供预计入库量。

根据选项设置,销售出库单可以在库存管理系统填制、生成,也可以先在销售管理系统生成后传递到库存管理系统,再由库存管理系统进行审核。如果在库存管理系统生成,则需要参照销售管理系统的发货单、销售发票。销售管理系统为库存管理系统提供预计出库量。库存管理系统为销售管理系统提供可用于销售的存货的可用量。

库存管理系统为存货核算系统提供各种出入库单据。所有出入库单据均由库存管理系统填制,存货核算系统只能填写出入库单的单价、金额,并可对出入库单进行记账操作,核算出入库的成本。

任务二　盘点业务处理

盘点是指将仓库中存货的实物数量与账面数量进行核对的工作过程,其目的是保证企业库存资产的安全和完整,做到账实相符。企业必须对存货进行定期或不定期的清查,查明存货盘盈、盘亏、损毁的数量以及造成的原因,并据以编制存货盘点报告表。

【业务 6-1】 2024 年 1 月 28 日,对"运动套装库"进行盘点,春秋款男士运动服盘亏 10 套。
操作步骤
1. 填制盘点单
(1) 2024 年 1 月 28 日,C01 仓管部李军钧登录企业应用平台,点击【业务工作】|【供应链】|【库存管理】|【盘点业务】,打开【盘点单】窗口。
(2) 点击【增加】按钮,表头【盘点仓库】选择:运动套装库,【出库类别】:盘亏出库,【入库类别】:盘盈入库,【经手人】:李军钧。
(3) 点击【盘库】按钮,系统弹出"盘库将删除未保存的所有记录,是否继续?"。点击【是】按钮,系统弹出【盘点处理】窗口,如图 6-2 所示。
(4) 选择"按仓库盘点",点击【确认】按钮,系统自动将该仓库中存货及其账面数量全部列示出来。
(5) 将存货实际盘点数量填列在"盘点数量"栏,"春秋款男士运动服"的盘点数量为"1035",点击【保存】按钮。

业务 6-1
盘点业务
处理

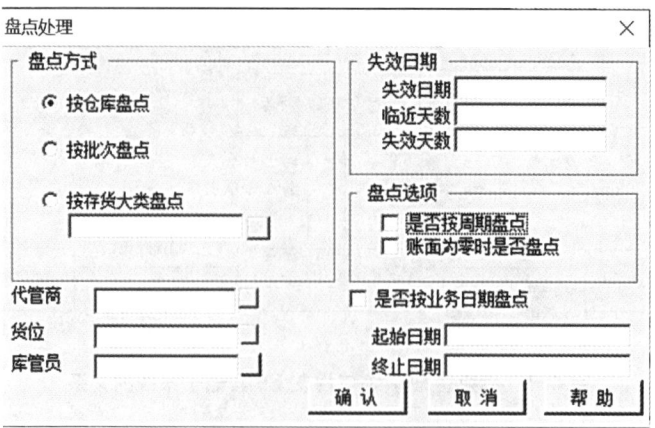

图 6-2 【盘点处理】窗口

(6) 点击【审核】按钮,审核填制的盘点单,如图 6-3 所示。

图 6-3 【盘点单】窗口

> **提示:**
> ⊙ 必须先选择仓库才能选择存货。
> ⊙ 盘点单保存后盘亏会生成其他出库单,盘盈会生成其他入库单。

2. 审核其他出库单

2024 年 1 月 28 日,C01 仓管部李军钧登录企业应用平台,点击【业务工作】|【供应链】|【库存管理】|【出库业务】|【其他出库单】,点击【末张】按钮,找到盘点单自动生成的其他出库单,点击【审核】按钮,如图 6-4 所示。

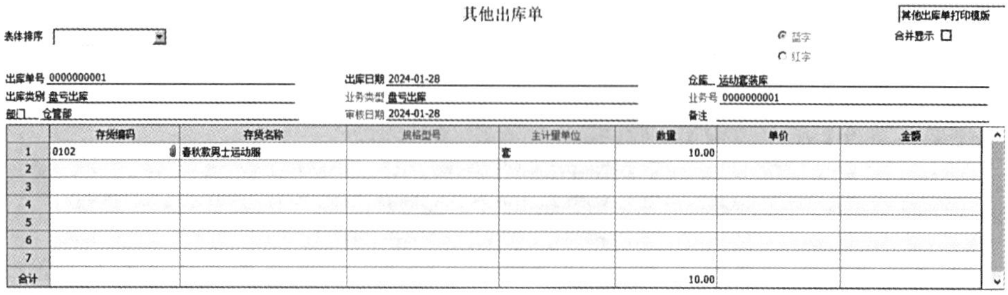

图 6-4 【其他出库单】窗口

3. 存货核算系统生成凭证

(1) 2024年1月28日,W02财务部李晓园登录企业应用平台,点击【业务工作】|【供应链】|【存货核算】|【业务核算】|【正常单据记账】,打开【查询条件选择】窗口。

(2) 点击【确定】按钮,打开【正常单据记账列表】窗口,点击【全选】按钮,如图6-5所示。

正常单据记账列表

选择	日期	单据号	存货编码	存货名称	单据类型	仓库名称	收发类别	数量
Y	2024-01-28	0000000001	0102	春秋款男士运…	其他出库单	运动套装库	盘亏出库	10.00
小计								10.00

图6-5 【正常单据记账列表】窗口

(3) 点击【记账】按钮,系统提示"记账成功"。

(4) 点击【财务核算】|【生成凭证】,打开【生成凭证】窗口,点击【选择】按钮,打开【查询条件】窗口。

(5) 点击【确定】按钮,打开【未生成凭证单据一览表】窗口,点击【全选】按钮。

(6) 点击【确定】按钮,返回【生成凭证】窗口,如图6-6所示。

凭证类别	记账凭证											
选择	单据类型	单据号	摘要	科目类型	科目编码	科目名称	借方金额	贷方金额	借方数量	贷方数量	科目方向	存货编码	存货名称
1	其他出…	0000…	其他出…	对方	1901	待处理财产损溢	1 400.00		10.00		1	0102	春秋款男士…
				存货	1405	库存商品		1 400.00		10.00	2	0102	春秋款男士…
合计							1 400.00	1 400.00					

图6-6 【生成凭证】窗口

(7) 点击【生成】按钮,生成一张记账凭证,点击【保存】按钮,凭证上出现"已生成"字样,如图6-7所示。

记 账 凭 证

已生成

记 字 0056　　制单日期:2024.01.28　　审核日期:　　附单据数:1

摘要	科目名称	借方金额	贷方金额
其他出库单	待处理财产损溢	140000	
其他出库单	库存商品		140000
	合计	140000	140000

票号 日期　　数量 单价　　备注:项目 个人 业务员　　部门 客户

记账　　　审核　　　出纳　　　制单 李晓园

图6-7 【记账凭证】窗口

业务 6-2
盘亏损失
代入营业
外支出

【业务 6-2】 2024年1月29日,盘亏的存货损失经批准计入营业外支出。

操作步骤

(1) 2024年1月29日,W02财务部李晓园登录企业应用平台,点击【业务工作】|【财务会计】|【总账】|【凭证】|【填制凭证】,打开【填制凭证】窗口。

(2) 点击【增加】按钮,填制凭证,点击【保存】按钮,如图6-8所示。

记 账 凭 证

记 字0057 制单日期:2024.01.29 审核日期: 附单据数:

摘要	科目名称	借方金额	贷方金额
盘亏处理	营业外支出	158200	
盘亏处理	待处理财产损溢		140000
盘亏处理	应交税费/应交增值税/进项税额转出		18200
	合计	158200	158200

制单 李晓园

图 6-8 【记账凭证】窗口

任务三 其他业务处理

其他出入库业务是指除采购入库、销售出库、材料领用出库、产成品入库之外的其他出入库业务,如调拨、盘点、组装拆卸、形态转换等业务。其他出入库单一般由系统根据其他业务单据自动生成。

业务 6-3
其他业务
处理

【业务 6-3】 2024年1月29日,由于仓库管理不善,造成5件长袖女士T恤无法正常销售,经批准,损失计入管理费用。

操作步骤

1. 填制其他出库单

(1) 2024年1月29日,C01仓管部李军钧登录企业应用平台,点击【业务工作】|【供应链】|【库存管理】|【出库业务】|【其他出库单】,打开【其他出库单】窗口。

(2) 点击【增加】按钮,录入其他出库单信息,点击【保存】【审核】按钮,如图6-9所示。

2. 存货核算系统生成凭证

(1) 2024年1月29日,W02财务部李晓园登录企业应用平台,点击【业务工作】|【供应链】|【存货核算】|【业务核算】|【正常单据记账】,打开【查询条件选择】窗口。

(2) 点击【确定】按钮,打开【正常单据记账列表】窗口,点击【全选】按钮,如图6-10所示。

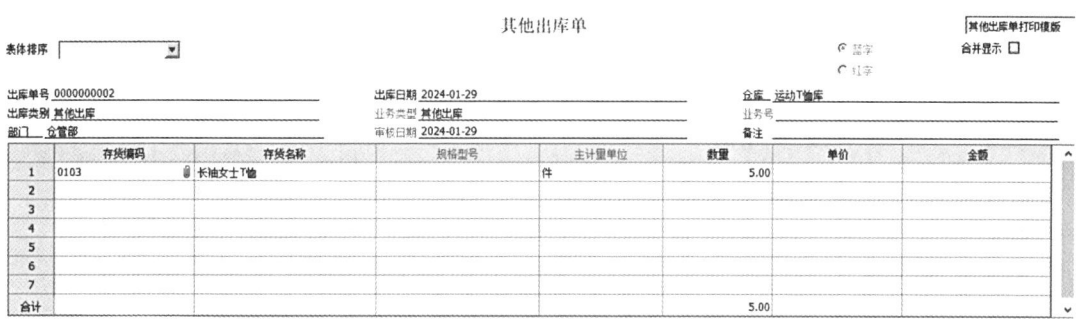

图 6-9 【其他出库单】窗口

图 6-10 【正常单据记账列表】窗口

(3) 点击【记账】按钮,系统提示"记账成功",点击【确定】按钮。

(4) 点击【财务核算】|【生成凭证】,打开【生成凭证】窗口,点击【选择】按钮,打开【查询条件】窗口。

(5) 点击【确定】按钮,打开【未生成凭证单据一览表】窗口。

(6) 点击【选择】或【全选】按钮,点击【确定】按钮,返回【生成凭证】窗口,对方科目选择:1901,如图 6-11 所示。

图 6-11 【生成凭证】窗口

(7) 点击【生成】按钮,生成一张记账凭证,点击【保存】按钮,凭证上出现"已生成"字样,如图 6-12 所示。

3. 总账填制凭证

(1) 2024 年 1 月 29 日,W02 财务部李晓园登录企业应用平台,点击【业务工作】|【财务会计】|【总账】|【凭证】|【填制凭证】,打开【填制凭证】窗口。

(2) 点击【增加】按钮,填制凭证,点击【保存】按钮,如图 6-13 所示。

已生成

记账凭证

记 字 0058　　制单日期：2024.01.29　　审核日期：　　附单据数：1

摘要	科目名称	借方金额	贷方金额
其他出库单	待处理财产损溢	25000	
其他出库单	库存商品		25000
票号 日期　数量 单价	合计	25000	25000

备注　项目　部门
个人　客户
业务员

记账　审核　出纳　制单 李晓园

图 6-12 【记账凭证】窗口

记账凭证

记 字 0059　　制单日期：2024.01.29　　审核日期：　　附单据数：

摘要	科目名称	借方金额	贷方金额
管理不善存货损失处理	管理费用/其他	28250	
管理不善存货损失处理	待处理财产损溢		25000
管理不善存货损失处理	应交税费/应交增值税/进项税额转出		3250
票号 日期　数量 单价	合计	28250	28250

备注　项目　部门
个人　客户
业务员

记账　审核　出纳　制单 李晓园

图 6-13 【记账凭证】窗口

【业务 6-4】 2024 年 1 月 30 日，由于运动套装库装修改造，该仓库中的所有服装转移到户外冲锋衣库。

业务 6-4
调拨业务

操作步骤

1. 填制调拨单

(1) 2024 年 1 月 30 日，C01 仓管部李军钧登录企业应用平台，点击【业务工作】|【供应链】|【库存管理】|【调拨业务】|【调拨单】，打开【调拨单】窗口。

(2) 点击【增加】按钮，选择【转出仓库】为"运动套装库"，【转入仓库】为"户外冲锋衣库",【出库类别】选择"其他出库",【入库类别】选择"其他入库"。表体中【存货编码】选择"0101 春秋款女士运动服",调拨单下方显示当前存货的现存量为"920",输入数量"920"。同理输入"0102 春秋款男士运动服"的数量"1 035"。

(3) 点击【保存】按钮,点击【审核】按钮,结果如图 6-14 所示。

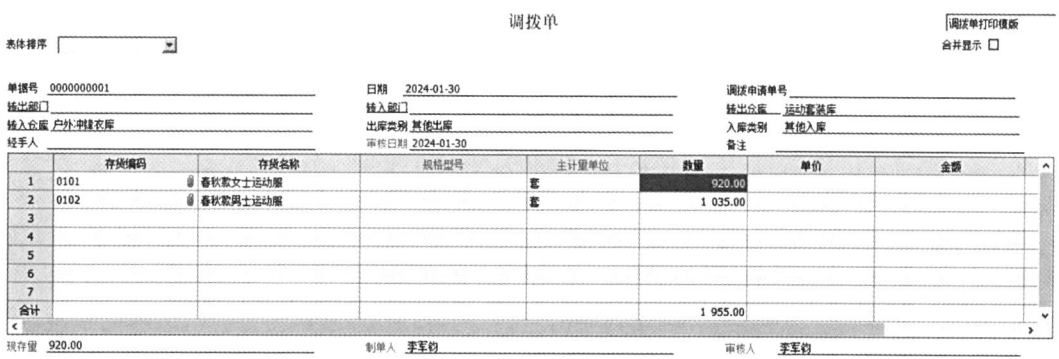

图 6-14 【调拨单】窗口

> **提示:**
> ⊙调拨单审核后系统自动根据调出或调入情况,生成其他出库单和对应的其他入库单。如果调拨单被弃审,相应的其他出入库单自动被删除。

2. 审核其他出入库单

(1) 2024 年 1 月 30 日,C01 仓管部李军钧登录企业应用平台,点击【业务工作】|【供应链】|【库存管理】|【出库业务】|【其他出库单】,点击【末张】按钮,找到调拨单自动生成的其他出库单,点击【审核】按钮,如图 6-15 所示。

图 6-15 【其他出库单】窗口

(2) 点击【入库业务】|【其他入库单】,点击【末张】按钮,找到调拨单自动生成的其他入库单,点击【审核】按钮,如图 6-16 所示。

3. 对调拨单记账

(1) 2024 年 1 月 30 日,W02 财务部李晓园登录企业应用平台,点击【业务工作】|【供应链】|【存货核算】|【业务核算】|【特殊单据记账】,打开【特殊单据记账条件】窗口,如图 6-17 所示。

图 6-16 【其他入库单】窗口

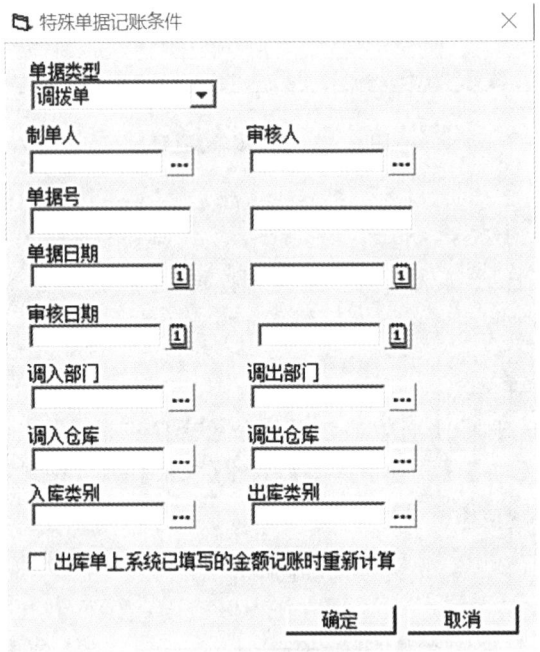

图 6-17 【特殊单据记账条件】窗口

（2）点击【确定】按钮，进入【特殊单据记账】窗口，选择要记账的调拨单，如图 6-18 所示。

特殊单据记账

选择	单据号	单据日期	转入仓库	转出仓库	转入部门	转出部门	经手人	审核人	制单人
Y	0000000001	2024-01-30	户外冲锋衣库	运动套装库				李军钧	李军钧
小计									

图 6-18 【特殊单据记账】窗口

（3）点击【记账】按钮。

项目六 库存管理系统业务处理

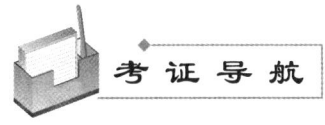

业财一体信息化应用职业技能等级要求(初级)

工作领域	工作任务	职业技能要求
4. 业财一体信息化平台典型业务处理	4.3 典型库存与存货业务处理	4.3.3 能够依据材料领用出库情况,在信息化平台上熟练、准确地填制材料出库单,并进行记账处理,生成记账凭证
		4.3.4 能够依据验收入库的产品信息,在信息化平台上熟练、准确地填制产品入库单并进行记账处理,生成记账凭证

项目七 存货核算系统业务处理

任务一 存货核算系统概述

一、存货核算系统主要功能

存货核算是从资金角度管理存货的出入库业务,主要用于核算企业的入库成本、暂估入库业务处理、出库成本、结余成本。反映和监督存货的收发、领退和保管情况;反映和监督存货资金的占用情况。存货核算系统的主要功能包括初始设置、日常业务处理和期末处理三个部分。

1. 初始设置

初始设置主要包括存货核算选项设置、存货核算自动凭证相关的科目设置和期初数据录入。

2. 日常业务处理

华为擎云加速释放商用领域数字化能力

日常业务处理主要完成存货核算业务数据的录入和成本核算。在供应链管理其他子系统集成使用的情况下,可以对出入库成本进行调整、进行结算成本处理、进行产成品成本分配、进行存货跌价准备核算、完成出入库业务相关凭证的生成。

3. 期末处理

计算全月平均法核算的存货的全月平均单价及本月出库成本、计算存货的差异率与差价率,完成月末结账。

二、存货核算业务类型及处理

1. 入库业务处理

入库业务包括采购入库、产成品入库和其他入库。

采购入库单在库存管理系统中录入,在存货核算系统中可以进行入库金额的修改,采购入库单上数量的修改只能在该单据填制的系统进行。

产成品入库单在填制时一般只填写数量,单价与金额既可以通过修改产成品入库单直接填入,也可以由存货核算系统的产成品成本分配功能自动计算填入。

大部分其他入库单都是由相关业务直接生成的,如果与库存管理系统集成使用,可以通过修改其他入库单的操作对盘盈入库业务生成的其他入库单的单价进行输入或修改。

2. 出库业务处理

出库单据包括销售出库、材料出库和其他出库。在存货核算系统可以修改出库单据上的单价或金额。

3. 单据记账

单据记账是将所输入的各种出入库单据记入存货明细账、差异明细账、受托代销商品明细账等。单据记账应注意以下几点。

(1) 无单价的入库单据不能记账,因此记账前应对暂估入库的成本、产成品入库单的成本进行确认或修改。

(2) 各个仓库的单据应该按照时间顺序记账。

(3) 已记账单据不能修改和删除。如果发现已记账单据有错误,在本月未结账状态下可以取消记账。如果已记账单据已生成凭证,就不能取消记账,除非先删除相关凭证。

4. 调整业务

出入库单据记账后,如果发现单据金额录入错误,通常采用修改的方式进行调整。但如果遇到由于暂估入库后发生零出库业务等原因造成的出库成本不准确或库存数量为零而仍有库存金额的情况,就需要调整单据。

调整单据包括入库调整单和出库调整单。它们都只针对当月存货的出入库成本进行调整,并且只调整存货的金额,不调整存货的数量。

出入库调整单保存即记账,因此,已保存的单据不可修改、删除。

5. 暂估处理

存货核算系统中对采购暂估入库业务提供了月初回冲、单到回冲、单到补差三种处理方式,暂估处理方式一旦选择不可修改。无论采用哪种方式,都要遵循以下步骤,即待采购发票到达后,在采购管理系统填制发票并进行采购结算,然后在存货核算系统中完成暂估入库业务成本处理。

6. 财务核算

在存货核算系统中,可以将各种出入库单据中涉及存货增减和价值变动的单据生成凭证传递到总账。

对比较规范的业务,在存货核算系统的初始设置中可以事先设置好凭证上的存货科目和对方科目,系统将自动采用这些科目生成相应的出入库凭证,并传送到总账。

生成凭证操作一般由在总账中有填制凭证权限的操作员来完成。

7. 综合查询

(1) 单据查询。可以对存货核算系统中各种出入库单据、调整单据进行查询。

(2) 存货账簿。存货账簿包括存货总账、存货明细账、出入库流水账、发出商品明细账、个别计价明细账和计价辅助数据。

(3) 存货汇总表。存货汇总表包括入库汇总表、出库汇总表、差异分摊表、收发存汇总表、发出商品汇总表和暂估商品余额表。

(4) 存货分析表。存货分析表包括存货周转率分析表、ABC成本分析表、入库成本分析表、库存资金占用分析表、库存资金占用规划分析表。

8. 月末处理

存货核算系统的月末处理工作包括期末处理和结账两部分。当存货核算系统日常业务全部完成后,进行期末处理。存货核算系统自动计算全月平均单价及本会计月出库成本,自动计算差异率(差价率)及本会计月的分摊差异(差价),并对已完成日常业务的仓库或部门做处理标志。存货核算系统期末处理完成后,就可以进行月末结账。如果是集成应用模式,必须在采购管理、销售管理、库存管理全部结账后,存货核算系统才能结账。

三、存货核算系统与用友 U8 其他子系统的数据关系

存货核算系统与用友 U8 其他子系统的数据关系如图 7-1 所示。

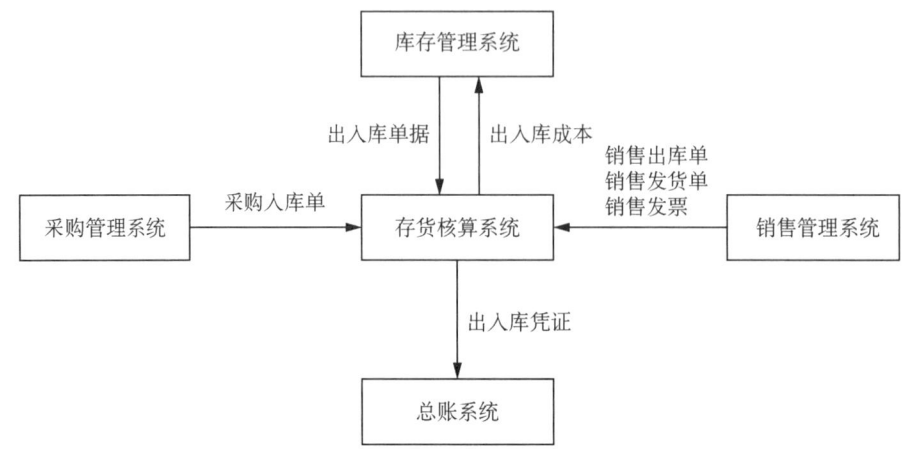

图 7-1　存货核算系统与用友 U8 其他子系统的数据关系

存货核算系统可对采购管理系统生成的采购入库单进行记账,对采购暂估入库单进行暂估报销处理。

存货核算系统可对库存管理系统生成的各种出入库单据进行记账核算。

企业发生的正常销售业务的销售成本可以在存货核算系统根据所选的计价方法自动计算;企业发生分期收款业务和委托代销业务时,存货核算系统可以对销售系统生成的发货单和发票进行记账并确认成本。

在存货核算系统进行了出入库成本记账的单据可以生成一系列的物流凭证传入总账系统,实现财务和业务的一体化。

任务二　存货核算系统日常业务处理

【业务 7-1】 2024 年 1 月 31 日,检查是否有入库单上存货无价格,并给这些单据录入价格。

操作步骤

(1) 2024 年 1 月 31 日,W02 财务部李晓园登录企业应用平台,点击【业务工作】|【供应链】|【存货核算】|【业务核算】|【暂估成本录入】,打开【查询条件选择】窗口,如图 7-2 所示。

(2) 点击【确定】按钮,打开【暂估成本录入】窗口,如果有需要录入单价的存货,则录入单价信息,如图 7-3 所示。

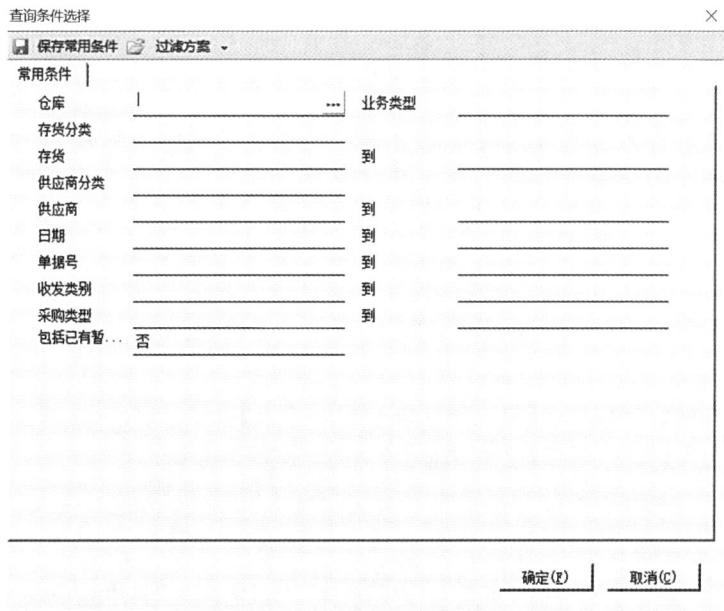

图 7-2 【查询条件选择】窗口

单据日期	单据号	仓库	存货编码	存货代码	计量单位	存货名称	规格型号	业务类型	采购类型	供应商	入库类别	数量	单价	金额
合计														

暂估成本录入 | 售价成本

图 7-3 【暂估成本录入】窗口

【业务 7-2】 2024 年 1 月 31 日,经核查运动 T 恤库中的长袖女士 T 恤的价格偏低,经过市场调研和领导批准,将其单价由 50 元调整为 55 元。仓库中现存量为 825 件,即将总金额调增 4 125 元。

操作步骤

1. 填制入库调整单

(1) 2024 年 1 月 31 日,W02 财务部李晓园登录企业应用平台,点击【业务工作】|【供应链】|【存货核算】|【日常业务】|【入库调整单】,打开【入库调整单】窗口。

(2) 点击【增加】按钮,选择【仓库】为"运动 T 恤库",【存货名称】为"长袖女士 T 恤",金额为"4 125.00",点击【保存】按钮,如图 7-4 所示。

业务 7-2 调整长袖女士 T 恤价格

	存货编码	存货名称	规格型号	计量单位	被调整单据号	金额	记账人
1	0103	长袖女士 T 恤		件		4 125.00	
2							
3							
4							
5							
6							
7							
合计						4 125.00	

仓库 运动T恤库 日期 2024-01-31 单据号 0000000001
收发类别 部门 供应商
业务员 备注

入库调整单

图 7-4 【入库调整单】窗口

(3)点击【记账】按钮,使增加的金额入账。

提示:
⊙在入库调整单中,如果不输入被调整单据号,则视作调整该仓库下的所有存货,金额记入仓库下存货的总金额。

2. 入库调整单生成凭证

(1) 2024 年 1 月 31 日,W02 财务部李晓园登录企业应用平台,点击【业务工作】|【供应链】|【存货核算】|【财务核算】|【生成凭证】,打开【生成凭证】窗口,点击【选择】按钮,打开【查询条件】窗口。

(2) 点击【确定】按钮,打开【未生成凭证单据一览表】窗口,选择入库调整单。

(3) 点击【确定】按钮,返回【生成凭证】窗口,如图 7-5 所示。

凭证类别	记账凭证											
选择	单据类型	单据号	摘要	科目类型	科目编码	科目名称	借方金额	贷方金额	借方数量	贷方数量	科目方向	存货编码	存货名称
1	入库调整单	0000...	入库调整单	存货	1405	库存商品	4 125.00				1	0103	长袖女士T恤
				对方				4 125.00			2	0103	长袖女士T恤
合计							4 125.00	4 125.00					

图 7-5 【生成凭证】窗口

(4) 对方科目编码输入"1402",点击【生成】按钮,生成一张记账凭证,点击【保存】按钮,凭证上出现"已生成"字样,如图 7-6 所示。

		记 账 凭 证		
已生成				
记 字 0060	制单日期:2024.01.31	审核日期:	附单据数:1	
摘要	科目名称		借方金额	贷方金额
入库调整单	库存商品		¥4125.00	
入库调整单	在途物资			¥4125.00
票号 日期	数量 单价	合计	¥4125.00	¥4125.00
备注	项 目 个 人 业务员	部 门 客 户		
记账	审核	出纳	制单	李晓园

图 7-6 【记账凭证】窗口

业财一体信息化应用职业技能等级要求(初级)

工作领域	工作任务	职业技能要求
4. 业财一体信息化平台典型业务处理	4.3 典型库存与存货业务处理	4.3.1 能够在信息化平台上熟练生成存货入库的记账凭证
		4.3.2 能够在信息化平台上熟练查询出需要处理的销售出库单或销售发票,完成销售出库的记账操作,并生成结转销售成本的记账凭证

项目八 供应链管理系统期末处理

任务一 供应链管理系统期末业务处理概述

供应链管理系统期末业务处理主要包括两项内容：期末处理和月末结账。

1. 期末处理

当日常业务全部处理完成后，需要在存货核算系统中进行期末处理。对于按全月平均法核算的存货，期末处理时计算全月平均单价及本月出库成本；对于按计划价（售价）核算的存货，期末处理时计算差异率并分摊差异。对于按照移动平均法、先进先出法、后进先出法、个别计价法核算的存货，期末处理仅作为本月业务完结的标志。

2. 月末结账

期末结账表示本期业务处理的终结。

采购管理和销售管理月末结账后，才能进行库存管理、应收款管理、应付款管理月末结账；库存管理结账后，才能进行存货核算月末结账；应收款管理、应付款管理、存货核算全部结账后，才能进行总账系统月末结账。

任务二 供应链管理系统期末业务处理

一、采购管理系统月末结账

采购管理系统月末结账是在每个会计期间结束时，将每个月的采购相关单据及数据封存起来，并将当月的采购数据记入相关的账表中。

【业务8-1】 2024年1月31日，采购管理月末结账。

操作步骤

(1) 2024年1月31日，G01采购部戚诚登录企业应用平台，点击【业务工作】|【供应链】|【采购管理】|【月末结账】，打开【结账】窗口，如图8-1所示。

(2) 点击【结账】按钮，系统弹出【月末结账】信息提示框，如图8-2所示。

(3) 点击【否】按钮，1月"是否结账"处显示"是"，如图8-3所示。

图 8-1 【结账】窗口

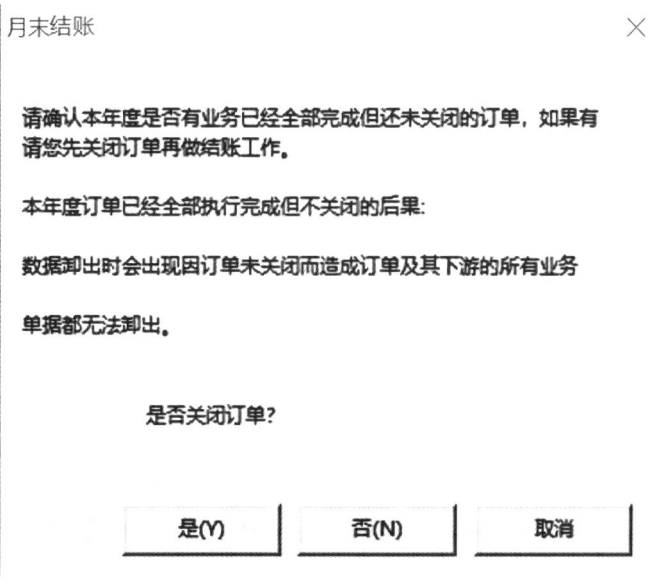

图 8-2 【月末结账】信息提示框

图 8-3　1月结账

> **提示：**
> ⊙数据卸出是将当前数据库中不经常使用或业务已经执行完毕的数据按照指定会计年度卸出到历史账套库。数据卸出可以减少当前数据库的数据量,提高查询和操作效率。
> ⊙关闭的单据不能再执行,但不影响其下游单据的继续执行。
> ⊙关闭的单据不再结转到下年的年度账中。

二、销售管理系统月末结账

业务 8-2 销售管理系统月末结账

如果《应收款管理》按照单据日期记账,《销售管理》本月有未复核的发票,月末结账后,这些未复核的发票在《应收款管理》就不能按照单据日期记账了,除非在《应收款管理》改成按业务日期记账。

图 8-4　【结账】窗口

【业务 8-2】　2024 年 1 月 31 日,销售管理月末结账。

操作步骤

(1) 2024 年 1 月 31 日,X01 销售部肖丽丽登录企业应用平台,点击【业务工作】|【供应链】|【销售管理】|【月末结账】,打开【结账】窗口,如图 8-4 所示。

(2) 点击【结账】按钮,系统弹出信息提示框,如图 8-5 所示。

(3) 点击【否】按钮,1月"是否结账"处显示"是",如图 8-6 所示。

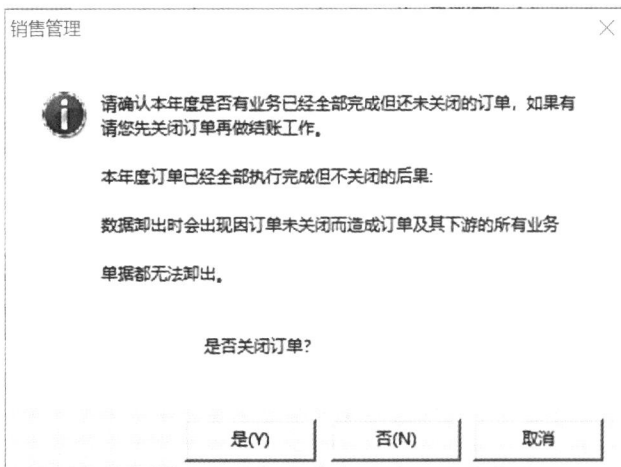

图 8-5 【销售管理】信息提示框

图 8-6 1 月结账

三、库存管理系统月末结账

【业务 8-3】 2024 年 1 月 31 日,库存管理月末结账。
操作步骤
(1) 2024 年 1 月 31 日,C01 仓管部李军钧登录企业应用平台,点击【业务工作】|【供应链】|【库存管理】|【月末结账】,打开【结账】窗口,如图 8-7 所示。
(2) 点击【结账】按钮,系统弹出信息提示框,如图 8-8 所示。

业务 8-3
库存管理
系统月末
结账

图 8-7 【结账】窗口

图 8-8 【库存管理】信息提示框

(3) 点击【是】按钮,1 月"是否结账"处显示"是",如图 8-9 所示。

图 8-9 1月结账

四、存货核算期末处理与月末结账

【业务8-4】 2024年1月31日,存货核算期末处理。

操作步骤

(1) 2024年1月31日,W02财务部李晓园登录企业应用平台,点击【业务工作】|【供应链】|【存货核算】|【业务核算】|【期末处理】,打开【期末处理】窗口,如图8-10所示。

业务8-4
存货核算
期末处理

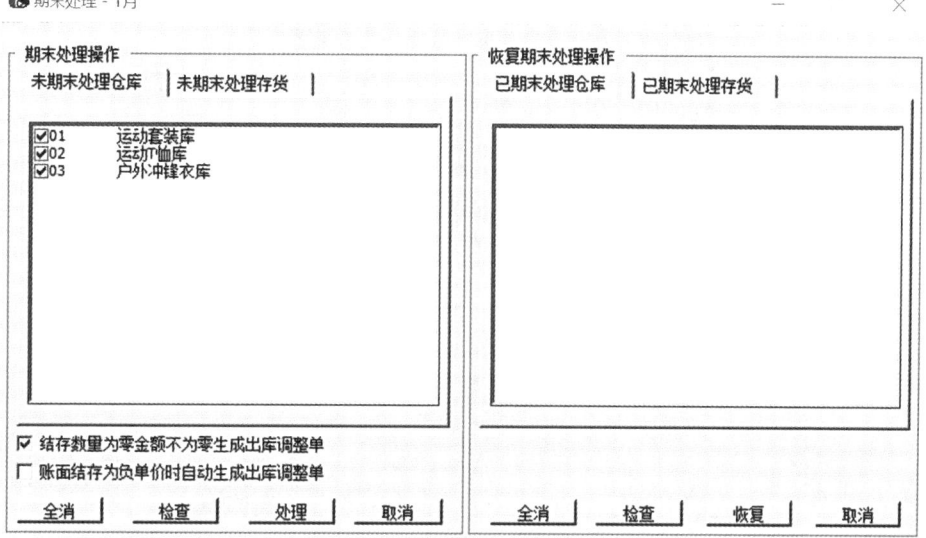

图8-10 【期末处理】窗口

(2) 点击【处理】按钮,系统弹出【期末处理完毕】提示框。

(3) 点击【确定】按钮,系统提示已期末处理仓库,如图8-11所示。

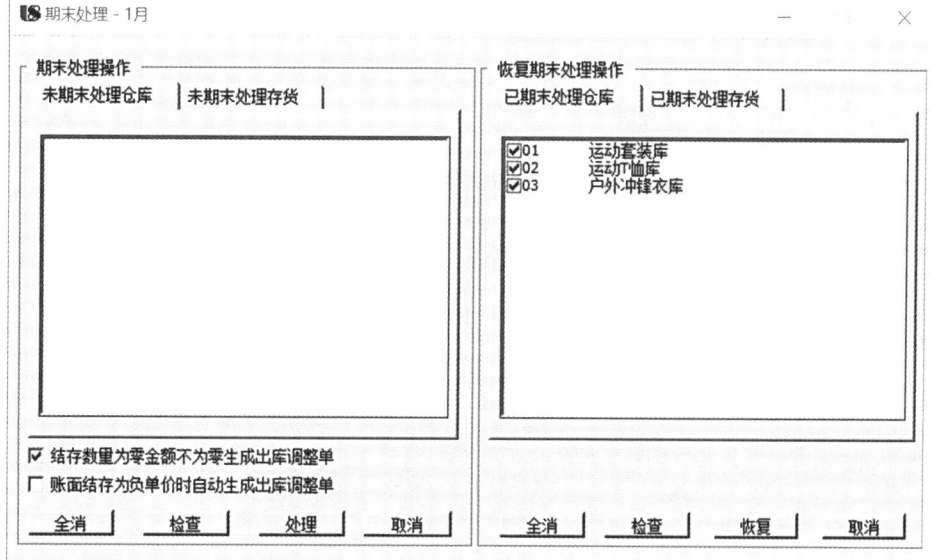

图8-11 【已期末处理】窗口

【业务 8-5】 2024 年 1 月 31 日,存货核算月末结账。

操作指导

(1) 2024 年 1 月 31 日,W02 财务部李晓园登录企业应用平台,点击【业务工作】|【供应链】|【存货核算】|【业务核算】|【月末结账】,打开【结账】窗口,如图 8-12 所示。

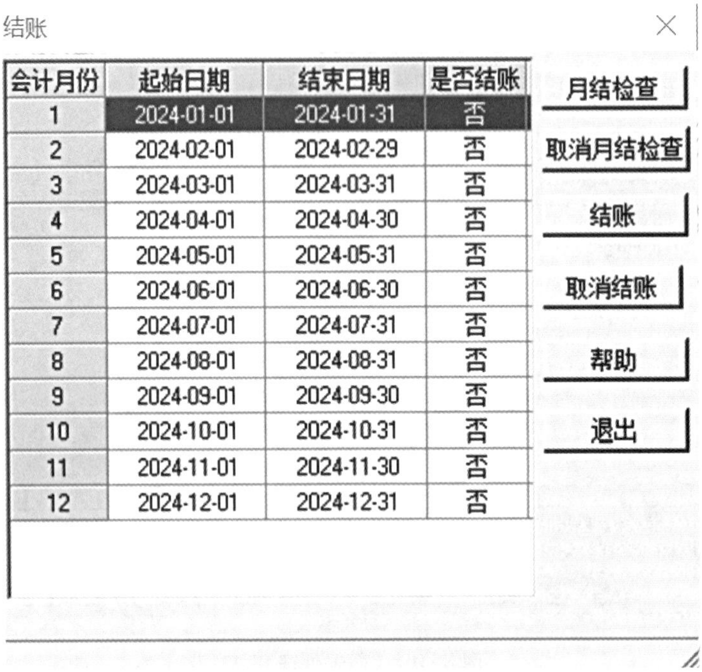

图 8-12 【结账】窗口

(2) 点击【结账】按钮,系统提示"月末结账完成!",如图 8-13 所示。

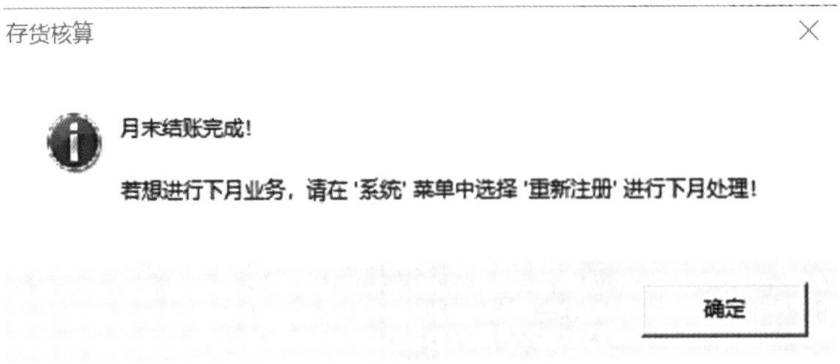

图 8-13 月末结账完成

业财一体信息化应用职业技能等级要求(初级)

工作领域	工作任务	职业技能要求	
6. 业财一体信息化平台月末处理及会计档案管理	6.1 月末业务处理	6.1.1	能够依据业务部门相关资料检查并确认本会计月采购工作已结束,在信息化平台中熟练完成月末结账
		6.1.2	能够依据业务部门相关资料检查并确认本会计月销售工作已结束,并在信息化平台中熟练完成月末结账
		6.1.3	能够熟练进行库存与存货对账,核对无误后,在信息化平台中熟练完成月末结账
		6.1.4	能够熟练进行存货与总账对账,对账无误后,在信息化平台熟练完成月末结账

参考文献

［1］徐文杰,黄敏.会计信息系统应用:财务链:用友 ERP-U8V10.1 版［M］.北京:机械工业出版社,2022.

［2］王珠强.会计电算化:用友 ERP-U8V10.1 版［M］.2 版.北京:人民邮电出版社,2018.

［3］宋红尔,赵越,冉祥梅.用友 ERP 供应链管理系统应用教程(版本 U8V10.1)［M］.大连:东北财经大学出版社,2018.

［4］牛永芹,曹方林,宋士显.ERP 供应链管理系统实训教程:用友 U8V10.1 版［M］.5 版.北京:高等教育出版社,2023.

［5］李爱红,许捷.会计信息系统应用:用友 U8V10.1 版［M］.3 版.北京:高等教育出版社,2022.

［6］王新玲.用友 U8(V10.1)供应链管理应用教程:微课版［M］.北京:人民邮电出版社,2019.